基礎からわかる

民事執行法
民事保全法

【第3版】

和田吉弘＝著

弘文堂

第３版のはしがき

本書の第３版を世に送ることができ、うれしい限りである。

第２版の刊行以後、筆者の環境が目まぐるしく動く中、種々の重要な判例が現れたほか、法律の大きな改正もあった。法律の改正としては、民法の債権法の分野の改正（平成29年法律第44号。令和２年４月から施行）、民事執行法の改正（令和元年法律第２号。令和２年４月から施行）がとくに重要であり、民事執行法の改正により、債務者の財産状況について第三者から情報を取得する手続が創設され、また子の引渡しの強制執行についての規定が整備されるなど、民事執行法について望まれていた方向で一定の改善が実現した。

改めて思うに、民事執行法や民事保全法の分野は、専門性が高いこともあり、すでにこれらの分野についての基礎知識がある方にとって有益な書籍は各種見られるが、これからこれらの分野を着実に学び始めたいという方にとっては必ずしも適切な教材が多くないように感じられた。これが、本書執筆の１つの大きな動機であったところ、そのような教材を目指したいという本書の意図は、大変ありがたいことにこれまで数多くの読者の方に理解していただいたように思う。今回の改訂でも、そのような本書の性格を維持しつつ内容を最新のものにすることを心がけたつもりである。

ところで、初版の「はしがき」には、初学者の方々にとって細かすぎると判断される事柄は、思い切って省略することとした、と記したところであるが、新しい判例や改正された条文の情報を織り込む場合には、読者の方の便宜のためにより豊富な情報を提供したいという考慮も否定できない。このような分かりやすさと情報の豊富さとの両立の難しさというのが、大きな法改正があった後の今回の改訂で改めて痛感した点である。ただ、種々の検討を重ねることにより、結果としてはおおむね妥当な調整ができたのではないかと考えている。そのほか、本書の従来の記述についても隅から隅まで見直し、より誤解のないより分かりやすい表現に改めるように努めたのは、もちろんである。

本書により、民事執行法、民事保全法についての基礎的な理解を得ていただき、これらの分野について応用力のもとになるような「頭の座標軸」を作っていただきたい、との願いは初版のときと変わらない。

なお、本書は、民事執行法、民事保全法についての主な条文と手続全体の体系を理解していただくということを主な目的としているので、さらに手続の実務上の細かい運用を知りたいという方には、民事執行法については東京地方裁判所民事第21部の「民事執行センター・インフォメーション21」(https://www.courts.go.jp/tokyo/saiban/minzi_section21/index.html)、民事保全法については同裁判所民事第9部のウェブ・サイト(https://www.courts.go.jp/tokyo/saiban/minzi_section09/index.html)(いずれもURLは2021年7月現在のもの)を参照していただければと思う。

第3版を作成するに際して、弘文堂編集部の高岡俊英氏にお世話になった。今回は諸般の事情から辛抱強くお待ちいただいたことも含め、心から感謝申し上げる次第である。

2021年7月

和田 吉弘

はしがき〔初版〕

本書は、民事執行法、民事保全法について、基礎からある程度の高度の議論まで理解できるように概説したものである。この分野を含む民事手続法は理解しにくいことが多いと思われることから、本書では、とくに分かりやすさに最大限の留意をした。いうまでもなく、浅い理解のまま暗記に重点を置く学習をするよりも、十分な理解をして要点を押さえる方が、興味深く学習することができ、また応用も利くことになる。

どの分野についてもそうであるが、ある分野を理解したといえるためには、いわば、頭の中にその分野についての座標軸を作る必要がある。そのようにして初めて、新たな問題に直面しても、その問題について誤差の少ない位置付けと処理ができるようになるのである。その座標軸は、全体がカバーできるように、なるべくムラのないように作る必要がある。そのため、本書では、一方では、理解しにくいと思われる問題についてこそ、とくに具体例や図表などで分かりやすくすることを心掛けた。それによって、理解しにくいとして浅い理解のままにしてしまいがちな種々の点について、より深い理解ができるようになったと思われる。また、他方で、初学者の方々にとって細かすぎると判断される事柄は、細かな条文の知識であれ、細かな学説上の議論であれ、かえって「幹」の部分の理解を妨げるものとして、思い切って省略することにした（参考文献も一般に入手しやすいものにとどめた。ただし、公権的判断である判例は、比較的多く紹介することにした。）。その意味では、研究者志望の方などには、本書のほかさらに専門書に接してほしいと思うが、本書で、この分野が大体分かったといえる程度の基本とその応用はすべて網羅したものとは考えている。

民事執行法、民事保全法の分野を理解するためには、とくに民法や民事訴訟法の知識も必要となる。ただ、それらの知識に自信のない方にも読み進めていただき、むしろ本書によって民法、民事訴訟法のいわば立体的な勉強もしていただきたいと考え、前提となるそれらの基礎的な知識も随所に織り込むこととした（多くの読者にとって「釈迦に説法」となるかもしれないが、その場合には、再確認として考えていただければ幸いである。）。なお、本書は、後に行けば行くほど前に説明したことを前提とする説明をしているので、初学者の方には、一度は最初の頁から読み進めていただくことを予定している。

したがって、本書の読者としては、民事執行法、民事保全法に興味のあるすべての方々を予定しており、法学部や法科大学院の学生、司法修習生だけでなく、会社員として法律関係の仕事に携わっている方、さらには、この分野を基礎から勉強し直したいと思う弁護士などの法曹関係者にも、役立てていただけるのではないかと考えている。民事執行法、民事保全法は、従来、司法試験では選択科目でさえなく、司法修習でもごくわずかの時間しか充てられていないため、実務においても、裁判官や弁護士でこの分野について体系立った勉強をしている方は多くないと思われる。しかし、現実を形成し、維持することを扱うこの分野は、実務では本来非常に重要なはずであり、新司法試験でも、民法、民事訴訟法に関連して出題されることとされているのであるから、とくに今後実務に携わる方々には、民事執行法、民事保全法を十分理解してほしいと強く望むものである。

筆者は、法律を専門とする大学教員が、従来、一般に、実務に遠い研究を過度に重視し、自己の研究分野以外の他の法律の分野、法律実務、法学教育などについてあまりに関心が薄いことに、大きな疑問を感じていた。しかし、法曹人口を増大させるために法科大学院制度が創設された現在、大学こそ変わるべきであり、現に多くのことがしだいに変わりつつあると思われる。実務に近い民事執行法、民事保全法についても、民法や民事訴訟法との関係でできる限り分かりやすく伝えることは、近時ますます重要になってきたというべきであり、本書執筆の必要性を強く感じた次第である。また、筆者が担当した九州大学法科大学院における「民事執行法・民事保全法」の授業は、基礎から分かりやすかったとして、幸いにも大きな好評をいただいたところであるが、学生の皆さんのお陰で、このことも本書執筆の大きな動機とさせていただくことができた。

本書の作成に当たっては、とくに弘文堂編集部の岩佐智樹さんには多大なお世話になった。また、校正の段階で、筆者が現在所属する青山学院大学大学院法務研究科（法科大学院）の院生である山下潤さんと山田悠人さんにもお世話になった。心からお礼を申し上げる。

2006年8月

和田 吉弘

第２版のはしがき

本書の初版が出版されてから、３年以上が過ぎた。その間、本書は、幸いにも、民事執行法、民事保全法の入門書として多くの読者に歓迎していただいた。筆者としては、一方で、できるだけ平易な表現を用いたり、理解の整理のために図表を豊富にしたりして、学習上の配慮を十分行うとともに、他方で、所々で議論の深みの一端を示し、さらに掘り下げて勉強したくなるよう知的興味を刺激する工夫もしたつもりであるが、それらによって、読者の方々の学習が着実に進んだのであれば、うれしい限りである。

今回の改訂でも、一方では、学習者への配慮をより徹底し、なお分かりにくいと思われた内容や表現を随所で改めるとともに、他方で、新判例等の新たな情報も入門書の枠を超えない限りで書き加え、知的興味の水準を保つこととした。いっそう多くの方々に、本書を学習上の手がかりとして民事執行法、民事保全法についての「頭の座標軸」を作っていただき、それぞれの分野でさらに活躍していただけることを願っている次第である。

第２版の作成に当たっては、弘文堂編集部の上野庸介氏にお世話になった。心から感謝申し上げる。

2010 年２月

和田　吉弘

基礎からわかる民事執行法・民事保全法【第３版】
目　次

第3章　強制執行各論

凡　例

【文献略称】

浦野・条解	浦野雄幸『条解民事執行法』(商事法務研究会、1985年)
新基コン	山本和彦＝小林昭彦＝浜秀樹＝白石哲編『新基本法コンメンタール　民事執行法』(別冊法学セミナー no. 227)(日本評論社・2014年)
齋藤＝飯塚・民事執行	齋藤隆＝飯塚宏編著『民事執行〔補訂版〕』(リーガル・プログレッシブ・シリーズ)(青林書院・2014年)
中野＝下村・民事執行法	中野貞一郎＝下村正明『民事執行法』(青林書院・2016年)
須藤ほか・民事保全	須藤典明＝深見敏正＝金子直史『民事保全〔四訂版〕』(リーガル・プログレッシブ・シリーズ)(青林書院・2019年)
山崎・解説	山崎潮『新民事保全法の解説〔増補改訂版〕』(金融財政事情研究会・1991年)
伊藤・民事訴訟法	伊藤眞『民事訴訟法〔第7版〕』(有斐閣・2020年)
中野ほか・大学双書	中野貞一郎＝松浦馨＝鈴木正裕編『新民事訴訟法講義〔第3版〕』(有斐閣大学双書)(有斐閣・2018年)
和田・民事訴訟法	基礎からわかる民事訴訟法(商事法務・2012年)
佐久間・民法の基礎(1)	佐久間毅『民法の基礎1総則〔第5版〕』(有斐閣・2020年)
佐久間・民法の基礎(2)	佐久間毅『民法の基礎2物権〔第2版〕』(有斐閣・2019年)
道垣内・担保物権法	道垣内弘人『担保物権法〔第4版〕』(現代民法 III)(有斐閣・2017年)
中田・債権総論	中田裕康『債権総論〔第4版〕』(岩波書店・2020年)

執保百選	民事執行・保全判例百選〔第3版〕(2020年)
民訴百選	民事訴訟法判例百選〔第5版〕(2015年)
民訴百選〔第3版〕	民事訴訟法判例百選〔第3版〕(2003年)
民法百選 I	民法判例百選 I 総則・物権〔第8版〕(2018年)

【判例集略称】

民集　最高裁判所民事判例集
　　　大審院民事判例集

刑集	最高裁判所刑事判例集
高民集	高等裁判所民事判例集
下民集	下級裁判所民事裁判例集
判時	判例時報
判タ	判例タイムズ

【法令・規則略称】

民執	民事執行法
規	民事執行規則
民保	民事保全法
民訴	民事訴訟法

第1章　民事執行法の概観

1　他の法分野との関係

(1)　ある具体例

民事執行法を概観するに当たり、まず具体的な例で説明したい。

例えば、A銀行がB会社に対して1000万円を貸したとする。B会社が返還する約束の期限になっても金銭を返さない場合、当然、A銀行には、B会社に対してお金を返せと言える権利がある。このような権利は民法に基づいて債権とされるから、A銀行が債権者、B会社が債務者ということになる(下図の①)。しかし、権利があるといっても、それが実現できなければ絵に描いた餅にすぎない。

そこで、B会社が返さない場合には、A銀行はB会社を被告として貸金返還請求の訴えを起こすことができる。裁判所は、民事訴訟法に基づく手続で審理した上、A銀行のB会社に対する債権が民法上認められると判断すれば、「被告は、原告に対し、1000万円を支払え。」という判決を言い渡すことになる（②)。そして、裁判所の判断が最終的に示されそれでもB会社が金銭を返還しなければ、A銀行は、その判決に基づいてB会社に対して民事執行法により強制執行することが許されることになる（③)。

A銀行（債権者）

↓

①金銭を貸したが、返してもらえない場合、返せと言える権利（債権）がある（民法による）

②訴えを提起して、勝訴判決を得る（民事訴訟法による）

③判決に基づいて、B会社の財産を強制的に金銭化して支払ってもらう（民事執行法による）

B会社（債務者）

強制執行は、もしB会社に現金1000万円があればそれが差し押さえられてA銀行に交付されるが、そうでない場合には、例えばB会社所有の不動産があれば、裁判所がそれを差し押さえた上で、強制的に競売（「けいばい」と読むことが多い。）にかけ、最高の価格を申し出た人に買ってもらい、裁判所はその代金から必要な額をA銀行に支払う、という段取りになる。なお、その代金で余りが出れば、余りはB会社に返し、その代金で足りず、もしB会社に別の財産があれば、また差し押さえて競売にかけることになる。

これが、民法、民事訴訟法、民事執行法の関係の基本である。

(2)　民事執行法の体系上の位置付け

今度は少し抽象的な話をする。

主要な法分野であるいわゆる六法を体系的に捉えると、1つの捉え方として、憲法を頂点として、その下に、上に述べたような民事法である民法、商法、民事訴訟法と、犯罪を扱う刑事法である刑法、刑事訴訟法がある、ということができる。そのうちの民事法は、権利義務という法律関係の内容を定める民法、商法と、それを実現する手続を定める民事訴訟法に分けることができる。前者を実体法、後者を手続法といい、実体法で認められている権利を実体権という。刑事法では、刑法が実体法であり、刑事訴訟法が手続法であるということになる。

広義の民事訴訟法には、さらに、権利義務を判断する狭義の民事訴訟法、権利義務を実際に実現する民事執行法のほか、民事保全法や倒産法等の分野がある。単に民事訴訟法と言えば、通常は狭義の民事訴訟法を指し、民事訴

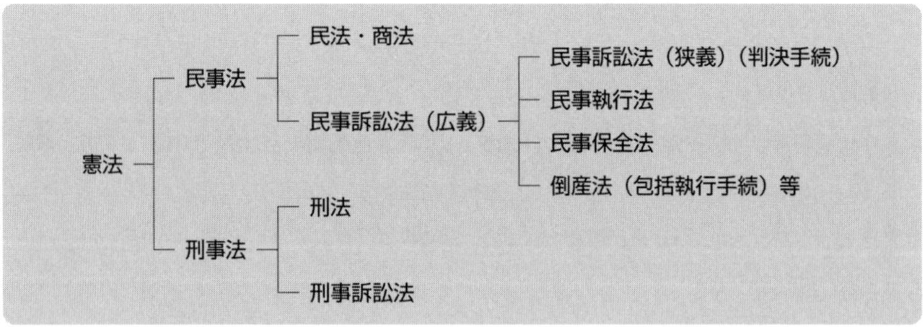

訟法典はこれに対応する。

(3) 民事執行法の存在意義

そうすると、金銭を返してもらえない状態からもらえる状態にするという前述の例から分かるように、簡単に言えば、狭義の民事訴訟法というのは、実体法で認められている権利の有無について判断する訴え提起から判決までの手続（判決手続）を定め、民事執行法というのは、そのような手続で認められた権利を最終的に実現するため、それに見合った現実を強制的に作り出す手続を定めている、ということになる。このような手続の定めがあるため、一般私人は、自分に権利があると考えても、法律上必要なこれらの手続を執らずに暴力等の実力で権利を実現することは、ごく例外の場合を除き許されない。これを自力救済禁止の原則という。また、私人は、国に対して、実体権の実現のために義務者に対して執行することを請求できることになるので、それを私人の国に対する権利として（民事）執行請求権ということがある。

このように、民事執行法の存在意義は、実体権を最終的に実現することにある。

なお、倒産法の分野も、実体権の実現を扱うが、債務者の総財産を対象として総債権者のために進める手続を定めるものであり、実体権（の一部）の実現が包括的に行われるので、包括執行手続と言われる。

2 判決手続と執行手続

(1) 判決の確定と執行手続の開始

前述の例で、A 銀行が訴えを提起する場合、請求する金額が 140 万円を超えていれば地方裁判所、140 万円以下であれば簡易裁判所に申し立てることになる（裁判所法 33 条 1 項 1 号、24 条 1 号）。仮に最初の例のような 1000 万円であるとして地方裁判所に提起したとすると、地方裁判所が審理の上、判決を言い渡すことになる。

その判決に対して不服のある側が、控訴といって高等裁判所にさらに審査することを求めると、高等裁判所がさらに審理して判決を言い渡すことになる。

その判決に対して不服のある側は、上告といって限定された一定の場合には最高裁判所にさらに審査することを求めることができ、上告があると、最高裁判所が審理の上、判決を言い渡すことになる。

最高裁の判決に対しては、通常の方法では再審査の申立てができない。このような状態を「判決が確定した」という。最高裁判決の確定により、それまでの地裁や高裁の判決も確定する。控訴や上告は一定期間内にしなければならないので、地裁の判決に対して控訴しなかった場合や、高裁の判決に対して上告しなかった場合にも、判決は確定する。なお、確定判決についても、再審の訴えという例外的な方法によって争うことはありうる。

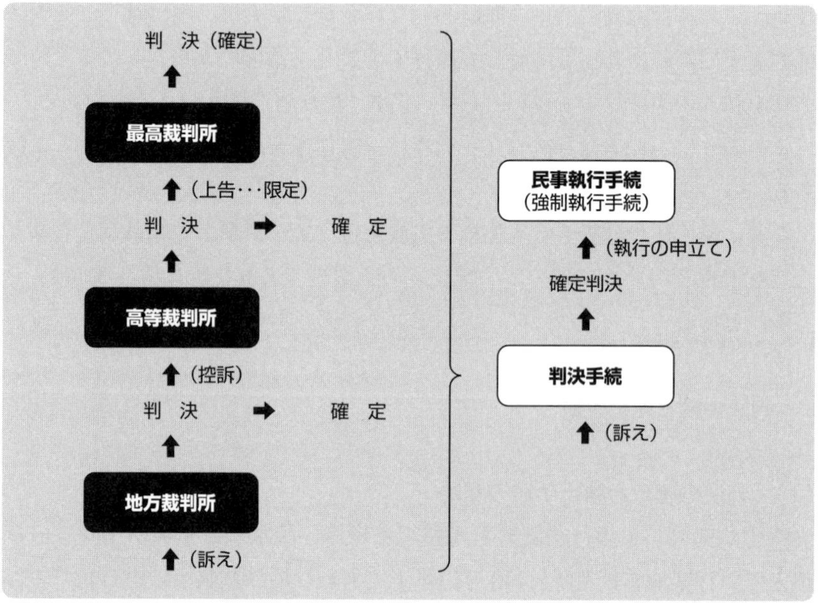

原告勝訴の判決が確定しても被告が判決で命じられた義務を履行しない場合には、前述の例のように、原告は、民事執行の申立てをして、被告の財産に対する民事執行手続（その中の強制執行手続）を開始してもらえることになる。この場合、被告による任意の履行がありうることもあり、執行の開始

には、改めて執行の申立てが必要である（民執 2 条）。最初に訴えの提起さえすれば認容の確定判決によって自動的に執行手続に移行してくれる、というわけではないということである。

(2) 執行手続進行中の判決手続の可能性

確定判決の執行の場合には、判決手続の後に執行手続が続くことになるが、実は、判決手続は常に執行手続に先行するわけではない。

まず、民事執行手続を進めている間に生じた問題で一定のものについては、さらに訴えで開始し確定判決で終わる判決手続を要することがある。

例えば、前述の例で、A 銀行が B 会社名義の不動産を差し押さえたところ、その不動産が C の所有物かもしれないという問題が生じれば、C は、A 銀行を被告として第三者異議の訴え（民執 38 条）を提起して、判決手続で自己の所有物であるかどうかの審査を求めることができる。C がその訴えで敗訴すれば民事執行手続はそのまま進めればよいが、C が勝訴した場合には、民事執行は許されなくなり手続は取り消されることになる。

民事執行手続が開始された後、それと並行して判決手続が進行する場合としては、第三者異議の訴え以外にも、後述するようにいろいろな場合がある。

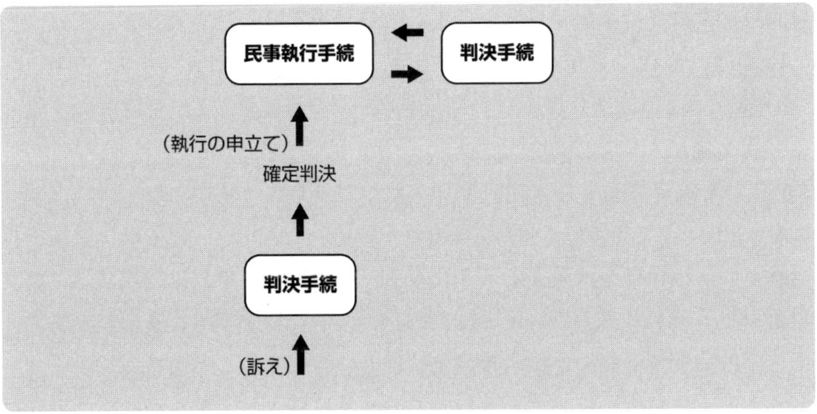

(3) 判決手続の回避

判決手続が常に執行手続に先行するわけではないというもう一つの事情は、判決手続を経ないでいきなり民事執行手続が開始されることもありうる、ということである。

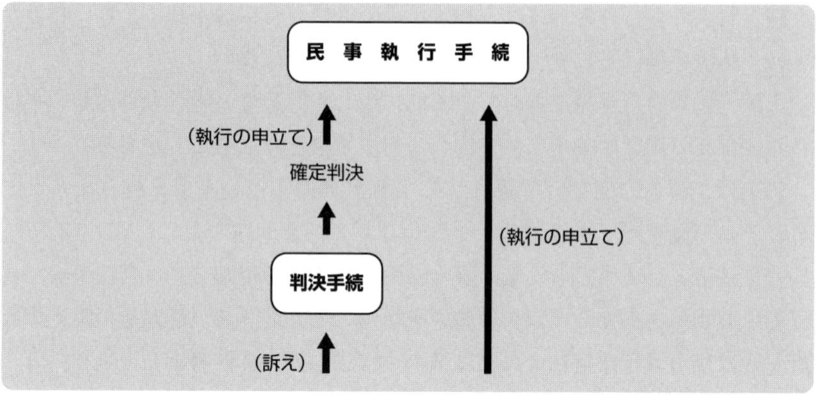

ア　担保権の実行の場合

まず、そのような場合として担保権の実行の場合がある。民法上金銭の支払を確実にさせるためのものとして担保物権の制度があるが、民事執行法では物権かどうかは重要ではないので、一般に担保権と言われる。

例えば、金銭の貸主が、借主から借主の動産や不動産（土地、建物）を「かたにとる」、つまり借主との間で質権（民法342条以下）を設定してもらう契約を締結してその動産を預かったり、借主の不動産に抵当権（民法369条以下）を設定してもらう契約をしたりしておくと（言葉の使い方としては、財産を担保として提供する側を担保権の「設定者」という）、貸主は、質権や抵当権という担保権を取得することになる。金銭の貸し借りは、民法上、消費貸借契約と言われるから（民法587条以下）、消費貸借契約と質権設定契約、あるいは消費貸借契約と抵当権設定契約とを締結することになる。

そのように質権や抵当権を取得しておくと、貸主は、借主が約束の期限に金銭を返還しない場合に、訴えを提起することなく、つまり判決手続を回避して、担保権の実行として直ちに民事執行の申立てをすることができる（民執190条1項、181条1項)。ただし、民事執行の申立てをすることができる対象は、担保権が設定された目的物に限定される。

なお、このように質権や抵当権などの担保権を取得しておくと、その目的物が競売された場合には、原則として一般の債権者よりも優先して配当を受けることができる。例えば、債権者Aと債権者Bが債務者Cに対してそれぞれ200万円の支払を求めうる債権を持っていて、Aのみが質権や抵当権を持っていた場合、その目的物が競売されて金銭化されて300万円となったときは、手続費用を考えないことにすると、Aが200万円、Bが残りの100万円を、それぞれ配当として受け取ることができることになる。

イ　執行証書等による強制執行の場合

また、例えば、金銭を貸す場合に、貸主と借主とが公証人のところに行き、公証人に執行証書という特別の文書を作成してもらうこともできる。そして、この執行証書があると、貸主は、借主が約束の期日に金銭を返還しない場合に、やはり訴えを提起することなく、つまり判決手続を回避して、直ちに民事執行の申立てをすることができる。これは民事執行法22条5号に規定されているが、同条1号を見ると「確定判決」とあるから、執行証書は、民事執行ができるという限りで確定判決と同様の存在であることが分かる。同条にはほかにも種々の文書が規定されている。後述するように、同条に掲げられた文書は債務名義と呼ばれ、これらに基づいて行われる民事執行は、強制執行と呼ばれる。

この場合、民事執行の申立ては、一定の物に限定されることはなく、原則として債務者の全財産のどれに対して民事執行をしてもよい、とされている。

各場合	事前の判決手続の要否	優先権	差押えの対象	民事執行の種類
消費貸借契約のみの場合	要	無	債務者の全財産から選べる	強制執行
消費貸借契約＋質権設定契約の場合や消費貸借契約＋抵当権設定契約の場合	否	有	特定の物	担保権の実行
消費貸借契約＋執行証書作成の場合	否	無	債務者の全財産から選べる	強制執行

ただし、執行証書を持っているからといって、担保権の場合のような他の債権者に対する優先権は認められない。

(4) 非金銭債権の場合

今度は、最初の例とは異なり、金銭を返せというのではなく、物を返せという場合を考えたい。

例えば、Aが、Bに対して、A所有の建物を家賃を取って貸していたところ、その賃貸借契約が終了してもBがその建物に住み続けている場合、Aは、Bに対して、建物明渡請求の訴えを提起することになる。そして、裁判所が、Aの請求を認めBに明渡しを命じる判決を言い渡し、それが確定すれば、Aは、それに基づいて建物明渡しの民事執行を申し立てることができる（民執22条1号、168条）。この場合も、確定判決という債務名義に基づくから、民事執行の種類は強制執行であるが、債務者のどの財産でも金銭化して支払ってもらうという執行ではなく、その建物の明渡しを実現するのであるから、執行の対象は問題となっている建物に限られ、競売による金銭化や金銭の配当もありえないことになる。

なお、このような場合には、担保権の設定や執行証書の作成によって判決手続を回避することはできない。例えば、執行証書については、民事執行法22条5号に「金銭の一定の額の支払又はその他の代替物若しくは有価証券の一定の数量の給付を目的とする請求について」とあるから、非金銭債権については使えないことが分かる。

3 民事執行の種類と沿革等

(1) 民事執行の種類

民事執行法の内容として、どのようなことが規定されているかというと、民事執行の種類4つがある。つまり、①強制執行、②担保権の実行としての競売（担保権の実行とか担保執行ともいう）、③民法、商法その他の法律の規定による換価のための競売（形式的競売ともいう）、④債務者の財産状況の調査、である（民執1条）。

民事執行
- ①強制執行
- ②担保権の実行としての競売（担保権の実行、担保執行）
- ③民法、商法その他の法律の規定による換価のための競売（形式的競売）
- ④債務者の財産状況の調査

前述の例で、確定判決による場合、執行証書による場合が、①の強制執行（民執 22 条以下）ということになる。

また、質権による場合、抵当権による場合が、②の担保権の実行（民執 180 条以下）ということになる。民事執行のうちで、この 2 つがきわめて重要である。

③の形式的競売（民執 195 条）は、権利の実現という場合ではなく、法律の規定で財産を金銭化する必要がある場合に、②の制度を利用するものである。

④の債務者の財産状況の調査（民執 196 条以下）は、金銭債権の実現を実効的にするための付随的な手続である。

(2) 沿 革

沿革についても一言すると、昭和 55 年より前は、強制執行は、旧民事訴訟法の中に規定があり、担保権の実行と形式的競売は競売法という法律に規定されていた。いろいろな点を改善し、これらを統合したのが民事執行法である。現在、競売法という法律はない。債務者の財産状況の調査は、まず平成 15 年の改正で債務者の財産の開示の制度が設けられた後、令和元年の改正法により令和 2 年からそれを充実させる形で新たな制度として施行されているものである。

民事執行法については、最近、いわゆるバブル経済崩壊後の状況などを背景として、執行妨害に対処するためや、手続のいっそうの合理化・利用しやすさへの配慮などのため、多くの部分的な改正がなされている。

なお、民事保全についての規定も、かつては旧民事訴訟法の中にあった。民事保全手続は、判決手続と執行手続とを合わせたミニチュア版のような構

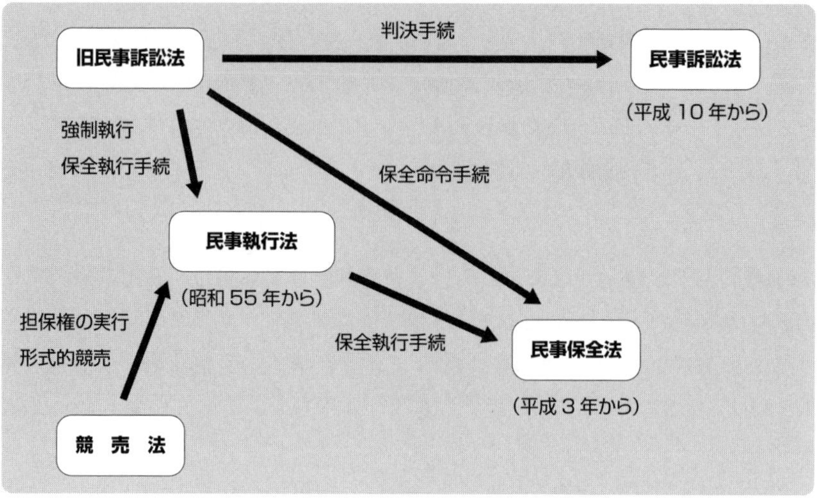

※　矢印は、その分野が別の法律に移行したことを示す。

造のものであり、民事執行法ができてからは、民事保全手続の中の判決手続に相当する保全命令手続については旧民事訴訟法に置かれたまま、執行手続に相当する保全執行手続については民事執行法に移行して規定されることになった。その後、民事保全法が立法化され平成３年から施行されて、旧民事訴訟法の中の保全命令手続や民事執行法の中の保全執行手続は、すべて民事保全法に移行することとなった。

(3)　その他

民事執行法の概観の最後に、さらに留意すべきこととして、補足的に次のことに触れておきたい。

第１は、債権者、債務者という言葉についてである。これは、手続法上は、民法と違った意味でも用いられる。つまり、執行を求める者を債権者、執行を受ける者を債務者というのである。したがって、Ａが、Ｂに対し、自分に所有権があることを理由として物の返還請求をする場合、民法上は債権ではなく物権的請求権（佐久間・民法の基礎 (2) 303 頁以下参照）が主張されていることになるが、その返還請求権を認める確定判決に基づいて強制執行を行う場合には、Ａが債権者（または執行債権者）、Ｂが債務者（または執行債務者）と呼ばれるのである。

第2は、民事執行と似たものとして滞納処分制度が存在することである。滞納処分は、税金を滞納した場合に、税務署長などによって財産が差し押さえられて、売られてしまうという手続であり、国税徴収法等によるものである。この場合の売却は、とくに公売と呼ばれる。強制的に物を金銭に変換して債権の回収をするという強制換価制度としては、民事執行制度に類似するが、裁判所が直接関与しないことや、債務名義ないし担保権設定契約のようなものが不要であることなど、種々の特殊性があり、根拠法規も異なるため、民事執行法上の手続とは異なるものである。

第2章 強制執行総論

以下、民事執行法の内容をより具体的に見ていくことになる（引用する条文は、とくに断らない限り民事執行法上のものである。）。前述（8頁）のように民事執行法の内容には4つのものがあるから、以下では、まずそのうちの強制執行について説明する。

第1節 序 説

1 強制執行の意義

前述（7頁）のように、強制執行は、民事執行の一種で債務名義に基づいて行われるものである、ということになる。強制執行は、民事執行法全215条のうち22条から177条までの条文で規定されて、条文上は中心を成す。不動産を対象とするものについては、実務上は、強制執行よりも担保権の実行の方が多く使われているが（司法統計年報によると、平成31年・令和元年は、強制執行の申立てが5,500件余り、担保権の実行の申立てが1万5700件余り）、条文上は、不動産執行の規定が担保権の実行手続に大幅に準用される（188条）、という構成になっている。

2 強制執行の種類

(1) 金銭執行と非金銭執行

強制執行には、金銭執行と非金銭執行とがある。金銭執行とは、金銭の支払を目的とする請求権を実現するための強制執行であり、最初の例で、貸金請求権を実現するために強制執行する場合がこれに当たる。非金銭執行とは、金銭の支払を目的としない請求権を実現するための強制執行であり、前述

（8頁）の例で、建物明渡請求権を実現するために強制執行する場合がこれに当たる。

金銭執行と非金銭執行とでは、手続が異なる。それは、例えば、前者であれば、債務者の財産のうち金銭でないものを金銭化するために売る手続が必要であるし、そのようにして得られた金銭を債権者に分配する手続も必要となるが、後者であれば、それらの手続は不要ということになるからである。

(2) 金銭執行の種類

金銭執行は、さらに、何を対象として執行を行うかによって、民事執行法上、①不動産に対する強制執行（不動産執行）、②船舶に対する強制執行（船舶執行）、③動産に対する強制執行（動産執行）、④債権その他の財産権に対する強制執行（債権執行等）、に区別される。なお、民事執行規則では、登録航空機や登録自動車等に対する執行も規定されている。民事執行法に規定のある船舶のほか、登録航空機や登録自動車等は、それらの執行に不動産執行の規定が準用されているため「準不動産」と呼ばれることがあり、それらの財産に対する執行も「準不動産執行」と呼ばれることがある。

金銭執行の中で、このようにさらに種類が分かれているのは、執行の対象である物の性質に応じて合理的な手続が考えられているからである。

例えば、不動産なら登記制度があるので、その考慮が必要になる。船舶は民法上動産であるが海の上を自由に動き回るものであるから、その点の対策が必要となる。さらに、債権は債権者と債務者との法律関係で目に見えない

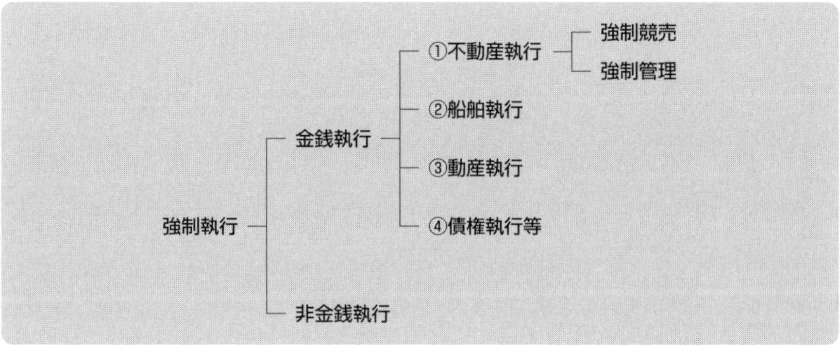

もので、それを債権者の債権者が差し押さえることになると三者が登場することになるから、やはりそのような事情に応じた特別の考慮が必要になってくる。

さらに言えば、①の不動産執行には、後述するように、不動産を競売で売ってその売却代金から支払に充てる強制競売と、不動産を競売で売らずに不動産から得られる天然果実や賃料等の法定果実（民法88条）から金銭債権の回収をする強制管理とがある。

なお、各種の金銭執行を利用する順序はとくに定められていない。債務者が種々の財産を持っているのであれば、金銭執行しようとする場合、債権者は、原則として債務者のどの財産に執行していってもよい、とされている。

第２節　債務名義

強制執行をするには、なんといってもまず債務名義が必要である。債務名義とは、強制執行の基礎となる文書のことであり、22 条に各号として規定されている。以下、各号について説明する。これまでの説明に出てきたものとしては、1 号の確定判決や、5 号の執行証書がある。

1　確定判決（22 条 1 号）

まず、民事上の判決には、給付判決、確認判決、形成判決の 3 種類があり、それに対応して、訴えにも、給付判決を求める給付の訴え、確認判決を求める確認の訴え、形成判決を求める形成の訴えの 3 種類がある。

給付判決は、例えば、「被告は、原告に対し、1000 万円を支払え。」という主文（判決の結論部分）の判決や、「被告は、原告に対し、別紙物件目録記載の建物を明け渡せ。」という主文の判決のように、被告に、金銭の支払を含む作為や不作為を命じる判決の場合である。確認判決は、例えば、「原告が、別紙物件目録記載の建物につき、所有権を有することを確認する。」という主文の判決のように、権利等を確認する判決の場合である。形成判決は、例えば、「原告と被告とを離婚する。」という主文の判決のように、判決の確定により法律関係の変動が生じる判決の場合である。なお、給付の訴えの場合も形成の訴えの場合も、請求棄却となるときは、結果的に原告の権利がないことを確認する確認判決がなされるということになる。

22 条 1 号には、「確定判決」とあるが、債務名義となるのは、これらの判決のうち、給付判決のみである。確認判決は、権利等を確認すること自体を目的とするものであり、形成判決は、判決の確定によって法律関係が変動すること自体を目的とするものであり、いずれにしても強制執行を予定していないものである。したがって、給付判決の確定したものだけが債務名義となる。

では、確定した給付判決であれば必ず債務名義となるかというと、これにも例外がある。つまり、給付判決でも、強制することが事実上不可能であるとか、無意味であるとか、社会通念上妥当を欠くというような事情があると

訴えの種類	判決の種類	強制執行の可否
給付の訴え	請求認容の場合は、給付判決	○（例外あり）
	請求棄却の場合は、確認判決	×
確認の訴え	請求認容の場合は、確認判決	×
	請求棄却の場合は、確認判決	×
形成の訴え	請求認容の場合は、形成判決	×
	請求棄却の場合は、確認判決	×

きには、例外的に強制執行が許されないと考えられている。その場合には、損害賠償など他の方法で解決するほかはない。例えば、原告と被告とが夫婦である場合に、被告に原告と同居せよと命じる判決は、判決をすることまでは可能であるが、被告の自由意思の尊重から強制執行をすることは許されないと考えられている。ほかに、雇用契約上の労働する債務、画家が絵画を描く債務なども、強制執行できない債務として挙げられている。

したがって、22条1号の「確定判決」は、①給付判決に限られること、②給付判決でも強制執行が許されない例外的場合があることから、表現よりも二重に限定して考えられていることに、注意する必要がある。

なお、確定判決に再審事由がある場合には、再審の訴えで確定判決を取り消すことが可能であるため（民訴338条以下）、確定判決に対して再審の訴えが提起された場合には、一定の要件の下に強制執行の一時停止等も可能であるとされている（民訴403条1項1号）。

2 仮執行宣言付判決（22条2号）

判決は確定しないと債務名義とならないのが原則であるが、被告が敗訴してもより上級の裁判所によってさらに審査してもらえるので、場合によっては判決確定より前でも原告に強制執行を許すのが公平と認められることがある。このような考慮が、仮執行宣言の趣旨である。

民事訴訟法上、財産権上の請求に関する判決については、裁判所は、必要があると認めるときは、申立てによりまたは職権で（裁判所の自発的な権限行使として）、仮執行宣言をすることができることになっている（民訴259条

1項)。現在の実務では、1審の裁判所においてもこのような判決にはむしろ仮執行宣言をするのが普通であるが、原告の申立てがない場合に職権で仮執行宣言を付けることはほとんどない（ただし、手形や小切手による請求の場合は、職権で仮執行宣言をする必要がある。同条2項)。仮執行宣言とは、判決主文に（同条4項)、「この判決は、仮に執行することができる。」と記載することをいう。仮執行宣言が付された判決が仮執行宣言付判決であり（民執22条2号)、これに基づく執行が仮執行である。

仮執行宣言は、原告が「担保を立てる」ことが仮執行の条件となっていることもあるし、被告が担保を立てることで仮執行を免れるという仮執行免脱宣言（民訴259条3項）が併せてなされることもある。担保を立てるとは、相手方に生じるかもしれない損害の賠償のために、供託所に対して金銭を積むこと（ないしはそれと同等のこと）をいう（同条6項、76条)。担保を立てることが仮執行の条件となっている場合は、担保を立てたことを証する文書の提出が強制執行開始要件である（民執30条2項。後述59頁)。

仮執行した場合に、その結果は上級の裁判所での審理に当たって考慮されない（大判昭和13年12月20日民集17巻2502頁〔民訴百選〔初版〕68〕、最判平成24年4月6日民集66巻6号2535頁〔平成24年度重判民訴3〕)。もし考慮されるとすると、仮執行で原告は債権の満足を受けたことになるから、原告は、満足を受けた部分について、上級審で常に権利が認められないことになってしまい、原審で仮執行を許した趣旨に反することになるからである。物の引渡しの仮執行後にその物を第三者に売却しその第三者が滅失させた場合も、上級審で考慮されないし（上記昭和13年判決)、1審判決に基づく仮執行によって建物の明渡しがなされたときに、控訴審で、建物の明渡請求の当否を判断する場合だけでなく、それと併合されている賃料相当損害金等の支払請求の当否や抗弁において主張されている敷金返還請求権の存否を判断する場合でも、同様である（上記平成24年判決)。

仮執行は、強制執行自体は通常の強制執行と同じであり、執行による債権の満足が仮定的であるにすぎない。もし、より上級の裁判所で原告敗訴となったような場合については、仮執行宣言は効力を失い（民訴260条1項)、仮執行宣言に基づき被告が給付したものの返還および仮執行によりまたはこれを免れるために被告が受けた損害の賠償が原告に命じられることになる（同条2項）。なお、被告は、免脱宣言が付されていない場合にも、仮執行を止めるため、控訴の提起等に伴って執行停止等の申立てをする余地がある（民訴403条1項2～4号）。

3 抗告によらなければ不服を申し立てることができない裁判（22条3号）

これは、裁判所の判断である裁判のうちの判決を除く決定や命令を意味し、決定や命令で執行を要するものが22条3号の債務名義となる（高裁や最高裁の場合は上訴としての抗告ができないが、1審裁判所の場合に抗告ができるものであれば足りる）。確定しなければ効力を生じないとされているものについては、当然ながら確定したものに限られる。ここでは、引渡命令（83条。裁判形式は決定）がこの3号の典型例であることを確認するにとどめる。

競売で裁判所から不動産を買い受けた人は、その不動産を債務者や第三者が勝手に占有している場合に、裁判所から引渡命令という債務名義を取得して、占有者に対して引渡執行をすることができる。これは、金銭執行手続内で別の非金銭執行のための債務名義が作成されるもので、簡単に言うと、不動産を買い受けた人に対するサービスとして認められている制度である。この申立ての裁判に対しては執行抗告という方法で不服申立てをすることができるとされている（同条4項）から、引渡命令は、22条3号に該当する債務名義ということになる。執行抗告、引渡命令については、後述する（67頁、122頁）。

4 仮執行宣言付損害賠償命令（22条3号の2）

いわゆる犯罪被害者保護法の32条（仮執行宣言はその2項）によるものであり、これも裁判形式は決定である。損害賠償命令の申立てについての裁判に対しては、異議の申立て（同法33条）により訴えの提起があったものとみなされる（同法34条）から、債務名義としては民事執行法22条3号ではなく3号の2として書き分けられたものである。

5　仮執行宣言付届出債権支払命令（22条3号の3）

消費者の財産的被害の集団的な回復のための民事の裁判手続の特例に関する法律44条4項によるものである。これも裁判形式は決定であり、異議の申立て（同法46条）により訴え提起が擬制される（同法52条）。

6　仮執行宣言付支払督促（22条4号）

これは、金銭の支払を求める請求権やこれに準ずる請求権（代替物、有価証券の一定の数量の給付を目的とするもの）について、債務者が争わないと思われる場合に、債権者が、簡易裁判所の裁判所書記官に簡易に債務名義を発してもらうものである。簡易に債務名義が作成されるため、請求権が存在しなかったと後で判明した場合に損害の回復が少しでも容易なように、請求権の種類を制限しているのである。この手続を督促手続といい（民訴382条以下）、実務上、信販会社やクレジット・カード会社等が多く利用している。

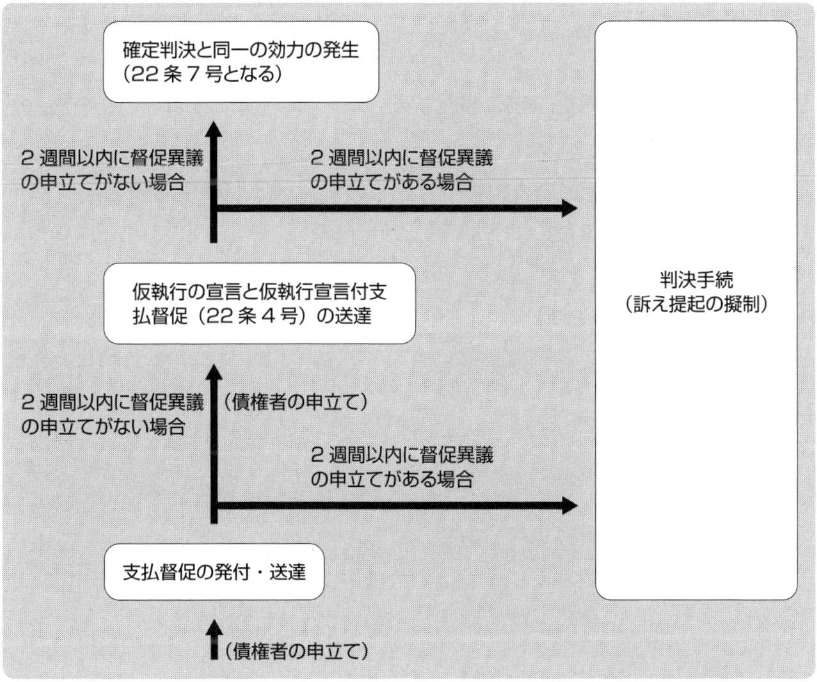

以前は、仮執行宣言付支払命令といって簡易裁判所が発していたが、簡易裁判所の裁判所書記官に権限が移され、それに伴い名称も、「命令」から「督促」へと変更になったのである。

手続の流れとしては、まず、申立てがあると、裁判所書記官は、債務者を審尋しないで、つまり債務者の事情や言い分を聞かないで支払督促を発し（民訴386条1項）、債務者に送達する（民訴388条1項）。債務者が支払督促が送達された日から2週間以内に督促異議（民訴386条2項）を申し立てなかったときは、裁判所書記官は、債権者の申立てに基づいて、支払督促に仮執行宣言を記載して、再度債務者に送達する（民訴391条）。これが民事執行法22条4号の仮執行宣言付支払督促であり、債務名義となる。この債務名義に基づく仮執行についても、督促異議の申立てに伴って執行停止等の申立てをする余地がある（民訴403条1項3号）。

その後、さらに2週間経つと、支払督促は確定判決と同一の効力を有するに至り（民訴393条、396条）、民事執行法22条7号の「確定判決と同一の効力を有するもの」として債務名義となる。なお、それまでに債務者からの督促異議の申立てがあると、支払督促の申立ての時に訴えの提起があったものとみなされ、通常の判決手続に移行する（民訴395条）。

7　訴訟費用等の額を定める裁判所書記官の処分（22条4号の2）

これは、細かい問題なので省略する。

8　執行証書（22条5号）

これについては、すでに第1章で紹介したが（7頁）、もう少し詳しくみておく。

(1)　要　件

要件は、条文から次の3つである。

①　金銭の一定の額の支払またはその他の代替物もしくは有価証券の一定の数量の給付を目的とする請求についてのものであること

②　公証人が作成した公正証書であること

③　債務者が直ちに強制執行に服する旨の陳述が記載されていること

このうち、①は、支払督促の場合と同様で、前述（8頁）のように建物の明渡請求については、使えないことになる。②からは、公証人が関与しないで当事者間で契約書や執行証書と題する書面を作成しても、債務名義とならないことになる。③の陳述は執行受諾の意思表示といい、その記載を執行受諾文言という。これらの各要件について問題となる点を、次にみていく。

なお、慣例上、公正証書とだけ言って執行証書を意味することもあるが、法律上は、公正証書の中で①や③の要件を満たしたものが執行証書である、ということになる。

(2)　額の一定性

上の①の要件から、執行証書は、金銭の場合には一定額についてのものでなければならない。これは、債務者が執行を受ける限度を明確にしておくためであるが、微妙な問題もある。いくつかの場合をみておく。

ア　継続的取引の場合

まず、何度も繰り返される継続的な取引関係から生じる債務で、時とともに債務額が変動するものについて執行証書を作成した場合、額の上限を決めている場合でも金額の一定性を欠く、と一般に解されている。

イ　遅延損害金の場合

金銭債務が不履行になった場合、債務者は弁済期を過ぎた期間に応じて法定利率ないし約定利率による損害賠償を支払う義務を負う（民法419条1項）。これは遅延損害金と呼ばれる。執行証書の作成に当たり、金銭債務の確定額の元本に支払までのそのような遅延損害金を付加した場合、遅延損害金の部分は時間とともに増加することになるが、計算上は額が明確であり、かつ遅延損害金の付加に合理性もあることから、問題ないと考えられている。

ウ　分割弁済の場合

債務の弁済について分割弁済を予定している場合は、債務が時間とともに減っていくことになる。この場合にも額の一定性が問題となるが、そのような債務について作成した執行証書は、弁済後の残額についての強制執行のため債務名義の効力を有するとした判例がある（最判昭和46年7月23日判時

643号37頁)。一般にも、この場合の額の一定性は肯定され、その上で、債権者は、残額について強制執行をすることができ、また、債務者は、弁済額について強制執行を許さないために、後述する請求異議の訴え（35条）（27頁）を提起することができる、と解されている。

エ　事前求償権の場合と事後求償権の場合

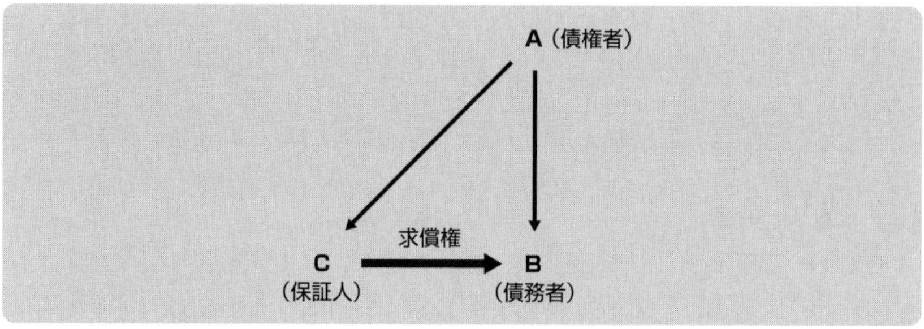

AがBに金銭を貸すに際して、CがBから委託を受けてBの保証人となった場合、債務が弁済期にあるなど一定の要件があるときには、Cは、Bに対し、求償権（肩代わりの支払であるためCがBに請求できる権利）をあらかじめ行使することができる（民法460条）。この事前求償権については、額はBがAから借りた元本と利息ないし遅延損害金であるから、額の一定性は一般に肯定され、執行証書は有効であると考えられている。

これに対して、債務の消滅行為の限度に応じて発生する事後求償権（同法459条）の場合は、求償権の範囲がCの支払った分に依存するので、その求償権についてあらかじめ作成した執行証書が額の一定性の要件を満たすか、争いがある。下級審裁判例も分かれているが（大阪高決昭和60年8月30日判タ569号84頁〔執保百選3①〕、福岡高判平成2年4月26日判時1394号90頁〔執保百選3②〕等）、実務上無効説の運用が多いとも言われる（齋藤＝飯塚・民事執行32頁）。

(3)　公証人への嘱託の際の署名代理の可否

執行証書については、前述の要件②（20頁）の公正証書であるという点から、次のようなことも問題となる。AがBに対して金銭を貸す際に、Aから代理権を与えられたCが、Bとともに公証人のところへ行き、Cが、公証人に対し、Aの代理人であることを名乗らずにAとして執行証書の作成を嘱託し、その結果、AおよびBを当事者とする執行証書が作成されたとする。Cは執行証書上も直接にAと署名していた（このような署名を署名代理という。）という場合、この執行証書は債務名義として有効であろうか。

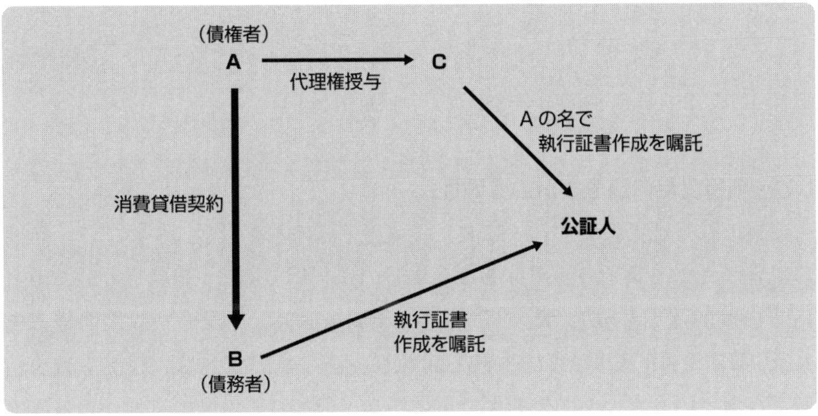

このような場合について、判例（最判昭和56年3月24日民集35巻2号254頁、執保百選2②）は、債務名義として無効であるとした。理由は、公証人法の厳格な手続規定に違反するからという。例えば、公証人法32条は、代理人が執行証書の作成を嘱託する場合に本人の委任状等が必要であるとし、同法39条は、証書作成後、列席者が署名捺印することを要求しているが、それらを守っていないことになるという。

この判例に賛成する学説は、もし方式違反の執行証書を有効とすると、方式違反が横行し、さらに内容上も真実に一致しない執行証書が作られる危険があるから、判例の考え方は形式論に見えるが実質論である、とする。

これに対して、上の判例の反対意見や多数説は、同法32条、39条等の規定は、無権代理人による執行証書の作成を防ぐためのものであるから、執行証書を作成するときには遵守しなければならないものの、代理人である旨が看過されて作成されてしまった後は、実際に代理権を有していた以上、執行証書を無効と考える必要はない、とする。また、無効とすると債権者は再度執行証書を作成しなければならず、二度手間で不経済であり、債務者を不当に利することになり公平に反する、ともいう。ほかに、執行証書の作成は私法上の取引関係の一環をなしているのが実情だから、民法の判例で有権代理として有効とされているのと同様に考えるべきであること等も挙げられている（学説について、上記百選の解説参照）。

なお、債権者側の代理人ではなく、債務者側の代理人が問題となった場合についても、最高裁は、上記の判例と同様に無効と判断していた（最判昭和51年10月12日民集30巻9号889頁、執保百選2①）。

(4) 執行受諾の意思表示の有効性

前述の執行証書の要件③（21頁）の執行受諾の意思表示については、錯誤の規定（民法95条）の適用はあるとするのが判例である（最判昭和44年9月18日民集23巻9号1675頁、昭和44年度重判民訴4）。学説も一般に同様であり（中野＝下村・民事執行法208頁）、執行受諾の意思表示は、判決手続を回避できるという重大な効果をもたらすから、債務者の保護の見地から賛成できる。したがって、執行受諾の意思表示に錯誤があれば、その意思表示は取消し可能（令和2年施行の民法改正前は無効）となり、取り消された場合には執行証書自体も無効となる。また、詐欺や強迫の規定（民法96条）の適用もあると一般に解されている（中野＝下村・同書同頁参照）。

これに対し、表見代理の規定の適用はない、とするのが判例である（最判昭和42年7月13日判時495号50頁、同昭和33年5月23日民集12巻8号1105頁）が、学説上は、民法上債権者・債務者間の契約自体に表見代理が認められることや、署名代理の場合とは異なり公証人法上の代理の手続は執っていること等から、むしろ執行受諾の意思表示について代理権ありと正当に信じた債権者の方を保護すべきである、とする説（中野＝下村・同書208頁）が有力である。

9　確定した執行判決のある外国裁判所の判決（22 条 6 号）

外国裁判所の判決（外国判決）の場合は、日本で強制執行を許しても問題がないか確認する必要があるため、強制執行するのに、確定した執行判決が必要である。仮執行宣言付きの執行判決でもよい、と解されている。

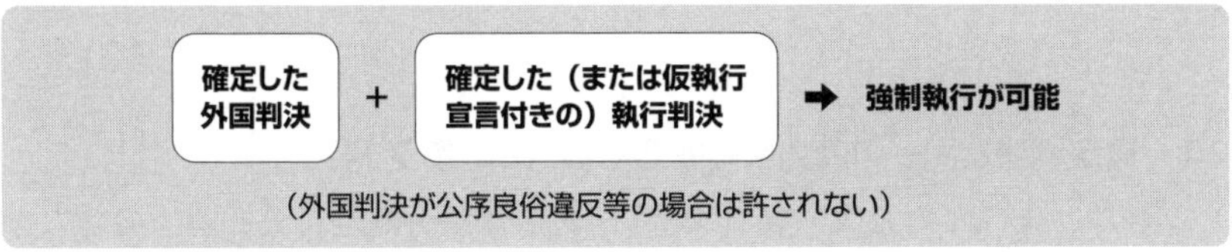

執行判決を求める訴えが提起された場合、外国判決の内容の当否自体は調査されない（24 条 4 項）が、外国判決が、①確定したことが証明されないとき、または②民事訴訟法 118 条各号の要件を具備しないときは、執行判決は許されない（24 条 5 項）。民事訴訟法 118 条には、1 号から 4 号までが規定されているが、例えば、その 3 号には、判決内容や訴訟手続が日本の公序良俗に反しないことが挙げられている。つまり、日本の公序良俗に反する等の外国判決は、執行判決が認められず、日本では強制執行できないことになる。

この関係で、カリフォルニア州のある判決が、実損害の賠償以外に、罰金等と同様の意義を有する懲罰的損害賠償というものを命じていた場合について、懲罰的損害賠償の部分について執行判決を許さなかった判例がある（最判平成 9 年 7 月 11 日民集 51 巻 6 号 2573 頁、民訴百選〔第 3 版〕A 54）。その理由としては、被害者が、加害者から、制裁および一般予防を目的とする賠償金の支払まで受けられるとすることは、わが国の損害賠償制度の基本原則と相容れず、わが国の公の秩序に反する、とした。

10　確定した執行決定のある仲裁判断（22 条 6 号の 2）

仲裁判断は、私人間の仲裁合意に基づいて、第三者である仲裁人が当事者間の紛争を解決するために行う判断であり（仲裁法 2 条 1 項）、これについても、強制執行を許しても問題がないか確認する必要があるが、外国判決の場合とは異なり、形式は執行「決定」でとされている。

仲裁について規律する法律としては、仲裁法があり、仲裁判断についての執行決定は、一定の事由があるために仲裁判断が確定判決と同一の効力を有しないとされるときは与えられない（同法46条1項、8項、45条2項各号）。一定の事由には、外国判決についての執行判決でもみたように、例えば、仲裁判断の内容が公序良俗違反であることも含まれている（同法45条2項9号）。

11　確定判決と同一の効力を有するもの（22条7号）

これは、先ほどみたように（20頁）、支払督促が確定判決と同一の効力を有するに至った場合が、その一例である。ほかに、双方の互譲に基づく和解調書や被告が敗訴と同じ結果を自認する認諾調書（民訴267条）なども、本号により債務名義となる。

第３節　請求異議の訴え

前節は、権利があっても強制執行するには債務名義が必要であるという話であった。これに対し、本節は、債務名義があっても権利がないなどのために強制執行が許されないこととなる、という話である。

1　意　義

(1)　趣　旨

債務者が、債務名義に記載された請求権の存在や内容について異議がある場合には、その債務名義による強制執行を許されないものとするために、請求異議の訴えを提起することができる（35条1項前段）。債務者が原告で、債権者が被告となる、という点に注意すべきである。なお、仮執行宣言付判決等の場合には、上訴等で争うべきであるから、請求異議の訴えが排除されている（同条同項前段括弧内）。

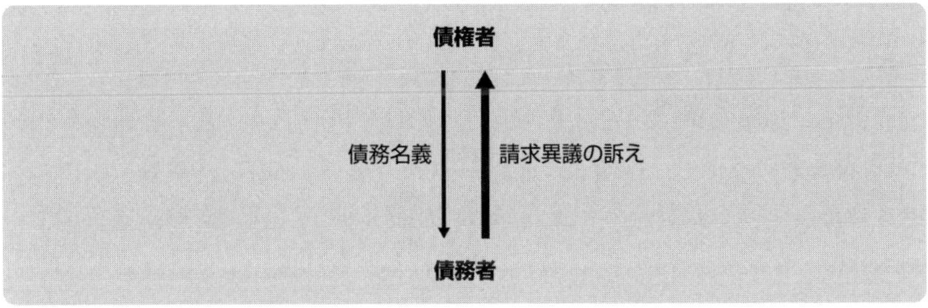

請求権がないのに債務名義がある場合の執行は、不当執行（後述する。84頁）の1つの場合と言われるが、請求異議の訴えは、請求権に関する不当執行の場合に、その債務名義に基づく強制執行「一般」を不許（許されないこと）とするものである。請求権が債務名義の記載よりも小さいにすぎない場合は、請求権を超える部分について強制執行が不許となる。なお、請求異議の訴えは本来は一般的不許とする制度であり、学説上は、特定の具体的執行

行為を排除するという請求異議の訴えは認められないとも言われるが、実務上は、実情を重視し、高額の請求権の債務名義で比較的少額の財産が差し押さえられたような場合に、請求異議の訴えの訴額が過度に高額にならないように具体的執行行為の排除を求める請求異議の訴えを認めるのが一般である（中野＝下村・民事執行法219頁参照）。

管轄裁判所は、債務名義の種類によって異なるが、債務名義に記載された請求権が問題となっていることもあり、債務名義が確定判決の場合であればその判決の第1審裁判所とされ、他の場合はこれに準じたものとなっている（35条3項、33条2項）。これは専属管轄であり（19条）、被告（債権者）の普通裁判籍所在地（住所等。民訴4条）の裁判所には管轄がないことに注意を要する。

		債務名義	
		あり	なし
権利（請求権）	あり	強制執行できる	強制執行できない
	なし	強制執行できる（ただし、不当執行であるため、請求異議の訴えで不許にできる）	

このように請求権について争って不当執行を排除するのがこの訴えの本来の制度趣旨であるが、後述するように（37頁）、さらに、債務者が、例えば執行証書のような裁判以外の債務名義の成立について異議がある場合にも、請求異議の訴えを提起することができることとされている（35条1項後段）。

(2) 訴えの性質論

請求異議の訴えについては、訴えの3類型である給付の訴え、確認の訴え、形成の訴えのうちのどれなのか、という性質論が論じられてきた。種々の議論があり、これら以外の性質の訴えであるとの説もあるが、伝統的には、請求異議認容判決の確定によって債務名義の執行力が排除されるとする形成訴訟説が多数であった（中野＝下村・民事執行法220頁参照）。しかし、この説は、執行力の排除を生じさせる権利（異議権）を訴訟物（訴訟で最終的に判断されるべきテーマ）とし、請求権自体は訴訟物でないとするため、訴訟物についてのみ既判力（判決の結論についての拘束力）が生じるという条文（民訴114条1項）を前提に伝統的な考え方をすると、請求異議の訴えで負けた債務者（原告）が、後で再度請求権の不存在を主張して不当利得返還請求をすることは妨げられず、蒸し返しが可能となってしまうという難点がある、と言われてきた。これに対しては、請求異議の訴えの請求棄却判決は、債務名義上の請求権の内容である給付の実現を容認する趣旨を含むとして、前訴と後訴の訴訟物の間にいわゆる矛盾関係が存する場合に当たり、既判力の作用から不当利得返還請求できなくなると考えられる、とする見解も示されるに至っている（中野＝下村・民事執行法250頁）。

ただ、性質論は、ものの考え方の問題で、実際上は個々の問題にあまり差をもたらさないといえるので、ここではこれ以上立ち入らない。

2　請求異議事由

(1)　種　類

請求異議の訴えは、請求異議事由を主張する訴えである。請求異議事由には、例えば、債務名義はあるが債務者により弁済がなされたとか、債権者から免除がなされたというような実体上の事由（35条1項前段）と、裁判以外の債務名義の成立についての手続上の事由（後段）とがある。後者については後述する（37頁）。

なお、確定判決に対する再審の訴え（民訴338条以下）は、確定判決にその維持が正当化されない重大な事由（再審事由）があった場合に、その確定判決自体を取り消して新たな判決をすることを求めるものであるが、確定判決に対する請求異議の訴えは、それと異なり、以下にみるように、確定判決に既判力があることを前提としてその確定判決による強制執行の排除を求めるものである。

(2) 既判力の時的限界による制限

ア　意　義

確定判決が債務名義の場合、請求異議事由は、その判決の口頭弁論終結後に生じたものに限定される（35条2項）。

民事訴訟法の分野での問題でもあるが、判決が確定すると、前述のように、その判決で決まった一定のことがらについては拘束力が生じ、蒸し返しが許されない。これが既判力であるが、何が確定判決で決まったことになるのか、という問題が生じる。

この点に関し、例えば、所有権が転々と移転したり、債権が弁済によって消滅したりするように、権利というものは時間とともに変動するから、判決で原告の権利について判断する場合には、どの時点における権利の判断であるかを特定する必要がある。訴訟には、訴えの提起後、第1回口頭弁論、口頭弁論終結、判決言渡し、判決確定等の節目があるが、確定判決で認められる権利は、当事者が資料を提出できた最終時点、つまり口頭弁論終結時におけるものであると考えるのが合理的である。これを既判力の時的限界といい、その時点を基準時とか標準時とか呼んでいる。なお、ここで口頭弁論終結時というのは、上告審は法律審であるため事実主張ができないので、上告審での口頭弁論終結時を除く意味を明確にすれば、事実審の口頭弁論終結時ということになる。

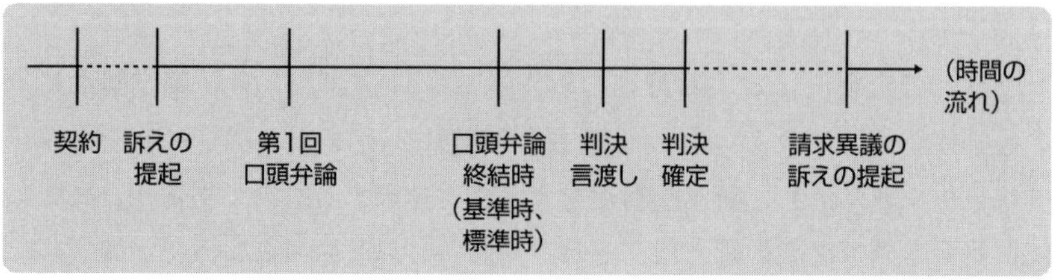

このような既判力の時的限界を前提とすると、例えば、AがBに対して1000万円を請求できる権利が確定判決で認められた場合、その後に、Bが、「基準時よりも前に弁済があったから、基準時にAの権利はなかった。」と主張することは許されないことになる。そうでないと、いつまでも蒸し返し

が可能となって訴訟をして判決が示された意味がなくなるから、考えてみれば当然のことである。このように、基準時前の事由を持ち出して基準時における判断を否定することができなくなることを、既判力の遮断効の作用という。逆に、この例の場合、Bが、「基準時よりも後に弁済があったから、基準時にあったAの権利はその後消滅した。」と主張することは、許されることになる。前訴判決で示された判断を前提にした主張であるからである。35条2項は、請求異議事由という場面でこのようなことを規定したもの、ということになる。

イ　形成権について

（ア）　取消権

もし、Aの権利が売買契約上の代金債権である場合には、その判決が確定した後に、Bがその売買契約の無効を主張することも、既判力によって遮断されることになる。なぜならば、売買契約の無効事由は、契約時に存在したものであり、訴え提起よりも前、つまり口頭弁論終結時よりも前に存在したからである。

売買契約 ➡ **訴え提起** ➡ **口頭弁論終結時** ➡ **判決確定**
（無効事由はすでに存在）　（この時点での代金債権ありとされた）

そうすると、Aの権利を認めた判決確定後、Bが、その売買契約がAの詐欺（民法96条）によるものだったとして、取消しを主張して、請求異議事由とすることができるのかどうか、ということが問題となる。取消権は、民法上形成権の一種で、意思表示が相手方に到達することによって権利が変動するものであるから、その時点で遡って契約が無効となる。意思表示をしない限り契約は有効ということになる。

これについては、前訴で取消しの主張ができるのにしなかった場合には、基準時後に取消しの意思表示をしても、基準時におけるAの権利を否定することはできないとするのが、通説・判例（最判昭和55年10月23日民集34巻5号747頁、民訴百選77）である。

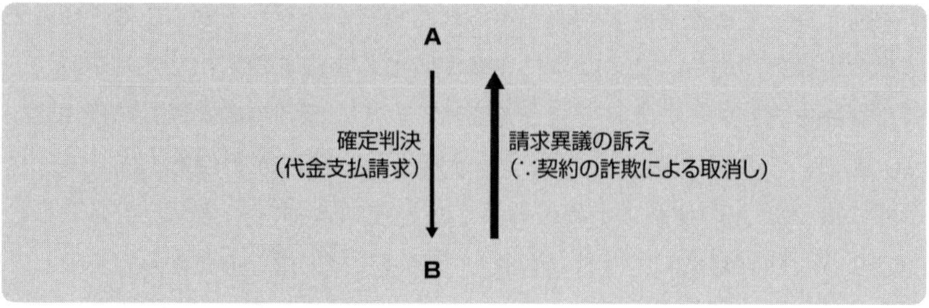

その理由として伝統的に主張されてきたのは、①取消事由があるという瑕疵は、請求権自体に付着するものであり、無効事由と同様に既判力によって洗い去られるというべきであること、②取消事由より重大な瑕疵である無効事由が遮断されるから、より軽微な瑕疵である取消事由は当然に遮断されるべきであること、である（中野＝下村・民事執行法234頁参照）。

これに対しては、既判力は、その基準時における請求権の存在を確定するだけで、将来取消権の行使により消滅する可能性がないことまで確定するわけではないと解すべきであること、取消権を行使するかどうかは取消権者の意思に委ねられており、期間制限の定め（民法126条）もそのためであること等を理由として、基準時後に取消権を行使した場合には取消しが請求異議事由となるとする反対説もある。ただし、この反対説も、口頭弁論終結までに取消権を行使しないでことさら執行妨害をする場合は、訴訟上の信義則に反するとして、請求異議の訴えによる取消権の主張を却下すべきであるとする（中野＝下村・同書235頁）。

（イ）　相殺権

形成権でも相殺権については、一般に取消権とは別の理解がされている。相殺権は、相殺するとの意思表示により両方の債権が対当額で消滅し、その効果が相殺ができる状態（相殺適状）の最初の時点まで遡るというものである（民法505条以下）が、前訴の口頭弁論終結時より前に相殺適状であっても、口頭弁論終結後になって相殺権を行使することができるとするのが、通説・判例（最判昭和40年4月2日民集19巻3号539頁、続民訴百選77）である。

取消権の場合と異なる理由としては、相殺は訴求債権に付着する瑕疵では

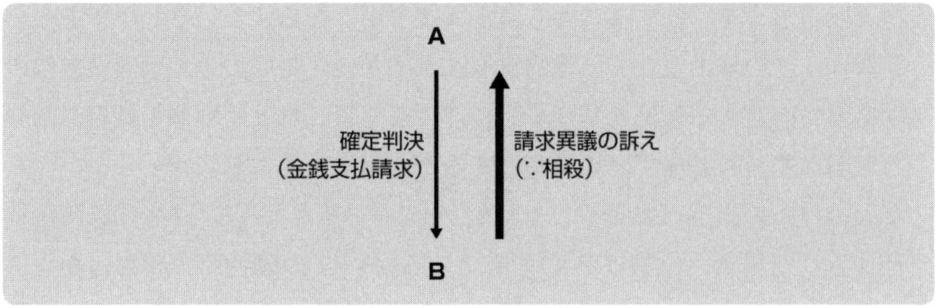

ないこと(伊藤・民事訴訟法558頁参照)、相殺は弁済の一種であって自己の反対債権を犠牲に供するものであり、債権をいつ行使するかは債権者に委ねられてよいこと(中野ほか・大学双書507頁〔高橋〕)等が挙げられている。

(ウ) 建物買取請求権

借地借家法上、借地権者には建物買取請求権という権利がある。これは、簡単に言うと、建物の所有を目的として土地を借りていて、その期間満了の場合に契約更新がないと、借主が、貸主に対して土地上の建物を買い取るよう請求できる、というものである(借地借家法13条1項)。請求権という名前が付いているが、これも形成権であり、意思表示が相手方に到達した時に建物についての売買契約が成立したことになる、と解されている。

この建物買取請求権についても、判例は、相殺の場合と同様の結論を採っている(最判平成7年12月15日民集49巻10号3051頁、執保百選16、民訴百選78)。つまり、AがBに対して建物を収去して土地を明け渡すよう請求をし、それを認容する確定判決が出たという場合に、その段階になってBが

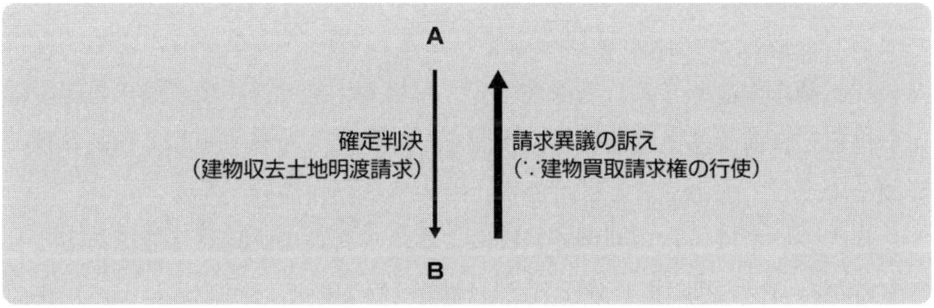

建物買取請求権を行使することも請求異議事由となる、というわけである。

判例は、その理由として、建物買取請求権が、建物収去土地明渡請求権の発生原因に内在する瑕疵に基づくものではなく、これとは別個の制度目的および原因に基づいて発生する権利であることを挙げている。

なお、種々の議論はあるが（上記2つの百選の解説参照）、建物買取請求権が行使された場合、建物はAの所有となるからBの建物収去義務はないことになり、請求異議の訴えはその限りでの認容となると考えられる。その判例では、建物収去義務は消滅するというものの、事案の関係で、具体的にどのような義務が残るのかは触れられていないが、最判昭和33年6月6日民集12巻9号1384頁は、建物収去土地明渡請求は建物の引渡請求として一部認容となる（留置権の抗弁が認められれば引換給付となる。）という。現在の学説上は、建物「退去」土地明渡しの限度で執行可能と解する説（伊藤・民事訴訟法559頁注185）が有力であり、留置権（民法295条以下）ないし同時履行の抗弁権（同法533条）が主張されれば、当然建物退去土地明渡しは建物代金との引換給付になる、と解される（札幌高判昭和40年9月27日高民集18巻6号441頁、原強・法学教室188号〔1996年〕77頁）。

ウ　限定承認について

限定承認という制度があり、相続人は、相続によって得た財産の限度においてのみ被相続人の債務および遺贈を弁済すべきことを留保して、相続の承認をすることができる（民法922条以下）。被相続人の債権者Aが、相続人Bに対して、Bが被相続人の債務を相続したことを主張して支払請求をした場合、Bが家庭裁判所で限定承認の手続を執っていることが明らかになれば、相続財産の限定で支払を命じる旨の留保の付いた判決がなされることになり、AがBの固有財産に対して強制執行することは許されないことになる。

そこで、被告Bが限定承認をしていたことを主張しなかったため、原告Aの支払請求が認められ、判決が確定した場合、その後、Bが請求異議の訴えを提起し、前訴基準時前に限定承認をしていたことを主張して強制執行の範囲を限定してもらうことは可能か、ということが問題となる。

これについては、古い判例で、Bによる請求異議の訴えは可能であるとしたものがある（大判昭和15年2月3日民集19巻110頁）。学説上は、限定承認

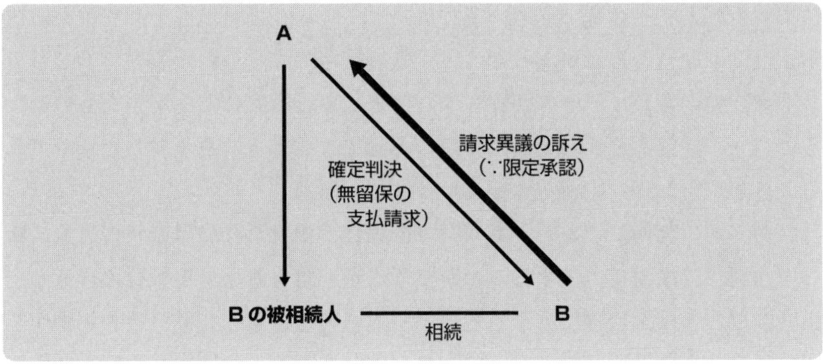

が債権の存否の問題ではなく執行段階で問題となることがらであること等を理由とする肯定説もあるが、①給付判決は請求権の存在とともに強制執行の可能性ないし責任も確定すること、②限定承認は相殺と異なり犠牲に供するものはなく防御的なものであること等を挙げて、もはや請求異議の訴えで主張することはできないとする否定説もある(中野＝下村・民事執行法233頁、中野ほか・大学双書509頁〔高橋〕)。

(3) 不執行の合意

強制執行をしないという合意を、不執行の合意という。このような合意は、一般に有効であると考えられている。

不執行の合意があるにもかかわらず強制執行が開始された場合について、まず、もし不執行の合意が記載された和解調書等の正本があれば、執行停止となり手続は取り消される(39条1項4号、40条1項)。それが記載されたその他の文書の場合も、弁済猶予文書(39条1項8号)に準じ、強制執行は停止されるべきである(中野＝下村・民事執行法69頁)。

そのような場合以外における不執行の合意を主張する方法について、大審院の判例は実体上の権利の問題ではないとして執行方法に関する異議(現行の執行異議〔11条。後述66頁〕に相当)によるべきだとする説を採っているとみられていたが、最高裁は、請求異議の訴えによるべきだとした(最決平成18年9月11日民集60巻7号2622頁、執保百選1)。最高裁のこの判例は、債権執行において、請求債権（執行債権）について強制執行を行う権利の放棄または不執行の合意があったことが執行抗告で主張された事案で、これらの不執行の合意等は、それが存在すれば強制執行は実体法上不当なものとなるというべきであるから、請求異議の訴えによるべきであるとしたものである（不当執行については後述する。84頁）

なお、別の判例によると、不執行の合意は、給付訴訟では審判の対象にならず強制執行段階で主張することができるが、給付訴訟で不執行の合意が主張されたときは訴訟物に準ずるものとして審判の対象となり、その主張が認められるときには、強制執行ができないことも判決主文に記載すべきであるとされる（最判平成5年11月11日民集47巻9号5255頁）。このような判決の場合は、不執行の合意に反して強制執行が行われることは考えられない。

(4) 権利濫用

強制執行することが例外的に権利濫用となる場合もあると考えられ、その場合には、請求異議の訴えで強制執行の排除を求めることができる、というのが判例である。古典的な判例として、次のようなものがある。

Aが、無免許運転によりYを負傷させたため、Yが、Aに対し、将来の営業活動が不能になったことを理由に得べかりし利益（中田・債権総論179頁参照）を損害として賠償請求し、それを認める確定判決を得た。その後、Yは、思いがけず負傷が治癒し、堂々と営業を営むようになり、他方で、Aは、賠償債務を苦にして自殺したのに、Yは、その両親X1・X2がAを相続することになったとして、X1の不動産に対する強制執行を申し立てた

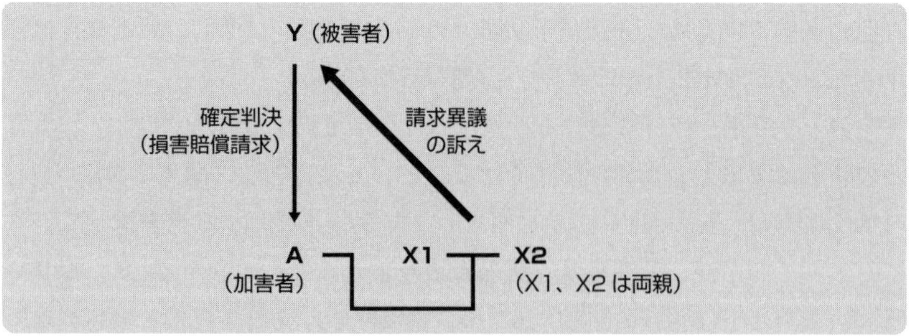

（なお、確定した給付判決の被告の承継人に対しては、後述〔44頁〕する承継執行文の制度を利用して強制執行することができる）。このような事案で、Xらが Yに対し請求異議の訴えを提起した場合、Yが、判決確定後5年後に至って Xらに対し強制執行することは、権利の濫用として請求異議事由となる、とされた（最判昭和37年5月24日民集16巻5号1157頁）。

その後、事案によって、強制執行が権利濫用となることを認めた判例と認めなかった判例が出ている（中野＝下村・民事執行法230頁以下参照）。

(5) 債務名義の成立についての異議

債務名義が裁判以外のものである場合には、成立についての異議も、請求異議事由となる（35条1項後段）。

例えば、執行証書の場合、請求権がないことを主張するのであれば、35条1項前段の請求異議事由の主張となるが、執行証書が無効であることも後段で請求異議事由として主張できることになる。この場合の執行証書の無効とは、形式的に適式に成立した債務名義について、実体関係的な無効原因があることをいうとされ、例えば、執行受諾の意思表示について錯誤に基づく取消し（民法95条）があった場合や、執行受諾の意思表示が無権代理によるものだった場合などを意味する。こうした場合は、既判力が関係しないから、確定判決についての異議事由に適用される発生時期の制限（35条2項）のようなものは、そもそも存在しないことになる。

	異議の種類	異議事由の発生時期の制限	
		確定判決の場合	その他の場合
1項前段の異議	請求権の存在または内容についての異議（ex. 弁済による請求権の消滅）	口頭弁論終結後に生じたもののみ（2項）	なし
1項後段の異議	裁判以外の債務名義の成立についての異議（ex. 執行証書の受諾の意思表示の無効）		なし

(6) 異議事由の同時主張

異議事由が数個あるときは、債務者は、同時に、これらを主張しなければならないことになっている（35条3項が34条2項を準用）。主張しないと、後で主張できないことになる。これは、複数の異議事由が次々に繰り返し主張されて執行手続が進まなくなるのを防止するためである。

この規定の趣旨については、請求異議訴訟の訴訟物の理解との関係で複雑な議論がある。

例えば、債務者が、請求異議の訴えで弁済のみを主張して請求棄却となった場合、第2の請求異議の訴えで、第1の請求異議訴訟の口頭弁論終結前の免除を主張することはできなくなる。

この場合について、もし、弁済を主張した請求異議の訴えと免除を主張した請求異議の訴えとで訴訟物が別となると考えると（次の表のA説）、免除の主張ができなくなるのは、前訴の訴訟物の範囲を越えるから、既判力の遮断効によるものではなく、異議事由の同時主張の規定によるものである、ということになる。これに対して、もし、債務名義が1つであればそれについての請求異議訴訟の訴訟物は1つであると考えると、免除の主張ができなくなるのは、同一訴訟物の範囲内のことであるから、既判力の遮断効で考えられることになる（次の表のB説）。後者のように考えると、異議事由の同時主張の規定は、当然のことを定めたことになってしまうので、この規定は、請求異議の訴えと後述する執行文付与に対する異議の訴え（45頁）との間での別訴禁止を定めたものである、とする説もある（中野＝下村・民事執行法235頁。なお、請求異議訴訟の訴訟物について、同書222頁以下参照）。実務上は、

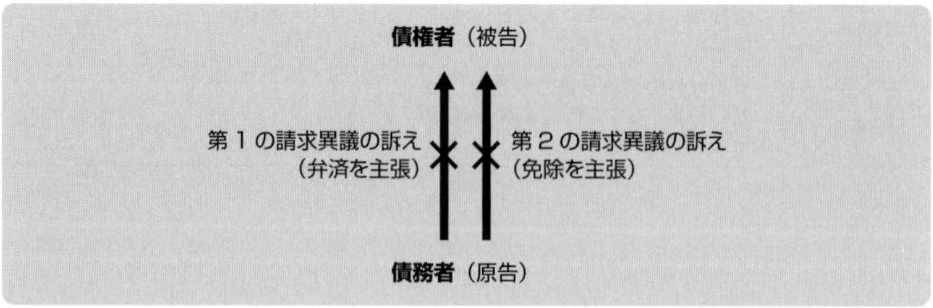

請求異議訴訟について形成訴訟説を前提に「請求異議権」を訴訟物とするが（司法研修所編『10訂　民事判決起案の手引（補訂版）』〔法曹会・2020年〕の巻末掲載の「事実摘示記載例集」24頁以下参照）、異議事由の同時主張の規定との関係ははっきりしない。

後訴での主張	説	前訴判決の既判力で遮断	（既判力とは異なる）同時主張の強制で失権
（例）免除の主張	A説	×	○
	B説	○	×
執行文付与に対する異議の主張	中野説	×	○
	一般	×	×

3　執行停止等の仮の処分

請求異議訴訟の審理中でも強制執行は当然には停止しないため、そのままであると、請求異議訴訟の判決までに強制執行が最後まで進行して、強制執行を不許とするための請求異議の訴えが意味を失うことになりかねない。

そこで、一定の場合には、原告である債務者の申立てで、強制執行手続を停止することが認められている。つまり、債務者が異議のため主張した事情が法律上理由があるとみえ、かつ、事実上の点について疎明があったときは、裁判所は、債務者の申立てにより、執行停止等を命じることができる（36条）。これを執行停止等の仮の処分という。通常の場合は、停止を命じるときは、担保を立てる、つまり供託所に対して金銭を積むこと（ないしはそれと同等のこと）（15条）を条件としている。「疎明」とは、証明よりも要求される程度が低く、一応確からしいということで足りるものである。

第４節　執行文

１ 意 義

(1) 趣 旨

強制執行は、債務名義に基づくのではあるが、具体的には、執行文の付された債務名義の正本に基づいて実施される（25条本文)。「正本」とは、全部の写しという意味では「謄本」と同じであるが、原本と同一の効力を有するとされるものである。ただし、少額訴訟の確定判決等により、表示された当事者を執行の債権者・債務者として行われる強制執行では、執行文は不要である（同条ただし書)。執行文は、債務名義の末尾に、「債権者は、債務者に対し、この債務名義により強制執行することができる。」のように記載される（26条2項)。「執行文の付された債務名義の正本」は、執行文が不要な債務名義の正本と併せて、民事執行法上「執行力のある債務名義の正本」と呼ばれ（51条1項の括弧内)、実務上、略して「執行正本」とも呼ばれている。

執行文は、有効な債務名義があるということを、執行開始よりも前にあらかじめ調査・判断することで、執行を担当する執行機関を、執行の実施に専念させるためにある。ある文書が、債務名義としてそれに基づいて強制執行してよいこと（これを執行力という。）を公証するものである、とも言われる。債権者としては、債務名義を入手した後、執行の申立てをするまでの間の段階で、執行文の付与を受ける必要がある。

請求権と執行文との関係については、二重に形式化（抽象化）されたものであるともいえる。つまり、具体的に請求権が存在するかどうかは明白ではないから債務名義という形を作ることが要求され、有効な債務名義であるかどうかも明白ではないから執行文という形を作ることが要求されているので

あり、そのような制度により、債務名義は請求権の存在を一応担保し、執行文は有効な債務名義の存在を一応担保することになるのである。それぞれ一応の担保であるから、現実がそうではない場合には、請求権の存在については35条1項前段の請求異議の訴えで争うことができ、債務名義の有効性については直後に述べるように執行文付与等に関する異議の申立てないし35条1項後段の請求異議の訴えで争うことができる、ということになるのである。

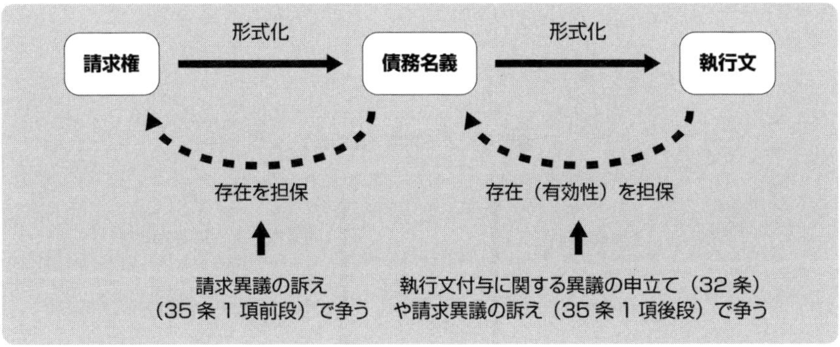

(2) 付与機関

執行文を付することを執行文の付与というが、付与機関は、①執行証書以外の債務名義については裁判所書記官、②執行証書については公証人であり、いずれも債権者からの申立てに基づいて付与する（26条1項）。裁判所書記官にとっては、執行文の付与は、日常的なしかも重要な仕事になっている。

付与機関は、有効な債務名義があることを審査するのであるから、具体的には、裁判所書記官は、判決が確定したかどうか、和解調書に給付文言があるかどうか等を審査し、公証人は、執行証書がその要件を具備しているかどうかを審査することになる。

2　執行文の付与等に関する異議の申立て

(1)　意　義

執行文は、正しく審査された上で付与されなければならない。したがって、執行文の付与が拒絶された場合には、債権者が執行文の付与を求めて異議の申立てをすることができ、執行文が付与された場合には、債務者が執行文の付与がされないことを求めて異議の申立てをすることができる（32条）。「執行文の付与等に関する」であるから、付与が認められなかった場合の異議申立てと付与が認められた場合の異議申立てとがあることになる。

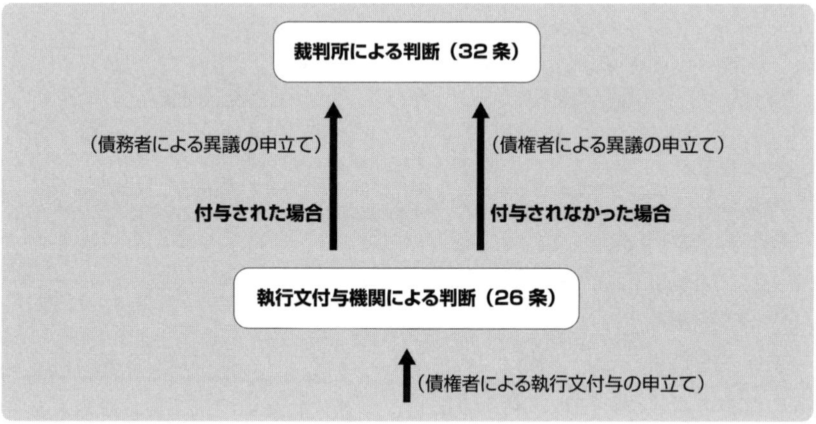

この異議の申立ては、①裁判所書記官の場合は、その裁判所書記官の所属する裁判所に対して行い、②公証人の場合は、その公証人の役場の所在地を管轄する地方裁判所に対して行う（32条1項）。執行文の付与に対して異議の申立てがあったときは、執行手続の停止等の余地がある（同条2項）。

(2)　決定手続

この異議の申立てについての裁判は、口頭弁論を経ないですることができる（同条3項）。これは、裁判所が判断する手続ではあるが、判決手続ではなく、より簡易な手続である決定手続であることを意味する（民訴87条1項ただし書)。また、異議申立てに対する裁判に対しては不服申立てができない（32条4項）という意味でも、簡易な手続である。

(3) 請求異議の訴え（35条1項後段）との関係

裁判以外の債務名義の成立についての異議は、請求異議の訴えで主張することができる（35条1項後段)。この点で、32条の異議の申立てと請求異議の訴えとの関係が問題となる。いずれも、債務名義の成立過程に存する瑕疵についてのものだからである。

この点は、32条の異議申立ての手続が決定手続で、請求異議の訴えの手続が判決手続であることから、一般に、①例えば執行証書において公証人の署名捺印がない場合や金額の一定性がない場合のように、事件の記録から形式的に判断されるものは、32条の異議申立てによるべきであり、②前述のように（37頁)、例えば、執行受諾の意思表示について錯誤に基づく取消し（民法95条）があった場合や、執行受諾の意思表示が無権代理によるものだった場合のように、実質的な審理を要する実体関係的な無効ないし失効の原因については、請求異議の訴えによるべきである、と考えられている（中野＝下村・民事執行法228頁以下)。

3 条件成就執行文と承継執行文

(1) 意 義

執行文には、通常の執行文（これを単純執行文という。）のほか、特別の機能を持った執行文がある。すなわち、①条件成就執行文と、②承継執行文がそれである。

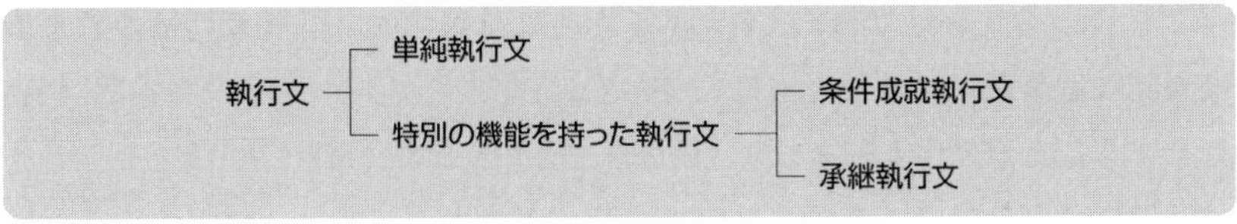

ア　条件成就執行文

例えば、債務名義上の請求権が停止条件付であった場合には、強制執行は、その条件が成就した場合に初めてできるはずである。その条件成就はいつ誰が審査するのかというと、民事執行法では、執行文付与の段階で、執行文付与機関である裁判所書記官や公証人が審査するとされているのである。

条文上は、「請求が債権者の証明すべき事実の到来に係る場合においては、執行文は、債権者がその事実の到来したことを証する文書を提出したときに限り、付与することができる」とされている（27条1項）。条件成就が代表的であるので一般に条件成就執行文と呼ばれているが、「債権者の証明すべき事実の到来」とは、停止条件の成就のほか、不確定期限付の債務名義においてその不確定期限が到来した場合等も含まれる（そのため、補充執行文と呼ばれることもある）。そのようなことがあったかどうかを、証する文書を提出したかどうかという形で、執行文付与機関が審査するのである。

なお、債務名義上の請求が○年○月○日が到来した場合に可能となるというような場合、そのような確定期限の到来は、それ自体で明確であるため、執行文付与の段階ではなく、執行開始の段階において執行機関が判断することになっている（30条1項）。

イ　承継執行文

例えば、債務名義上の当事者について相続があったとか債権譲渡があったという場合に、強制執行するためには、相続人を表示した新たな債務名義や債権譲受人を表示した新たな債務名義が必要だというのでは、あまりにも非効率であり、また公平でない。民事執行法では、このような執行当事者となるべき者かどうかという問題についても、執行文付与の段階で、執行文付与機関である裁判所書記官や公証人が審査することとして、新たな債務名義を要求しないで執行できることとしている。これが、承継執行文の制度である。

こちらも条文を見ておくと、「債務名義に表示された当事者以外の者を債権者又は債務者とする執行文は、その者に対し、又はその者のために強制執行をすることができることが裁判所書記官若しくは公証人に明白であるとき、又は債権者がそのことを証する文書を提出したときに限り、付与することができる」とされている（27条2項）。債務名義成立後（確定判決等では口頭弁論終結後）の承継人の場合が代表的であるので、承継執行文と呼ばれているが、それらを含め債務名義に表示された当事者以外の者が執行の当事者となる場合については、23条に規定されている。

承継人（23条1項3号、2項）の場合以外としては、まず、23条1項2号の「債務名義に表示された当事者が他人のために当事者となつた場合のその他人」があり、これは、いわゆる訴訟担当の場合の被担当者を意味する（詳細は、民事訴訟法の解説書に譲る。和田・民事訴訟法168頁以下、伊藤・民事訴訟法155頁以下等参照）。また、執行証書以外の債務名義の場合は、寄託契約（民法657条以下）により物を預かっているだけの受寄者のように、当事者等のために請求の目的物を所持する者に対しても、強制執行が可能である（23条3項）。

なお、平成15年の改正で、特殊なものとして、債務者を特定しない承継執行文（債務者不特定執行文）の付与の制度ができた。これは占有者を頻繁に変えるような執行妨害に対処するためのものである。後述する占有移転禁止の仮処分を前提とする引渡しまたは明渡しの強制執行の場合（255頁）や、これも後述する売却のための保全処分（101頁）等を前提とする引渡命令（122頁）による強制執行の場合に、認められる（27条3項）。ただし、この執行文による強制執行は、執行文付与の日から4週間以内で、かつ現場で占有者を特定できる場合に限って、可能とされている（同条4項）。

(2) 執行文付与の訴えと執行文付与に対する異議の訴え

ア 意 義

条件成就執行文について要求される証明文書、または承継執行文について要求される証明文書を提出することができないため、それらの執行文が付与されなかったときは、債権者は、執行文付与の訴えを提起することができる（33条1項）。これは、執行文が付与されていない債権者側が原告となって、執行文を求めるものである。

これに対し、条件成就執行文または承継執行文が付与された場合、債権者の証明すべき事実の到来したこと、または債務名義に表示された当事者以外の者に対し、もしくはその者のために強制執行をすることができることについて異議のある債務者は、執行文付与に対する異議の訴えを提起することができる（34条1項）。これは、執行文が付与されて強制執行を受ける債務者側が原告となって、執行文の付与された債務名義の正本に基づく強制執行の不許を求めるものである。請求異議の訴えの場合と同様に（38頁以下）、数個の異議事由は同時に主張しなければならないとの規定（同条2項）や、執行停止等の仮の処分の規定（36条）もある。

なお、執行文付与の訴えの場合も執行文付与に対する異議の訴えの場合も、被告となるのは相手方当事者であって、執行文付与機関（裁判所書記官、公証人）ではない。

イ　執行文付与等に関する異議の申立てとの関係

これらの訴えは、訴えであるから、いずれも判決手続で審査することになる。そこで、これらの訴えと、執行文付与等に関する異議の申立て（32条）との関係をどう考えるかが、問題となる。

まず、執行文が付与されなかった場合については、前述のように32条の異議の申立てができるが（42頁）、もし条件成就執行文や承継執行文が問題となっている場合には、いきなり33条の訴えを起こしてもいいし、32条を経由して32条で認められなかった場合に33条の訴えを起こしてもいい、と考えられている。

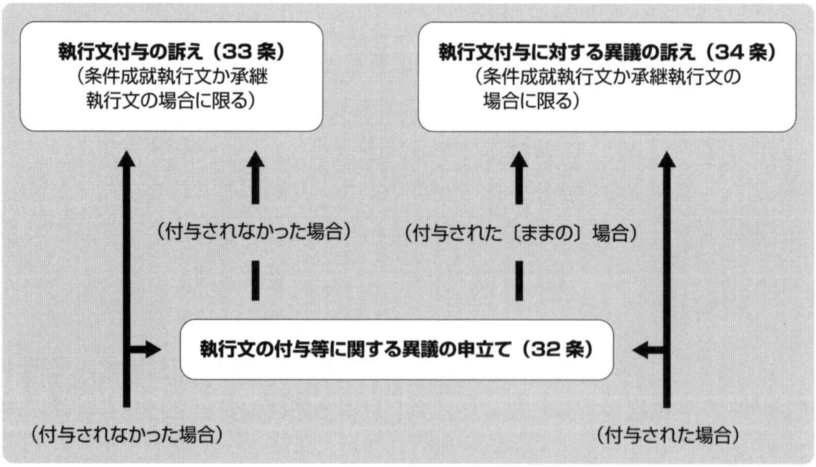

執行文が付与された場合も同様で、単純執行文の場合には32条の異議の申立てで不服を主張するしかないが、もし条件成就執行文や承継執行文が問題となっている場合には、いきなり34条の訴えを起こしてもいいし、32条を経由して32条で認められなかった場合に34条の訴えを起こしてもいい、と考えられている。

(3) 条件成就執行文と失権約款付債務名義

和解調書等の債務名義で、「Aは、Bが賃料不払のときは、賃貸借契約を解除し、直ちに明渡請求できる」旨定められたような場合を、失権約款付債務名義とか過怠約款付債務名義といい、このような場合に条件成就執行文の規定（27条1項）の適用があるかどうかについては、争いがある（下記百選の解説参照）。

これについて、判例は、弁済については弁済した者が立証すべきであるから、不払の事実は債権者Aが立証すべき事実ではないとして、27条1項の適用を認めず、執行文付与の際、不払の事実は審査しないとする（最判昭和41年12月15日民集20巻10号2089頁、執保百選10）。この立場では、執行文付与の段階の審査とは関係のない話ということになるので、債務者Bが不払の点を争って執行の不許を求めて訴えを提起するには、執行文付与に対する異議の訴え（34条）ではなく、明渡請求権の存在・内容を争うものとして請求異議の訴え（35条1項本文）によるべきである、ということになる。

このような考え方に対しては、Bが不払のときに明渡しの強制執行ができるという債務名義なのに、執行文付与の段階で不払の事実を何ら審査しないで強制執行できるとするのはBに酷である、という批判がある。この立場では、27条1項の規定は通常の立証責任で考えるべき規定ではないとして、失権約款付債務名義についてもその適用を認め、Aが執行するには条件成就執行文を要するものとして、その付与の際、AがBの不払を証明すべきである、とする。そして、Bが不払の点を争って執行の不許を求めて訴えを提起するには、27条1項の適用を前提とする執行文付与に対する異議の訴え（34条）によるべきである、ということになる。これに対しては、不払という不作為の証明は債権者に酷であるとの批判がある。

こうした議論は、結局、債務者の不払を債権者が証明するのは債権者に酷ではないかという考え方と、債務者の不払を確認しないで強制執行ができるのは債務者に酷ではないかという考え方との対立であり、議論が嚙み合わず、循環してしまうことになる（下図参照）。

そこで、さらに第三の考え方として、177 条（旧 174 条）3 項を類推する考え方がある。同項は、「債務者の意思表示が債務者の証明すべき事実のないことに係る場合において、執行文の付与の申立てがあつたときは、裁判所書記官は、債務者に対し一定の期間を定めてその事実を証明する文書を提出すべき旨を催告し、債務者がその期間内にその文書を提出しないときに限り、執行文を付与することができる。」と規定している。これは、登記手続を命ずる判決のように、債務名義上の給付義務が意思表示をすべき義務である場合の規定であるが、「債務者の証明すべき事実のないことに係る場合」の手続のあり方として参考にすることができる。そこで、失権約款付債務名義の場合の「支払のないこと」にも類推できることになるとして、上の例では、裁判所書記官が、B に対し一定期間を定めて証明文書を提出すべき旨を催告し、B がその期間内に文書を提出しないときに限り、執行文を付与できる、とする説があるわけである（中野＝下村・民事執行法 258 頁等）。

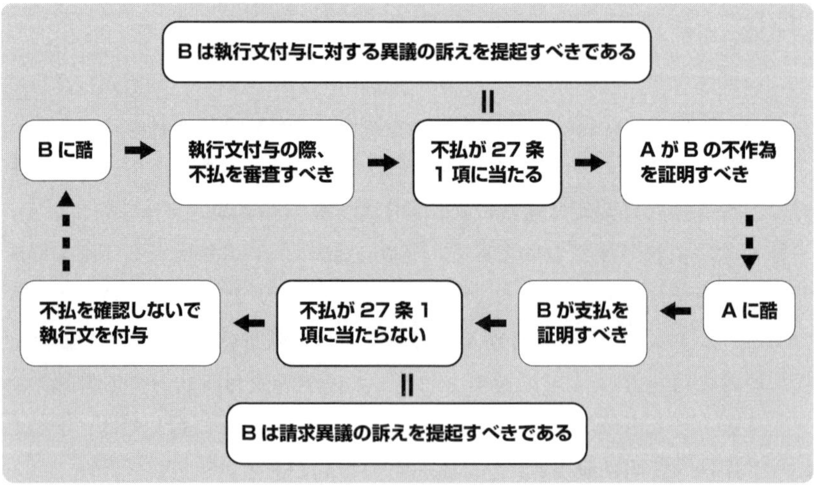

なお、参考に、ここで、177条全体について説明しておく。同条は、意思表示をすべきことを債務者に命ずる債務名義の強制執行についてのものである。典型例として、登記手続を求める請求は、意思表示を求める請求であると考えられている。そして、そのような内容の判決等の裁判であればその確定した時に、和解等であれば債務名義成立の時に、意思表示があったものとみなすとして（意思表示の擬制）、具体的な執行行為は不要であるとしている（同条1項本文）。登記手続の場合は、その後、債務者の意思表示があったことを前提に、債権者単独で具体的な登記手続を行うことになる（不動産登記法63条1項）。ただし、債務者の意思表示が、例えば、条件付であったり、債権者からの給付との引換えにすべきものであったり、債務者の不払の場合にすべきものであったりした場合には、判決確定や債務名義成立の時に直ちに意思表示をしたとみなすことはできない。そこで、執行文付与手続をここに流用して、条件が成就したこと等を審査して、確認できた場合に執行文を付与して、執行文が付与された時に意思表示をしたとみなすことにしているのである（177条1項ただし書、2項、3項）。重要な条文であるので、十分注意してほしい。

(4) 承継執行文と固有の防御方法

ア 判例の事案

判例で、承継執行文の付与に関し、承継人に保護すべき事情があるとされたことがある。事案は、簡略化すると次のようなものであった。

土地の所有者Yが、登記名義人Aに対して、通謀虚偽表示（民法94条1項）でAに登記が移転していると主張して、抹消に代わる移転登記請求の訴えを提起し、その勝訴判決が確定した（下図の①）。ところが、他方で、Aの債権者Bがその土地について強制競売手続を執り、その結果、通謀虚偽表示について善意の（知らなかった）Xがその土地を競落し登記を得た（②）。その段になって、Yは、XはAの承継人であるとして、承継執行文の付与を受け、その結果、Yが登記名義人となってしまった（③）。そこで、Xは、Yに対して、自分は民法94条2項で保護される「善意の第三者」に該当すると主張して、抹消に代わる移転登記請求の訴えを提起した（④）。

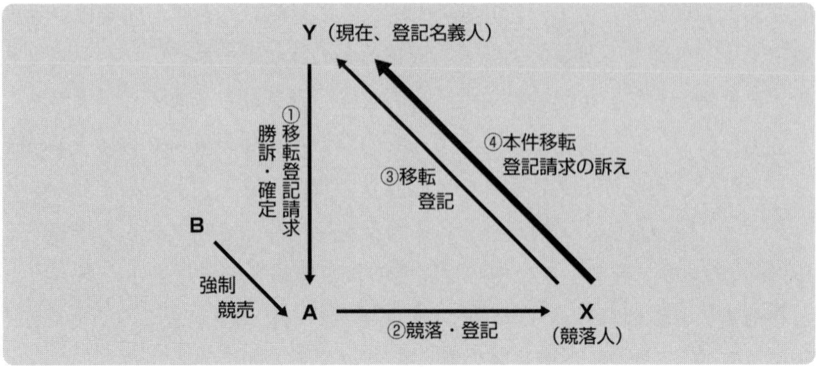

判例は、このような場合には、Yが、Xに対する承継執行文の付与を受けて登記名義をXからYとするのは許されないとして、Xの移転登記請求を認めた（最判昭和48年6月21日民集27巻6号712頁、執保百選6、民訴百選87）。

このように、債務者側の承継執行文が問題となる場合に、承継人に固有な主張（前主〔上の例ではA〕の法的立場によらずに、承継人〔上の例ではX〕のみの法的立場から言える主張）を、「固有の防御方法」とか「固有の抗弁」という。民法94条2項の「善意の第三者」に該当するとの主張は、これに当たる。ほかに、即時取得が成立したとの主張（民法192条）、対抗関係で対抗要件を先に取得したとの主張（同法177条）等も、挙げられている。

イ　学　説

上記判例は、登記請求という意思表示の擬制に関する事案であり、しかも、Xが保護に値するとして、事後的にXを救済したものであるから、執行文の審査一般のあり方について判断したものではなかった。

承継執行文の付与についての審査は、裁判所書記官や公証人段階でのもの（簡易付与。27条2項。その延長線上のものとして、執行文の付与等に関する異議の申立てもある。32条）と、執行文付与の訴え等という訴えに基づいた判決手続によるもの（33条、34条）とがある。これを前提に、一般に、第三者（債務者側の承継人となるべき者）について問題となる固有の防御方法を執行文付与手続でどのように扱うかについては、複雑な議論があるが、大要、次のように考え方が分かれている（上記判例についての百選の解説参照。なお、実質説という言葉は、論者により意味が異なるので使用しないことにした。)。

① 権利確認説は、簡易付与の際も、第三者に固有の防御方法のないこと、つまり債権者が第三者に対して執行できる権利があることを確認してから執行文を付与すべきであり、確認できなかったときは、債権者が執行文付与の訴えを提起すべきである（確認できたとして承継執行文が付与されたときには、第三者からの執行文付与に対する異議の訴えが可能である)、とする。ただ、この場合の確認は、一応の外形的推論的判断によるという。

② 起訴責任転換説は、簡易付与の際か判決手続の際かを問わず、執行文付与についての手続では、固有の防御方法について審査せず承継の事実のみを審査して執行文を付与すべきであるとし、固有の防御方法についての審査は、請求異議の訴えによるべきである、とする。ただ、上記判例の事案では、意思表示の擬制により執行が完了した後であるため、X は請求異議の訴えを提起できず起訴責任の転換が考えられないから、簡易付与は認められないことになる、とする。

	執行文付与手続		請求異議訴訟
	簡易付与の手続	判決手続	
①権利確認説	○	○	※
②起訴責任転換説	×	×	○

○：固有の防御方法について審査する
×：固有の防御方法について審査しない
※：執行文付与の訴えや執行文付与に対する異議の訴えと請求異議の訴えとの関係（次の（5）参照）をどう考えるかによる

なお、固有の防御方法については既判力との関係でも問題とされ、第三者に固有の防御方法がある場合に、それでも既判力自体は拡張されると表現する形式説と、既判力は拡張されないと表現する実質説とがある、という議論がある（和田・民事訴訟法 464 頁以下参照)。このような 2 説の概念構成自体を疑問とする議論もあるが、仮にこのような概念構成を前提とするとしても、執行力の関係では、「執行文付与手続で実体関係について審査すべきか」という、既判力の場合にはない事情が問題となっているから、執行力についての議論は既判力についての議論とは別のものであると考えるべきであろう。

ところで、意思表示を命じる判決の場合は、上記②に見られたように、判決確定で執行は終了しているのに、そもそも承継執行文の付与が可能であるのかという問題があり、これについても争いがある（上記判例についての執保百選6の解説参照）。

1つの考え方は、狭義の執行は終了しているが、判決によって登記申請するという広義の執行はまだであり、広義の執行に当たって承継執行文を利用することは可能である、という。この立場でも、上記判例の事案では、Xの保護の見地から、Xは、前述した177条3項の類推適用（48頁）をして善意の事実を証明する文書を提出するか、または請求異議の訴えを提起して、執行文の付与を阻止できる、とする考え方が示されている。

これに対しては、広義の執行力は本来の判決内容にのみ関するから、当事者が異なる別の登記のための広義の承継執行なるものはありえない、とする考え方がある。

(5) 請求異議の訴えとの関係

執行文付与については、執行文付与に関する訴訟と請求異議訴訟とがどういう関係になるのかという点も、問題とされている。

ア　執行文付与の訴えにおける請求異議事由の主張の可否

まず、執行文付与の訴えの訴訟中に、被告が請求異議事由を主張できるかどうかという問題がある。つまり、債権者が、簡易付与手続で、条件成就執行文を付与してもらえなかったとか、あるいは承継執行文を付与してもらえなかったということで、執行文付与を求めて執行文付与の訴えを提起した場合に、債務者側が、条件成就（厳密には、債権者の証明すべき事実の到来）とか承継（厳密には、債務名義上の当事者以外の者に対し、またはその者のために強制執行ができること）という点を争うだけではなく、弁済等という請求異議事由を主張できるのか、ということである。

判例は、承継の原因事実として債務者側の相続が主張され、抗弁として債権放棄、相殺、一部弁済が主張された事案において、①執行文付与の訴えは、条件成就や承継を証する文書を提出できないときのものであり、審理はそれらの事実の存否に限られること、②請求異議事由は請求異議の訴えによるべきであること、を理由に、請求異議事由は主張できないという否定説を採っている（最判昭和52年11月24日民集31巻6号943頁、執保百選14）。これに賛成する学説もある。

これに対して、主張できるとする肯定説もあり、①とくに判決手続である執行文付与の訴えでは、実体的に執行してよいかどうかの審査として請求権の存否についても審理すべきであること、②執行に関する訴訟をあまりに定型化し繰り返し認めるよりも、一個の手続で解決した方が紛争の一回的解決に資し合目的的であること、等を主張している。

なお、肯定説では、さらに、執行文付与の訴えの被告に請求異議事由を主張することをどの程度要求するか、つまり、執行文付与の訴えに対し被告側が請求異議事由を主張しなかったときに、後で請求異議の訴えを提起できなくなる（失権する）のかどうかについて、さらに説が分かれる。（以上の問題につき、上記百選の解説、中野＝下村・民事執行法268頁以下参照）。

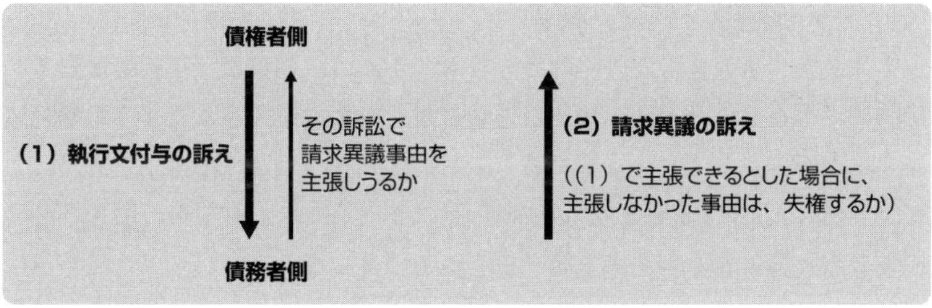

イ　執行文付与に対する異議の訴えと請求異議の訴えとの関係

同様に、執行文付与に対する異議の訴えと請求異議の訴えとの関係も問題となる。つまり、①執行文付与に対する異議の訴えにおいて、その原告は、弁済等の請求異議事由も主張できるか、また、②請求異議の訴えにおいて、その原告は、承継人ではないというような執行文付与に対する異議事由も主張できるか、という問題である。

判例は、別個独立の制度とみて、いずれも主張できないとして否定説を採る（最判昭和55年5月1日判時970号156頁、執保百選15）が、両方の訴訟は本質的には同一であるとしていずれも主張できる、とする肯定説もある。この場合も、肯定説では、一方の訴えで他方の訴えの事由を主張しない場合に後で他方の訴えが起こせなくなるのか、それとも起こせるのかという問題があり、考え方が分かれている。（以上の問題につき、上記百選の解説、中野＝下村・民事執行法271頁以下参照）。

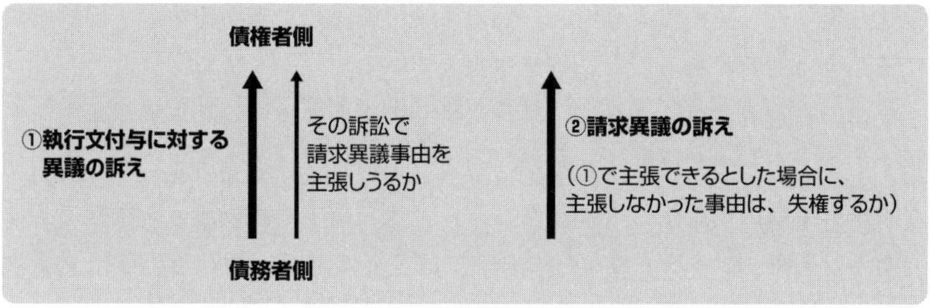

(6) 法人格否認の法理との関係

実体法上、法人格否認の法理というものがある。判例は、法人格が全くの形骸にすぎない場合や法律の適用を回避するために濫用されるような場合に、法人格が否定されることを認める（最判昭和44年2月27日民集23巻2号511頁）。これにより、問題となる法律関係においてのみであるが、法人とその代表者等の背後者とが法律上同一視されることになる。

しかし、判例は、法人格が否認されるような場合でも、手続の明確、安定を重んずる訴訟手続ないし強制執行手続では、判決の既判力および執行力の範囲を拡張することは許されないとし、法人格否認の法理によって債務者と同視される者がいても、その者を被告とする執行文付与の訴えは認められない、とした（最判昭和53年9月14日判時906号88頁、執保百選9、民訴百選88）。

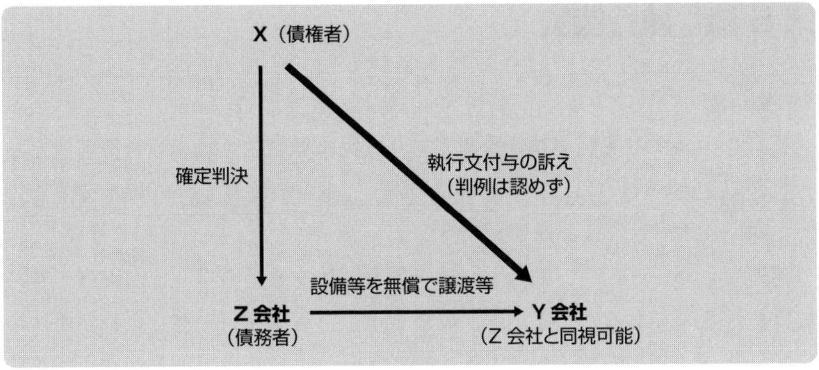

これは、X が Z 会社に対して給付の確定判決を有する場合において、その訴訟の口頭弁論終結前に Z 会社の代表取締役が強制執行を回避しようと Y 会社を設立し、Y 会社が Z 会社の営業設備一切等を無償で譲り受け、従業員も引き取った等の事情があったため、X が、執行文付与の訴えを提起した事案であった。なお、この判例は、執行文付与の訴えを認めなかった代わりに、X は、訴えの変更により、Z 会社に対する損害賠償請求と同様の請求を Y 会社に対してする余地もあるとして、原審に差し戻した。

この判例に対しては、学説上、①法人格否認の法理をむしろ一般条項として考え、執行を免れるための資産移転の場合には、詐害行為取消権の問題であると考えるべきであるとの指摘や、②法人格の実質的同一性や信義則違反を理由に執行力の拡張も検討すべきであるとの指摘等もなされている（上記 2 つの百選の解説参照）。

第５節　執行機関

１ 意　義

執行を担当する機関が執行機関であり、民事執行法上は、執行裁判所と執行官が規定されている（2条、3条。ただし、例外的に裁判所書記官が執行機関となることがある。167条の2)。

前述のように（4頁)、執行手続は、執行開始を求める申立てがあって初めて行われるのであるが、確定判決の場合にも、判決を言い渡した裁判所が申立てに基づいてそのまま執行手続も担当することになっているわけではない。執行手続を効率よく迅速に進めるために「判決手続と執行手続との分離」という原則が採られているため、執行手続を担当する機関も判決裁判所とは区別されているのである。ただし、非金銭執行の一定の場合は、請求権の審査と強制執行との結び付きが強いとして、第1審裁判所ないしこれに近い裁判所自身が執行裁判所となることとされている（171条2項等)。

(1)　執行裁判所

民事執行法上は、①裁判所が行う民事執行に関しては民事執行法の規定により執行処分を行うべき裁判所をもって執行裁判所とし、②執行官が行う執行処分に関してはその執行官の所属する地方裁判所をもって執行裁判所とする、とされている（3条)。①によれば、通常は、地方裁判所の単独制裁判所が執行裁判所となる（44条、144条等)。

(2)　執行官

執行官は、現在、執行官法により、①裁判所の機構の中にあり、②債権者による執行の申立てがあった場合にどの執行官が担当するかは機械的に定められる。以前（昭和41年の執行官法の制定前）は、①裁判所外に事務所を構えていて、②債権者が執行をどの執行官に依頼するかは債権者の自由であったが、債権者と執行官との不明朗な関係が指摘されたこともあり、それらが認められなくなったのである。①の変更を役場制の廃止といい、②の変更を自由選択制の廃止という。

執行官は国家公務員ではあるが、手数料制であり、債権者の支払う手数料から収入を得るものとされ、この点は従前の制度が廃止されなかった。なお、一定額に達しないと国庫から補助が出ることになっている。

2　各執行機関の担当する主な職務

執行裁判所が担当するか、執行官が担当するかは、執行の種類による。

例えば、不動産執行（43条以下）や債権執行（143条以下）は、執行裁判所が担当することとされているし（44条、143条）、動産執行（122条以下）や不動産の引渡執行（168条）は、執行官が担当することとされている（122条、168条）（ここで、金銭執行としての不動産執行と非金銭執行としての不動産の引渡執行とが異なるものであることに注意する必要がある）。これらは、権利関係の複雑さや機動性等、執行の種類ごとの性質に着目して決められているのである。

執行機関	主な担当手続	協力・監督関係の例
執行裁判所	不動産執行（43条以下）、債権執行（143条以下）	強制競売で、執行官に現況調査を命令（57条）
執行官	動産執行（122条以下）、不動産の引渡執行（168条）	休日・夜間の執行には、執行裁判所の許可が必要（8条） 執行官の手続の違法は執行異議で執行裁判所が判断（11条）

ただし、執行裁判所と執行官との間には、協力関係ないし監督関係もある。例えば、執行裁判所が担当する不動産執行の中の強制競売においても、執行裁判所は、不動産の現況について執行官に調査を命じることになっている（57条）。逆に、執行官が担当する動産執行や不動産の引渡執行においても、休日や夜間の執行であれば、執行裁判所の許可が必要となるし（8条）、執行官の手続が違法かどうかは、執行異議（後述する。66頁）という不服申立てに基づいて、執行裁判所が判断することになる（11条）。

第６節　強制執行開始要件

1 意　義

執行文の付された債務名義の正本が入手できた場合は、いよいよ強制執行の開始を求めて申立てをすることになる。執行文の付与の段階が、執行開始よりも前であることに改めて注意してほしい。強制執行の申立て先は、執行を担当する執行機関であるから、金銭執行であれば、不動産や債権を差し押さえるのか、動産を差し押さえるのかによって、執行裁判所か執行官かが決まってくるということになる。

申立てを受けた執行機関は、まず、強制執行を開始する一定の要件が備わっているかを審査する。その要件が、強制執行開始要件あるいは執行開始要件と呼ばれる。通常は、ある事実の存在を確認するという積極要件であるが、債務者について破産手続が開始されていないこと（破産法42条1項）などのように、ある事実が不存在であることを確認すべきであるという消極要件の場合もある。ここでは、積極要件のみをみておくが、とくに執行文付与要件との区別に注意してほしい。

2 種　類

次のうち、(1)は一般的なものであるが、(2)以下はそれぞれに規定した性質を持った債務名義の場合にのみ問題となる要件である。

(1) 債務名義等の送達（29条）

強制執行を開始するには、債務名義（または確定により債務名義となるべき裁判）の正本または謄本が、あらかじめ、または同時に債務者に送達された場合でなければならない。条件成就執行文や承継執行文の付与（27条）があった場合には、執行文およびそれらの執行文の付与のために債権者が提出した文書の謄本も、あらかじめまたは同時に、債務者に送達しておかなければならない。

これは、債務者が強制執行を受ける根拠となる文書を受け取ることを保障しようとするものであり、債務者側の手続保障のためである。

なお、判決については職権で送達されるから（民訴255条）、改めて強制執行のために債務者に送達する必要はない。

(2) 確定期限の到来（30条1項）

期限が到来した場合に権利行使ができるような債務名義の場合、前述のように（44頁）、期限でも不確定期限の到来については執行文付与の段階で審査する（27条1項）が、○年○月○日というような確定期限の到来については執行機関が執行開始要件として審査する（30条1項）。確定期限については、到来したかどうかが明白であり、執行文付与の段階であらかじめ審査しておくような必要性はないからである。

(3) 担保の提供を証する文書の提出（30条2項）

仮執行宣言付判決（22条2号、民訴259条）のように、場合によっては担保を立てる（金銭を積む）ことを強制執行実施の要件とする債務名義のこともある。その場合には、担保を立てたことを証する文書を提出したことが、執行開始要件となる。当然のようではあるが、担保を立てたこと自体ではなく、それを証する文書の提出が条文上の要件となっていることに注意すべきである。

(4) 反対給付またはその提供の証明（31条1項）

債務名義には、例えば「被告は、原告に対し、原告から500万円の支払を受けるのと引換えに、別紙物件目録記載の建物を明け渡せ。」といういわゆる引換給付判決のように、債務者がなすべき給付が、債権者がなすべき反対給付と引換えの関係にある場合がある。このような債務名義に基づいて強制執行を開始するには、債権者が反対給付またはその提供のあったことを証明することが必要である。

反対給付と引換えに、という債務名義であるから、本来は、もっと後の段階で執行行為と反対給付とが現実に同時に行われることとすべきであるようにも思われるが、手続が積み重ねられる執行手続の中で引換えにというのは実際上難しい面があり、執行開始要件として、執行開始の前に反対給付また

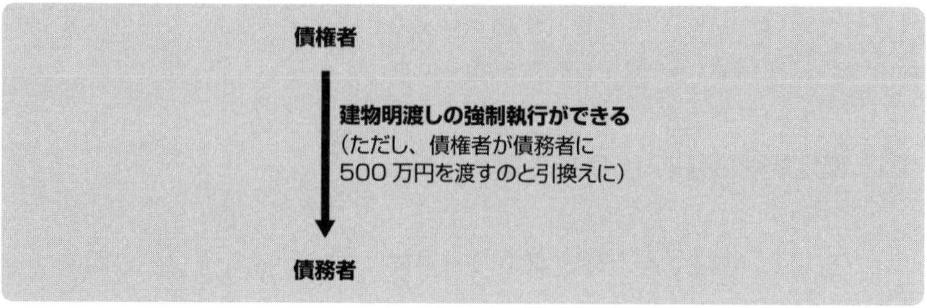

はその提供を要求したものである。また、さらにそれより以前の執行文付与の段階で審査するのでは、先履行の程度が大きすぎると考えられるのである。

反対給付と引換えといっても、債権者が提供しているのに債務者が受領しない場合に強制執行が開始できないとなると不都合であるから、条文上反対給付の「提供」でもよいこととされている。

また、本項は、担保を立てることを強制執行実施の条件とする債務名義の場合に「証する文書」の提出が要求されている（30条2項）のとは異なり、「債権者が反対給付又はその提供のあつたことを証明」することでよいとされているから、文書の提出以外の方法でもよいことになる。

ただし、その「証明」の関係で、債権者が別の債権を持ち出して、それを自働債権とする相殺によって反対給付をしたことを証明できるか、という問題がある。例えば、上記のような「被告は、原告に対し、原告から500万円の支払を受けるのと引換えに、別紙物件目録記載の建物を明け渡せ。」という債務名義で、債権者が債務者に対し別途500万円の債権を持っていたよう

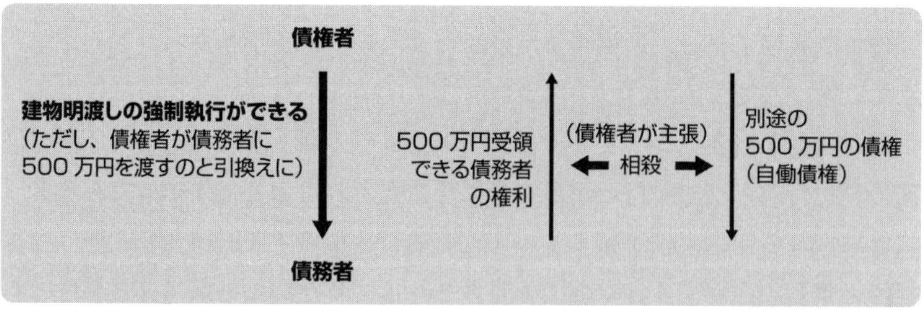

な場合に、債権者がそれを自働債権とする相殺をすると、反対給付をしたことになって建物明渡しの強制執行をしてもらえるのか、という問題である。これについては、執行機関が執行官である場合に、相殺は、執行債務者のこれを認める書面の提出等特段の事情のない限り、執行開始要件としての引換給付義務の履行ないし履行の提供を証明しうる事由となりえない、とされたことがある（東京高決昭和54年12月25日判時958号73頁、執保百選11）。

(5) 他の給付の執行不能の証明（31条2項）

代償請求の併合という言葉がある。これは、例えば、Aが、Bに高価なカメラを貸したところ、Bが返さないので、Bに対し、「カメラを引き渡せ。引き渡せないときは、（損害賠償として）100万円支払え。」という判決を求めて訴えを提起したような場合である。この場合、民事訴訟としては、論理的に矛盾する訴訟物を立てた予備的併合のようにみえるが、両方の請求を認容することができるから、論理的に両立する2つの訴訟物を並べた単純併合である。両方認容された場合、損害賠償請求を認容した部分は将来給付の判決ということになる（和田・民事訴訟法487頁以下参照）。

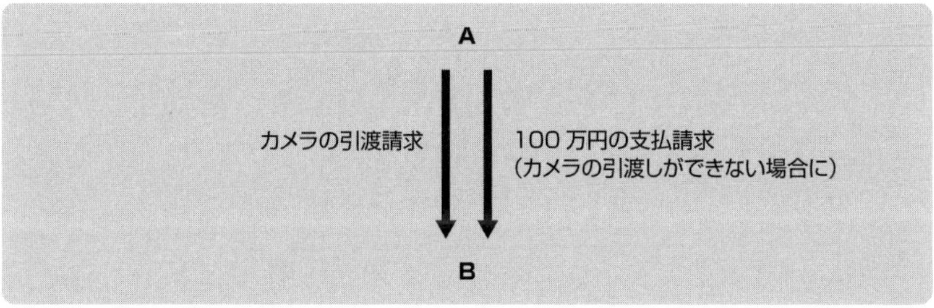

こうした両方の請求を認めた確定判決に基づいて、100万円の請求について金銭執行しようとした場合、Aとしては、100万円の請求ができるのは、カメラの引渡執行ができない場合に限られるから、カメラの引渡執行が不能に終わったことを証明して初めて100万円の請求についての金銭執行を開始してもらえることとなる。ここでも、要求されているのは「証する文書」で

はなく、「証明」である。

31 条 2 項の条文は、一見分かりにくいが、以上のような代償請求についての執行開始要件を定めていることになる。条文を上の場合と照らし合わせて読むと、「債務者の給付が（つまり、B による 100 万円の支払が)、他の給付について強制執行の目的を達することができない場合に（つまり、カメラの引渡しの強制執行が不能である場合に)、他の給付に代えてすべきものであるときは（つまり、カメラの引渡しに代えてすべきものであるときは)、強制執行は（つまり、100 万円の請求の金銭執行は)、債権者が他の給付について強制執行の目的を達することができなかつたことを証明したときに限り（つまり、債権者がカメラの引渡執行が不能であったことを証明したときに限り)、開始することができる。」ということになる。

第７節　強制執行の停止

１ 意　義

これまでみたように、強制執行は、執行文の付された債務名義の正本によって行われるところ、債務名義成立後は、執行文付与の段階で一定のことがらが審査された上で、執行開始の段階でも別のことがらについての審査がある。そのようにして開始された強制執行は、手続が最後まで進行して終了する場合ももちろんあるが、場合によっては、手続が途中で停止することもあり、停止した後、手続の進行が再開することもあるが、停止の上、手続が取り消されることもある。どういう場合に強制執行手続が停止されるかは、39条が規定しており、そのうちの一定の場合には、40条１項で、すでにした執行処分をも取り消さなければならないとしている。

強制執行を停止しなければならない場合とは、39条１項各号の文書が提出された場合である。

例えば、請求異議の訴えで勝訴してその判決が確定した場合には、１号の「強制執行を許さない旨を記載した執行力のある裁判の正本」に該当するから、強制執行が停止され、かつ40条１項でそれまでの執行処分も取り消されることになる。なお、強制執行を停止する話であるのに39条１項１号には「執行力のある」とあるが、これは判決が（執行手続を止めるという意味で）実行可能な状態であるということを表しているのであり、確定したことまたは仮執行宣言付きであることを意味する。

ほかに、とくに重要なものとして、39条１項８号を見ると、「債権者が、債務名義の成立後に、弁済を受け、又は弁済の猶予を承諾した旨を記載した文書」とある。この８号のうち、①弁済を受けた旨を記載した文書（弁済受領文書）の場合は、執行停止は４週間に限られ（同条２項）、②弁済の猶予を承諾した旨を記載した文書（弁済猶予文書）の場合は、執行停止は、２回に限られ、かつ、通じて６か月を超えることができない（同条３項）、とされている。①は、請求異議の訴えを提起するための猶予期間という趣旨であり、②は、強制執行手続では買受希望者等の利害関係人が登場するので、債権者の意思だけで何度もあるいは長期に執行手続を停止するのは妥当ではないことによる。

なお、執行手続の進行との関係で、どの段階までにどの文書を提出するとどうなるかの定めが、別途規定されていることがある。例えば、72条3項は、強制競売（91頁以下参照）の手続において、その売却の終了後に弁済受領文書等が提出されても、例外的に買受人が決まらないような場合に限って（条文上は「その売却に係る売却許可決定が取り消され、若しくは効力を失ったとき、又はその売却に係る売却不許可決定が確定したときに限り」）、39条による執行停止の効果が生じることとし、買受人となる人の保護を図っている。

2　具体例

前述のように（39頁）、請求異議の訴えを提起しても、当然には執行手続は停止しないから、そのままにしておくと、判決までに執行手続が最後まで進んでしまい、執行を排除するための請求異議の訴えを提起した意味がなくなるおそれがある。そこで、弁済を主張して請求異議の訴えを提起して、執行手続を取り消してもらおうという場合を例に、審理と手続の停止等との関係がどうなるかを次に確認しておく。

ア　まず、領収書のような弁済受領文書（39条1項8号）があるのであれば、それを執行機関に提出して、停止を求める必要がある。それによって債権者が自ら無権利であることを認めて執行の申立てを取り下げれば問題ないが、もしその領収書は偽造である等を主張して執行の申立てを取り下げないことになると、弁済受領文書による執行停止は4週間に限られる（同条2項）から、その間に別の措置を講じなければならない。

イ　そこで、債務者は、その間に、前述のように請求異議の訴え（35条）を提起し、かつ、それに伴う執行停止の仮の処分の裁判（36条1項）を得て、その正本（39条1項7号。「強制執行の一時の停止を命ずる旨を記載した裁判の正本」）を執行機関に提出すれば、執行手続は引き続き停止されることになる。

ウ　そして、請求異議の訴えについて審理され、その判決で36条1項の裁判が認可されれば、必ず仮執行宣言が付され（37条1項）、停止は引き続き継続されることになる。この認可する旨の仮執行宣言付判決については、執行停止文書（39条1項7号）とみるべきだと解されている（中野＝下村・民事執行法320頁）。

エ　最終的に、請求異議の訴えを認容する判決が確定すると、前述のように（63頁）、「強制執行を許さない旨を記載した執行力のある裁判の正本」（同項1号）を執行機関に提出することができ、執行手続はそれ以上進まないとともに、執行手続はすべて取り消されることになる（40条1項）。

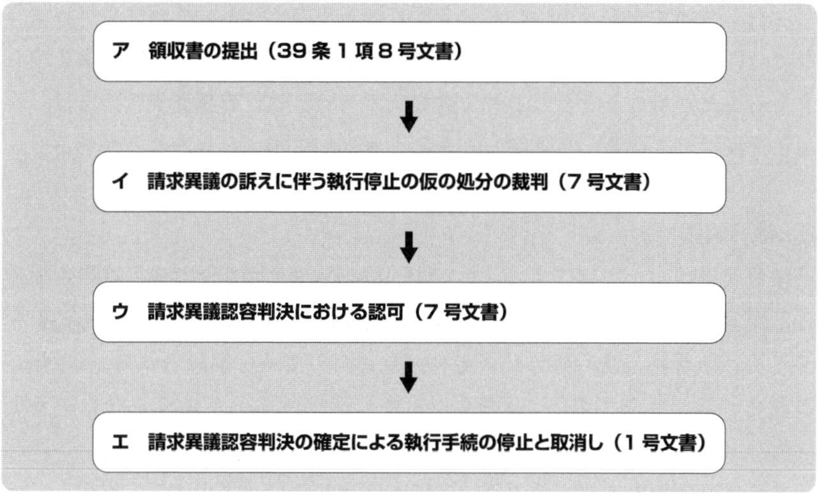

ア　領収書の提出（39条1項8号文書）
イ　請求異議の訴えに伴う執行停止の仮の処分の裁判（7号文書）
ウ　請求異議認容判決における認可（7号文書）
エ　請求異議認容判決の確定による執行手続の停止と取消し（1号文書）

第８節　執行異議と執行抗告

1　意　義

執行手続は、法律に定められたルールで進行しなければならない。もし執行手続が法律に違反する場合には、是正される必要がある。そのように、執行手続が手続法に違反する場合の不服申立方法として認められているのが、執行異議、執行抗告である。

なお、後述するが（192頁）、例えば、抵当権の実行として競売を行うような場合においては、抵当権の不存在または消滅を理由として執行異議を申し立てることができることとされるので（182条）、執行異議や執行抗告は、手続法違反だけでなく、実体権の審査にも例外的に用いられることがある。

2　執行異議

執行異議については、条文上、「執行裁判所の執行処分で執行抗告をすることができないものに対しては、執行裁判所に執行異議を申し立てることができる。執行官の執行処分及びその遅怠に対しても、同様とする。」と規定されている（11条1項）。「遅滞」ではなく、怠けている場合を含む趣旨で「遅怠」となっていることに、注意してほしい。

前段と後段があるが、いずれにしても執行裁判所が審理する。審理している間の執行手続は、停止が可能である（同条2項、10条6項前段）。

例えば、動産執行の場合、債務者の生活保護等の観点から、差し押さえてはいけない財産というものが法定され、131条1号には、差押禁止動産として、「債務者等の生活に欠くことができない衣服、寝具、家具、台所用具、畳及び建具」が挙げられている。もし、執行官がこうした動産を差し押さえた場合には、執行手続が手続法に違反していることになるから、債務者が執行裁判所に執行異議を申し立てて、差押えを取り消してもらうことができることになる。

3　執行抗告

(1)　裁判に対する上訴であること

執行抗告は、「民事執行の手続に関する裁判」に対するもので、「抗告」であるから、執行異議の場合とは異なり上訴である（10条1項）。

まず、執行抗告の対象は「裁判」であり、執行官は裁判をしないから、執行裁判所の判断である裁判だけに対するものであるが、執行手続上において執行裁判所のする裁判は、口頭弁論を経ないですることができる（4条）から、ここでの「裁判」とは、判決ではなく決定（裁判の一形式）を意味する（民訴87条1項ただし書）。

また、上訴としての不服申立方法であるから、一段階上級の裁判所が担当することになり、地方裁判所が執行裁判所である場合には、高等裁判所が執行抗告についての審理を行うことになる。その意味では、申立人にとっての救済方法としては、執行異議よりも強力であるといえる。

なお、民事執行法施行前は、即時抗告が原裁判の執行停止の効力を持ったため（民訴334条1項参照）、執行妨害に利用されたことがあった。そのため、執行抗告によって当然に執行停止効があるわけではないことにし、必要に応じ個別的に原裁判の執行の停止や執行手続の停止をすることができる、とすることにとどめた（10条6項）。さらに、執行妨害の防止のために、原裁判所が執行抗告を当然に却下する事由が定められている（10条5項。その4号の「執行抗告が民事執行の手続を不当に遅延させることを目的としてされたものであるとき」という規定は、平成10年の改正でとくに追加されたものである）。

(2)　「特別の定め」による限定

執行抗告は、「特別の定め」がある場合に限られる（10条1項）。

「特別の定め」がある場合とは、例えば、強制競売の開始を求める申立てが却下されたような場合である。つまり、45条3項には、「強制競売の申立てを却下する裁判に対しては、執行抗告をすることができる。」と規定されているので、これが「特別の定め」の例である。逆に、強制競売の申立てを認めて強制競売開始決定をする場合には、このような「特別の定め」の規定はないから、強制競売開始決定が違法だと主張する者は、執行異議だけを申し立てることができることになる。

もう1つ例を見ておくと、前述（66頁）の差押禁止動産については、申立てにより、執行裁判所の判断で、債務者や債権者の生活状況その他の事情を考慮して、差押禁止の範囲を変更することができる（132条1項）。このような申立てを却下する決定や差押えを許す決定に対しては、執行抗告をすることができる、とされている（同条4項）。これも、「特別の定め」が規定されている例である。

	担当機関	申立てができる場合	例
執行異議（11条）	執行裁判所	①執行裁判所の執行処分で、執行抗告ができないものの場合 ②執行官の執行処分とその遅怠の場合	動産執行で、執行官が、差押禁止動産（131条）を差し押さえた場合
執行抗告（10条）	執行裁判所の上級裁判所	民事執行の手続に関する裁判で、特別の定めがある場合	①強制競売の申立てが却下された場合（45条3項） ②差押禁止動産の範囲の変更についての決定がなされた場合（132条4項）

(3) その他

執行抗告は、裁判の告知を受けた日から1週間以内に抗告状を原裁判所に提出してしなければならず（10条2項）、判例によれば、別の裁判所に提出されても、執行抗告は移送されずに却下される（最決昭和57年7月19日民集36巻6号1229頁）。民事執行手続にも民事訴訟法が準用されるが（20条）、判例が管轄違いの場合の移送を認める民訴16条の類推適用を拒否したのは、執行妨害防止のための強い態度を示したものである。

なお、執行抗告に対する高等裁判所の決定に対しては、最高裁への再抗告は認められないが（裁判所法7条）、特別抗告（民訴336条）や許可抗告（民訴337条）をする余地はある。前者は、憲法違反を理由とするものできわめて例外的なものであるが、後者は、高等裁判所が原裁判が法令の解釈に関する重要な事項を含むと認めて許可したときに限り、最高裁に抗告することができることになっている、というものである。

第９節　第三者異議の訴え

１　趣　旨

Ａ が Ｂ に対して債務名義を有する場合、強制執行の対象となるのは Ｂ の財産のみであり、これを強制執行の責任を負う財産という意味で責任財産ということがある。しかし、強制執行は迅速に手続を進めなければならないのに、Ｂ の財産かどうかは簡単には分からないのが普通である。

そこで、強制執行手続では、一定の外形的事実（外観的事実）を目印にして執行を行ってよいこととされている。それが、登記、占有、債権者の陳述である。つまり、不動産執行の場合、ある不動産の不動産登記簿上の所有名義が Ｂ となっていれば、Ｂ 所有の財産とみなして、差押えをし競売にかけてよいこととされているのである。動産執行の場合は、Ｂ が占有する動産であれば、Ｂ 所有のものとみなして執行してよいし、債権執行の場合は、債務者 Ｂ が第三債務者 Ｃ に対してある債権を持っているかどうかは、債権者 Ａ の陳述を基準にすればよい（Ａ がそう言っていればよい）ものとされているのである。

ところが、そのようにして行った執行が、実際の権利関係と一致しない場合が、当然生じうることとなる。登記名義は Ｂ でも本当は第三者 Ｄ の所有物であるとか、Ｂ が占有している動産でも本当は第三者 Ｄ の所有物であるとか、あるいは、Ａ が Ｂ の債権であると陳述していたものが、本当は第三者 Ｄ の債権であるとか、ということがありうるのである。その場合に、Ｄ は自己の権利が Ａ の差押えによって事実上侵害されるいわれはないから、Ｄ は、Ａ に対する訴えで、その財産が強制執行の対象となる責任財産でな

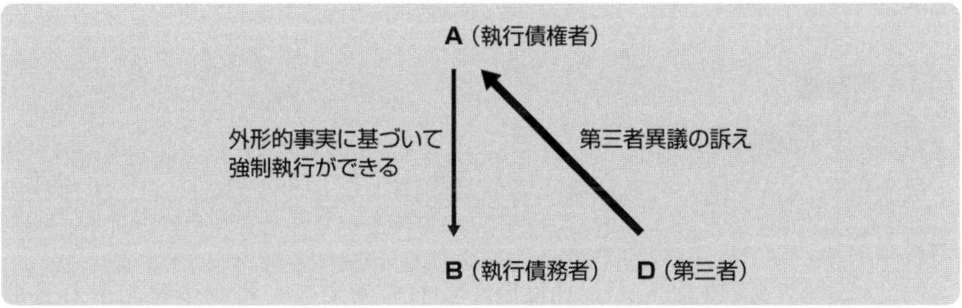

いことを主張して、強制執行を排除することができるとされている。そのような訴えが、第三者異議の訴えである（38条）。

条文上は、「強制執行の目的物について所有権その他目的物の譲渡又は引渡しを妨げる権利を有する第三者は、債権者に対し、その強制執行の不許を求めるために、第三者異議の訴えを提起することができる。」と規定されている（同条1項）。訴えの性質論としては、請求異議の訴えの場合と同様に、形成訴訟説が従来の多数説である。

2 手 続

第三者異議の訴えは、請求異議の訴えがその債務名義に基づく執行の一般的不許を求める訴えであるのとは異なって、その特定の財産に対する執行のみが許されないことを求めるものであり、個々の執行と深く結びついている。そのため、管轄裁判所は執行裁判所であるとされている（同条3項）。ただし、訴えであるから、手続は執行手続とは区別された判決手続である。

第三者異議の訴えについて審理している間の執行手続については、執行停止の仮の処分が可能である（同条4項、36条、37条）。

なお、第三者異議の訴えの原告は、その訴えに併合して、債務者に対する強制執行の目的物についての訴え（例えば、引渡請求の訴え）を提起することができる（38条2項）。

3 第三者異議事由

第三者異議の訴えを提起することができる事由を第三者異議事由というが、それは条文では、「所有権その他目的物の譲渡又は引渡しを妨げる権利」ということになる。

(1) 所有権

ア 対抗問題等の関係

所有権については、直ちに第三者異議事由となりそうであるが、実体法の関係を考慮することが必要となってくる。

例えば、執行債権者Ａが、執行債務者Ｂに対して、不動産登記簿上Ｂ名義の不動産を差し押さえた（下図の②）という場合に、Cがその不動産は自分の所有物であると主張して第三者異議の訴えを提起した（③）とする。その場合に、(i) CがBと全く無関係な第三者ということもあるが、(ii) Aの差押えよりも前に、Cが、Bからその不動産の譲渡を受けたこと（①）等によって、所有権をBから承継したということもありうる。

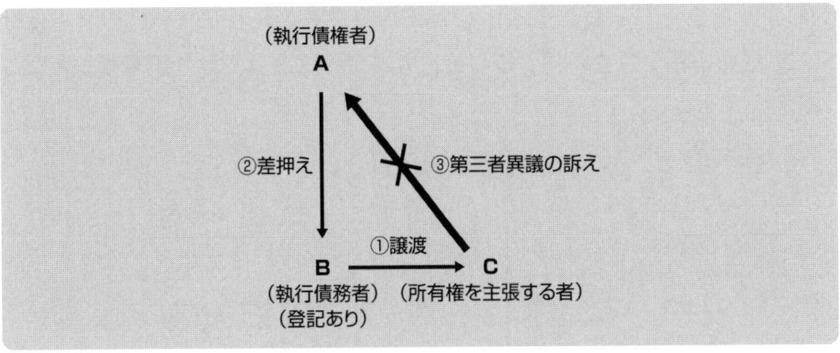

(ii) の場合には、Cは所有権取得の登記という対抗要件（民法177条）を備えていないので、所有権を取得したことを第三者であるAに対しては対抗（主張）できないことになるが、他方で、差押えについては裁判所書記官から登記嘱託がなされる（48条1項）から、Aは、差押えについて登記という対抗要件を備えていることになり、差押えをしたことを第三者であるCに対して対抗できることになる。このように、差押えは民法177条にいう「物権の得喪及び変更」と同視されるのが一般である。AとCは、Bからの二重譲受人と同じ関係ということになる。したがって、Cは、その所有権をAに主張できないのであるから、Cの主張する対抗力のない所有権は、第三者異議事由には当たらないことになり、Cが第三者異議の訴えを起こしても請求棄却となる。

これに対して、(i) の場合は、そのような問題は生じないから、Cは第三者異議の訴えを提起できるのが原則である。ただし、通謀虚偽表示による無効は善意の（知らなかった）第三者に対抗することができないという民法94条2項があるから、Cが、Bに所有権を移転するつもりがないのに、Bとの通謀で登記名義をBとすることにした（下図の①）という場合には、もしAがそのことについて善意であれば、同条項により、Cは、CからBに所有権が移転していないことをAに対抗できないことになり、Cの第三者異議の訴えは請求棄却となる。Cが、Bとの間の通謀はなくても、B名義の登記となっていることをあえて放置したというような場合にも、民法94条2項の類推適用（佐久間・民法の基礎（1）135頁以下参照）でAが保護されることがありうるから、そのようにしてAが保護される場合には、Cの所有権は第三者異議事由とはならず、Cの第三者異議の訴えはやはり請求棄却となる。

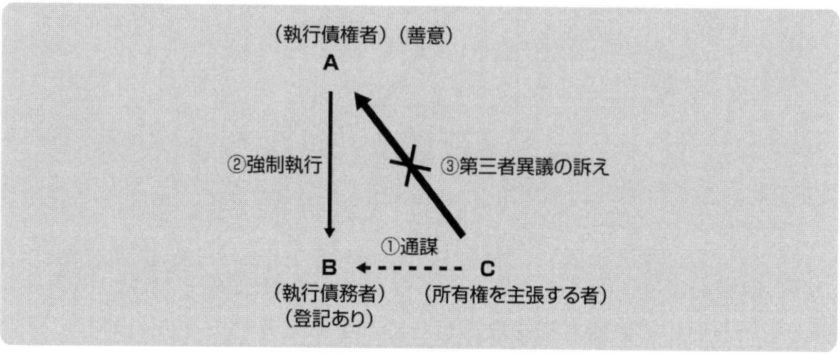

このように、第三者が自己の所有権を主張する場合でも、実体法上、その所有権を債権者に対抗することができず、第三者異議事由とならないことがあるので、注意が必要である。

イ　法人格否認の法理との関係

法人格否認の法理との関係では、次のような重要な判例がある。

執行債権者Yが、執行債務者Aの占有する動産に対して、動産執行として差押えをしたところ、Xが、その動産について所有権を主張して、第三者異議の訴えを提起した。これに対して、Yは、XがAとの関係で法人格否認の法理が適用されると主張することができるか、が問題となった。

承継執行文のところで前述したように（54頁）、判例（最判昭和53年9月14日判時906号88頁、執保百選9、民訴百選88）が、執行手続において法人格否認の法理で執行力を拡張することは許されないとしたことからすると、執

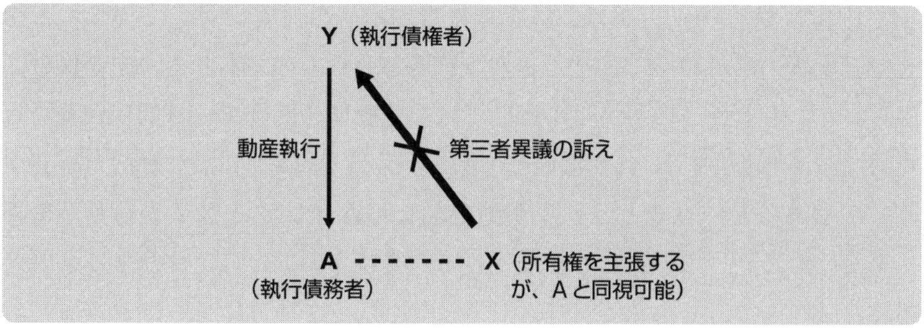

行債務者でないX所有の財産であればそれに対して執行するのは認められないとして、第三者異議の訴えを認容するしかないようにも考えられる。

しかし、最近の判例は、このような考え方を採らなかった。つまり、「第三者異議の訴えは、債務名義の執行力が原告に及ばないことを異議事由として強制執行の排除を求めるものではなく、執行債務者に対して適法に開始された強制執行の目的物について原告が所有権その他目的物の譲渡又は引渡しを妨げる権利を有するなど強制執行による侵害を受忍すべき地位にないことを異議事由として強制執行の排除を求めるものである。」として、Xの法人格が濫用されている場合には、Xは、第三者異議の訴えで、Aと別個の法人格であることを主張して、強制執行の不許を求めることは許されない、とした（最判平成17年7月15日民集59巻6号1742頁、執保百選18）。

ウ　反訴としての詐害行為取消しの訴えとの関係

また、判例で、次のような事案が問題となったことがある。

執行債権者Yが、執行債務者Aに対して動産の差押えを行ったところ（次頁の図の②）、Xが、その前にAから贈与によってその動産の所有権を取得し、占有改定（民法183条）によって対抗要件（同法178条の「引渡し」）を備えた（①）と主張して、Yに対して、第三者異議の訴えを提起した（③）。占有改定というのは、相手方に現実の引渡しはせずに、以後相手方のために占有する旨の意思表示をするだけで占有権を観念的に譲渡したこととされるものである。

Xの訴えに対し、Yが、その訴訟の係属中に、その贈与は詐害行為（同法424条）であると主張して、その取消しを求める訴えを反訴（民訴146条）として提起した（④）。反訴は、本訴の被告が本訴の原告に対して提起する訴えで、本訴の手続の中で併せて審理されるというものであり、一定の場合に限られる。なお、この事案は不動産ではなく動産の問題で占有関係が重なるため（Xが間接占有者、Aが直接占有者である。）、Xの所有権が対抗力を有するものであるということと、Aが動産をなお占有していてYから動産差押えを受けたということとは、矛盾するものではないことに、注意する必要がある。

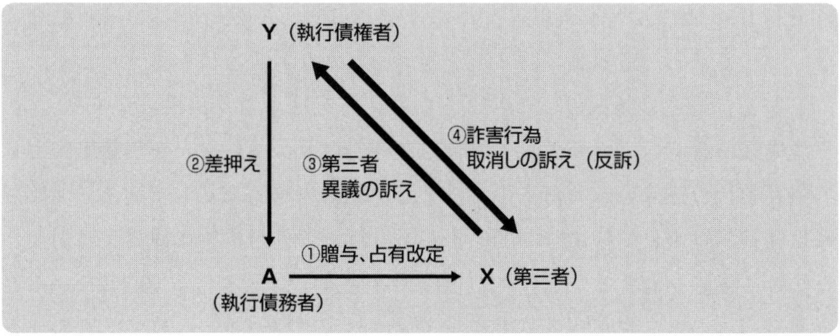

この場合、①の贈与が詐害行為であると認められ反訴が認容できるとしても、詐害行為の取消しのみを求める訴えの場合は一般に形成の訴えと考えられ、形成判決が確定した段階で取消しの効力が生じるから、それまでは贈与は有効であることになる。そうすると、贈与が詐害行為でも取消しの効果が生じるまでは、XはYに対し有効な贈与を前提とした所有権の取得を主張することができ、権利関係を判断する基準時である口頭弁論終結時でもそうであるから、形式的に考えれば第三者異議の訴えは認容すべきことになって

しまうように思われる。

しかし、判例は、上記のような事案において、口頭弁論終結時に詐害行為取消権が存すると判断され、所有権取得が否定されるべきことが裁判所に明らかな場合は、X主張の所有権は第三者異議事由に該当しない、とした（最判昭和40年3月26日民集19巻2号508頁）。

この結論については、このような未確定の形成判決の効果の先取りを認めないと、判決確定時において、本訴の関係ではXの所有権によってYの執行が許されないこととなるのと同時に、反訴の関係ではXの所有権が否定されることとなる、という不合理が生じるため、学説上も一般に肯定的である。

(2) 占有権

占有権が第三者異議事由となるかについては、やや複雑な問題がある。

まず、強制競売のような場合は、後述するように、執行手続自体によって不動産の使用収益が直接侵害されるわけではないから、占有権は第三者異議事由とはならない。

問題となるのは、強制管理、動産執行のように差押えによって第三者の占有が排除される場合や不動産、動産の引渡執行のような場合である。第三者の占有は、直接占有も間接占有もそれ自体法律上保護に値すると考えられるので、一応は第三者異議事由となると考えられる。判例の基本的立場もそう理解されている。しかし、法人格否認の法理についての平成17年判決（73頁）が示すように、第三者異議事由は、「強制執行による侵害を受忍すべき地位にないこと」であるから、被告である債権者が＜債務者は第三者に対して引渡請求権を有する＞と主張して認められた場合には、その第三者は、本来債務者に目的物を引き渡さなければならないのであるから、その場合にまで、占有権のみを理由に第三者異議の訴えで強制執行を排除することはできない、と考えるべきであろう（中野＝下村・民事執行法286頁も同旨か）。

(3) 担保物権

ア 約定担保物権の例としての抵当権の場合

担保物権の場合も問題となる。例えば、Aが、債務名義により、Bの土地を差し押さえた場合、その土地についてあらかじめBから抵当権を設定してもらって登記も備えていた抵当権者Cは、Aの強制執行を第三者異議の訴えによって排除できるか、つまりCの抵当権は第三者異議事由となるか、という問題である。

まず、59条1項で、「不動産の上に存する……抵当権は、売却により消滅する。」とされている。ここにいう「売却」とは、競売のことである。また、87条1項4号で、「差押えの登記前に登記……がされた……抵当権で売却により消滅するものを有する債権者」は、売却代金の配当等（「等」の意味は後述する。126頁）が受けられることになっている。したがって、Cの抵当権は59条1項で消滅し、Cは、その代わりに、87条1項4号で配当等が受けられるということになる。Cは、その限りでAの執行により不利益を受けないから、第三者異議の訴えを提起できない、ということになる。

具体的な数字で考えてみると、例えば、その土地が競売で1000万円で売れたとする。そして、AのBに対する債務名義上の債権が300万円、Cの

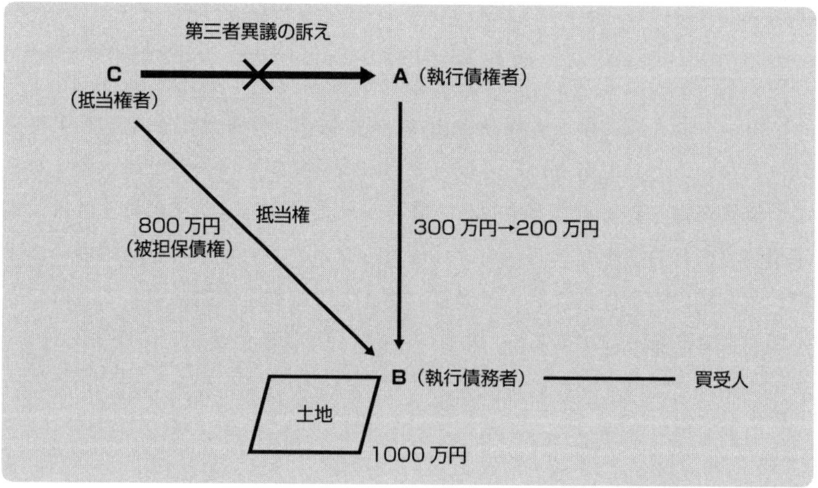

抵当権の被担保債権が800万円であるとすると、1000万円をAとCとで分ける場合に、手続費用を考えに入れないとすると、Cは抵当権による優先弁済権を持っている（民法369条1項）から、まずCに800万円が割り当てられ、残りの200万円がAの取り分ということになる。つまり、抵当権は被担保債権さえ満足が受けられればよいから、抵当権者が執行を排除できないとしても差し支えないことになる。

ただ、売却代金が1000万円ではなく、700万円となるような場合には、Cは、被担保債権の800万円全額について弁済されることにならないから、その土地が値上がりするまで売却を待っていたいことになる。そこで、こういう場合には、あらかじめ、買受けの申出ができる最低額（買受可能価額。60条3項。後述する。104頁）が、Aに優先するCの被担保債権額800万円（と執行費用との合計額）に満たない場合として、①AがCの同意を得たことを証明するか、あるいは、②800万円（と執行費用との合計額）での買受けの申出がないときはAがその額で買い受ける申出をするか等をしないと、Aの強制競売の手続は取り消されることになる（63条）。このような制度を剰余主義といい、これによって、Cは保護されることになる。

このように、抵当権者は、他の一般債権者による強制執行があってもその手続内で優先的に金銭の分配を受けうるため、抵当権は、原則として第三者異議事由とはならないことになる。

ただし、例えば、抵当権の効力が及ぶ付加一体物（民法370条）ないし従物（同法87条）としての動産に対してだけ、動産執行が行われたような場合には、その限りで抵当権の価値が減るし、また動産執行手続の中で抵当権者は金銭の分配を受けられないから、抵当権は、例外的に、第三者異議事由となると考えられている（中野＝下村・民事執行法287頁）。

イ　法定担保物権の例としての動産先取特権の場合

次に、法定担保物権の場合として動産先取特権の場合をみる。先取特権とは、「債務者の財産について、他の債権者に先立って自己の債権の弁済を受ける権利」（民法303条）であり、一定の場合に法律上当然に生じるとされるものである。

例えば、動産を売った場合には（同法311条5号）、その代価と利息の債権について、その動産の上に先取特権が生じるが（同法 321 条）、このような先取特権は第三者異議事由となるか、という問題である。つまり、例えば、AがBの占有する動産に対して動産執行をした場合に、その動産をBに売却して代金を支払ってもらっていないCは、Aに対して、第三者異議の訴えを提起できるか、ということである。

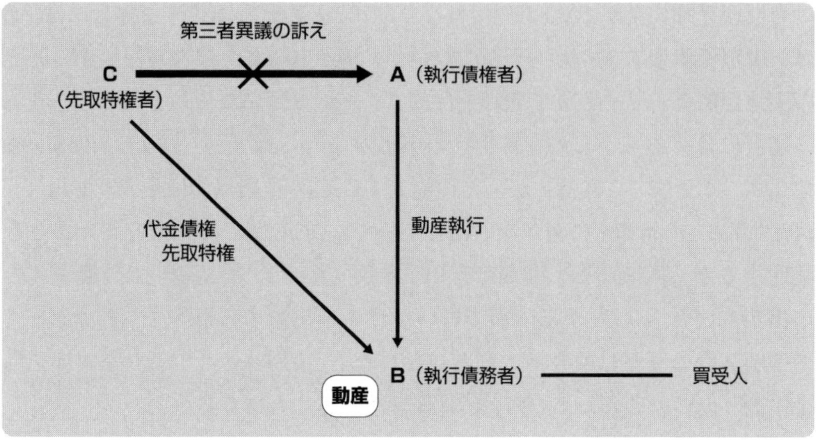

このような場合、先取特権者および質権者は、動産執行手続の中で、配当要求をすることができることになっていて（133 条）、先取特権には優先弁済権がある（民法 303 条）から、Cは、その動産の競売による売得金から優先的に配当を受けられることになる。また、動産執行においても、余りが出ないような場合には手続が取り消されることになる（129 条 2 項）。したがって、動産先取特権も、抵当権の場合と同様に、第三者異議事由とはならないことになる。

結局、担保物権は債権の弁済を確実にしようとするものであるから、金銭さえ確保できればよい、ということになっているわけである。

(4) 非典型担保

ア 動産の譲渡担保権の場合

動産を担保に取る場合に、民法に規定のない非典型担保として、譲渡担保という方式が採られることがある。つまり、債権者が債務者に対して持っている債権を担保するために、動産の所有者がその所有権を債権者に移転し、債権の弁済があると所有権が復帰的に戻るという形式を採るものであるが、実質的には担保権である。

このような動産の譲渡担保権の権利者は、133条で、配当要求できる者としては規定されていない。そこで、譲渡担保権が第三者異議事由となるかが問題となる。つまり、動産の先取特権の場合と同じように、例えば、AがBの占有する動産に対して動産執行をした場合に、その動産について譲渡担保権を有するCは、Aに対して、第三者異議の訴えを提起できるか、ということである。

これについて、判例は、Cは、特段の事情がない限り、第三者異議の訴えでAの強制執行を排除できるとする（最判昭和56年12月17日民集35巻9号1328頁、昭和57年度重判民訴4、同昭和58年2月24日判時1078号76頁）。特段の事情が何を指すのかは明らかではないが、学説上、目的物の価額が被担保債権額を上回っている場合には特段の事情があるとされる可能性が高い、

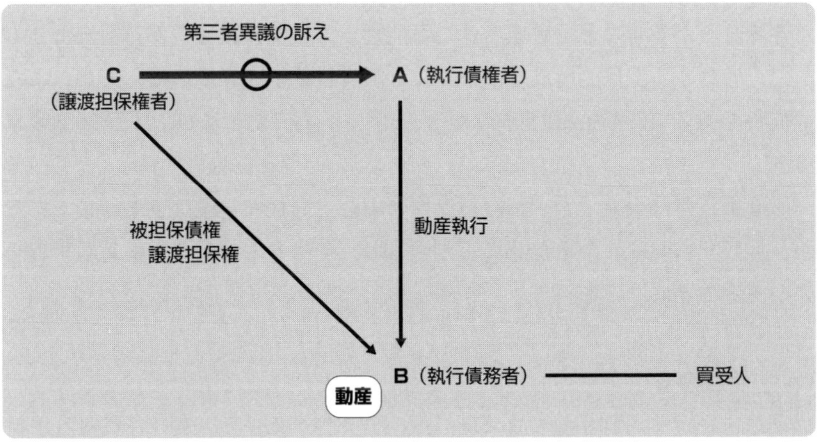

との指摘がある。

学説の多数は、判例を支持しているが、譲渡担保権の被担保債権額が目的物の価額を上回る場合には第三者異議の訴えを認め、そうでない場合には配当要求を認めるべきであるとか、旧法では優先弁済請求の訴えという訴えがあったので、現行法でも第三者異議の訴えの一部認容として優先弁済だけを認める判決をする余地もあるのではないか、等の議論もある（以上の議論につき、執保百選 17 の解説参照）。

いずれにしても、配当要求による権利主張の余地を認める説では、133 条が配当要求できる者として先取特権者と質権者のみを掲げている点が問題となるから、その規定を類推適用するということになる。

イ　動産の所有権留保の場合

所有権留保についても、民法に規定がないが、とくに動産の割賦販売では、その旨の合意がなされるのが普通である。つまり、動産の売買において代金を分割払いとする場合に、代金が全額支払われるまでは所有権は売主に留保するという形式が採られるものであり、これも実質は担保権である。

この動産の所有権留保についても判例があり、留保売主は、第三者異議の訴えによって他の者による強制執行を排除することができる、とする（最判昭和 49 年 7 月 18 日民集 28 巻 5 号 743 頁）。この判例では、譲渡担保権の場合とは異なり、「特段の事情がない限り」という言葉は入っていない。この点は、留保売主は物を引き上げた場合の販売ルートを持っていて有利に金銭化できることが多いことも考慮された可能性があるが、譲渡担保の判例よりも前で、いわゆる担保的構成ではなくより所有権的構成に近い捉え方がされた可能性もある（2 種の法律構成につき、道垣内・担保物権法 367 頁、304 頁以下参照）。

所有権留保についても、譲渡担保権の場合と同様に学説はさまざまであるが、もし配当要求の余地を認めるとすると、やはり 133 条を類推適用する必要があることになる。

(5)　用益物権

土地に設定する利用権である地上権（民法 265 条以下）等のいわゆる用益

物権は、第三者異議事由となるか。問題となる状況は、これまでと同様に、例えば、AがBの土地に対して強制競売手続を執った場合、その土地について、Aの差押えよりも先に設定し登記を得た地上権者Cは、Aに対して第三者異議の訴えを提起できるか、というものである。

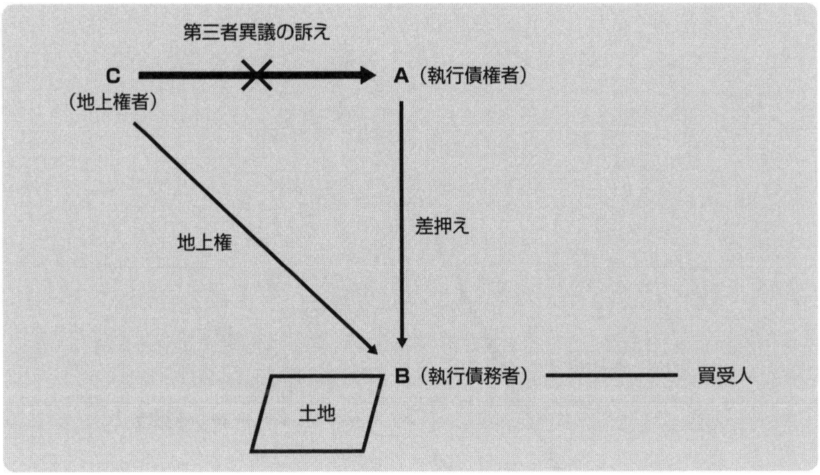

この場合、CはAに対抗することができる(民法177条)から、競売によってCの権利は消えず、買受人は、Cの地上権といういわばへこみのある所有権を取得することになる(民執59条2項の反対解釈。後述する〔107頁〕)。その分だけ買受人の支払う売却代金は安くなる。そうすると、Cは全く影響を受けないことになるから、この場合もCは第三者異議の訴えを提起できないことになる。

ただし、Aの執行が強制管理(93条以下。後述する〔133頁以下〕)である場合は、果実から金銭債権の満足を得ようとするので、執行方法として目的物の利用が必要となり、その点でCの地上権と衝突する。したがって、その場合には、Cは、自己の権利の侵害を排除するために第三者異議の訴えを提起することができる、と考えられる。

このように、第三者異議事由となるかどうかは、執行の種類によっても異なりうることになる。

(6) その他

判例で、銀行口座への誤振込みの場合に第三者異議の訴えが問題となったことがある。

事案は少し複雑だが、Xが、D銀行のCの口座に振り込むつもりで、間違えてB銀行のAの口座に振り込んでしまった（下図の①）ところ、Aの債権者Yが、その分を含めてAのB銀行に対する債権を差し押さえてしまった（②）ので、Xが、Yに対して第三者異議の訴えを提起した（③）、というものである。

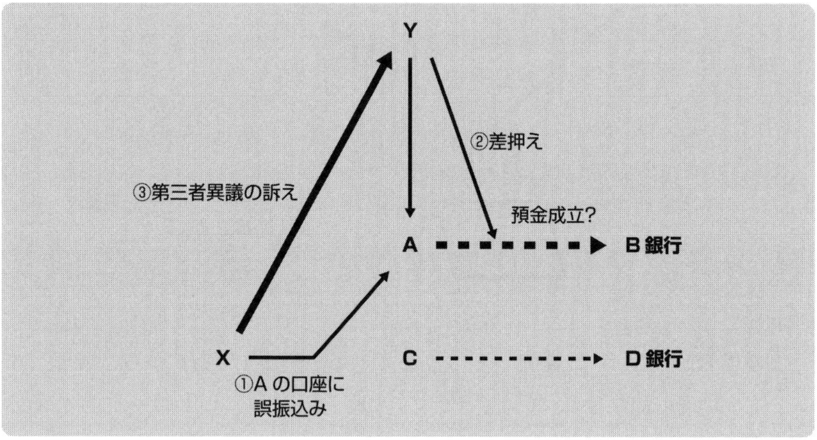

このような事案について、判例は、XとAとの間に振込みの原因となる法律関係が存在しなくても、AはB銀行に対して振込金額相当の預金債権を取得し、XはAに対して不当利得返還請求権を有することがあるにとどまるから、Xは、第三者異議の訴えによって、Aの債権者（Yのこと）がしたAの預金債権に対する強制執行の不許を求めることはできない、とした（最判平成8年4月26日民集50巻5号1267頁）。ただ、この事件の原審では、明白かつ形式的な手違いによる誤振込みについてまで預金債権が成立するとすることは著しく公平の観念に反するとして、Aの預金債権の成立を否定し、また、外観上存在する預金債権に対する差押えがあるからとして、X

は、金銭価値の実質的帰属者たる地位に基づいて、Yに対し、第三者異議の訴えを提起することができる、とされていた。

学説上も種々の議論があり、困難な問題である（中野＝下村・民事執行法305頁注3参照）。

第10節　違法執行と不当執行

1　意　義

執行手続が違法である場合が違法執行であり、これは、前述のように（66頁）、執行異議や執行抗告で争い、是正を求めることができる。

これに対して、不当執行というのは、手続が手続法上違法であるとはいえないものの、実体法的に不当である場合をいう。例えば、請求権が消滅したのに債務名義によって強制執行する場合、請求異議の訴え（35条）で執行が排除されていないのであれば、手続法上は違法であるとはいえない。また、第三者所有の不動産について不動産登記簿上債務者名義となっているとして強制執行する場合も、第三者異議の訴え（38条）で執行が排除されていないのであれば、同様に手続法上は違法であるとはいえない。このような場合は、実体権が問題となっていることから、執行異議や執行抗告で争うのではなく、請求異議の訴えや第三者異議の訴えのような判決手続で争うこととされているのである。

2　国家賠償請求との関係

従来は、違法執行は、執行機関が手続を違法に進めたことになるので、国家賠償の問題となるが、不当執行は、手続は違法ではないので国家賠償の問題とはならないとして、この点でも区別して考えられてきた。

	意　義	救済方法	国家賠償請求（従来）
違法執行	執行手続が違法である場合	執行異議ないし執行抗告	できる
不当執行	執行手続は違法ではないが、実体法的に不当である場合	請求異議の訴え、第三者異議の訴え等	できない

ところが、最高裁は、執行裁判所の手続で損害を受けたと主張する者からの国家賠償請求について、次のように述べて、従来とは異なる議論をした。つまり、「執行裁判所の処分は、債権者の主張、登記簿の記載その他記録にあらわれた権利関係の外形に依拠して行われるものであり、その結果関係人

間の実体的権利関係との不適合が生じることがありうるが、これについては執行手続の性質上、強制執行法に定める救済の手続により是正されることが予定されているものである。したがつて、執行裁判所みずからその処分を是正すべき場合等特別の事情がある場合は格別、そうでない場合には権利者が右の手続による救済を求めることを怠つたため損害が発生しても、その賠償を国に対して請求することはできない」というのである（最判昭和57年2月23日民集36巻2号154頁、執保百選12）。

この判例で問題となった執行法上の問題についての詳細は省略するが、民事執行法施行前において、不当執行とも違法執行ともいえそうな事案であった。したがって、従来の議論からすれば、不当執行であるために国家賠償請求できないのであれば、手続は違法でなかったと言えば足りるし、違法執行であれば、救済の手続を執らなかった点で過失相殺の余地はあるにしても、請求の一部は認められるべきであった、と考えられる。この判例は、国家賠償の関係で従来の不当執行と違法執行との区別をしないかのような判断をしたため、その後、違法執行であるのに、最高裁のこの理屈でそもそも国家賠償請求できないとする下級審判例が出てきてしまっている。なお、最高裁の判例に反対する立場でも、不当執行の場合にも国家賠償請求が認められる余地があるとする議論（上記百選の解説参照）は、不当執行が国家機関の行為としては適法な執行である以上、そもそも無理であろう。

第3章 強制執行各論

強制執行各論の話に入る。まず、そのうち①金銭執行全体について説明した後、②金銭執行の個々の種類の話をして、その後に、③非金銭執行についての話をすることになる。

第1節 金銭執行

第1項 序 説

1 金銭執行の諸段階

金銭執行は、第1章の最初で述べたように、債務者の財産から金銭を強制的に支払わせるというものである。したがって、債務者の金銭自体を差し押さえることができれば問題は少ないが、債権者の債権を完済するのに十分な債務者の金銭が見当たらない場合には、①債務者の金銭以外の財産を差し押さえて、②強制的に金銭に換え、③債権者の債権の弁済に充てることになる。

このように、金銭執行手続は、大きく分けて3つの段階から成り、普通それらは、差押え、換価、満足と呼ばれている。

差押えは、財産を換価するまでにある程度の時間がかかるために、その間にその財産の価値が減少しないように、事実状態や法律関係をできる限り固定しようとするものである。換価は、差し押さえた財産を金銭に換える段階で、競売その他の方法で行う。換価後は、得られた金銭を債権者の債権の弁済に充てるという満足の段階となり、配当手続等の問題となる。

債権者が1人の場合には、これも第1章で述べたように(2頁)、その債権者に換価によって得られた金銭を交付し、余りが出れば債務者に返還するし、その金銭で債権者の債権の完済に足りず、もしその債務者に別の財産があれ

差押え → 換価 → 満足
（参加↗）

ば、債権者の新たな申立てによりまたその別の財産を差し押さえて換価することになる。ただ、金銭執行手続では、債権者が複数登場することもある。せっかく債務者の財産を金銭化したのであればということで、執行債権者以外の債権者が手続に参加してくるということも、認められているのである。その場合には、満足の段階において複数の債権者間で金銭の分配をどのようにすべきであるか、という問題が出てくることになる。

2　優先主義と平等主義

(1)　立法例

他の債権者の参加があると、満足の段階で各債権者に金銭の分配がなされるが、換価して得られた金銭が全員の総債権額を満たす場合には、問題がない。全員に各債権額に相当する金銭を渡し、余った分を債務者に返還すればよいからである。執行費用も問題となるが、話を単純化するためにここではそれは一応度外視しておくことにする。

問題となるのは、金銭が全員の総債権額に足りない場合である。その場合に、互いに優先権を持たない複数の債権者間で金銭をどのように分配するかについては、立法例として、優先主義（ドイツ、アメリカ、イギリス）と平等主義（フランス）とがあり、やや特殊なものとして群団優先主義と呼ばれるもの（スイス）がある。それらは、次のようなものである。具体的な例で考えることにする。

例えば、債務者所有の土地を競売にかけたところ、600 万円で売却されたとする。債権者としては、①執行債権者 A、②手続開始後に参加した B、および③ B よりも遅く参加した C の 3 人がいて、A、B、C の債権額がそれぞれ 400 万円であったとする。この場合に、金銭をどう分けたらよいのか、という場合を考える。

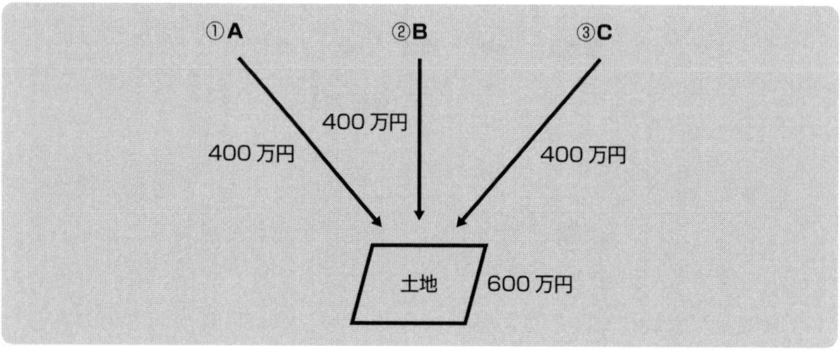

まず、優先主義という考え方を採ると、手続に加わった順に優先することになるとされ、配当金額は、Aに400万円、Bに200万円で、Cには0となる。これに対して、平等主義を採ると、手続に加わった順は考慮されず、債権者はすべて平等に扱われ、A、B、Cの全員が200万円ずつの配当を受け取ることになる。

なお、群団優先主義であるが、群団とはドイツ語でいうGruppe、英語でいうgroupの訳であり、グループ単位で優先主義を採るものである。例えば、スイスの制度では、30日ごとに次々と期間を区切るとされるので、最初の30日の間に手続に参加した債権者らの間では平等であるが、その債権者らは、次の30日間に参加した債権者らよりも優先することになる。上の例で、もし、AとBが最初の30日の間の債権者で、Cのみがそれを過ぎた後に参加した債権者だったとすると、配当金額は、AとBが各300万円、Cが0となる。

	Aへの配当金額	Bへの配当金額	Cへの配当金額
優先主義	400万円	200万円	0
平等主義	200万円	200万円	200万円
群団優先主義 （ABはCよりも優先するとした場合）	300万円	300万円	0

(2) 優 劣

優先主義と平等主義とのどちらが望ましい制度であるのかは、古くから、立法論として次のような種々の観点から議論されてきた。

ア 債権者間の公平

どちらが債権者間で公平かという観点であるが、優先主義を支持する者（優先主義論者）は、勤勉な債権者は保護されるべきであるとして、先に執行手続を開始した者やより先に執行手続に参加した者をそれだけ保護するのが、債権者間の公平になる、とする。

これに対して、平等主義を支持する者（平等主義論者）は、執行着手や参加が早かったか遅かったかは勤勉を必ずしも反映しないというべきであり、むしろ実体法上認められている債権者平等という原則を重視すべきである、とする。

イ 破産手続との関係

優先主義論者からは、債権者平等の手続である破産手続という制度があるのであるから、金銭執行という個別執行では優先主義でよい、とも主張される。これに対して、平等主義論者からは、破産手続は時間と費用がかかるから、金銭執行という個別執行で破産に近い簡易な処理（小破産的処理）を行うことにも合理性がある、と主張される。

ウ 手続の迅速性

また、優先主義論者からは、優先主義を採れば、執行に着手した者が全額を取得することができ、余りがあれば他の債権者への配当を考えるということで、執行手続が簡単になり迅速に処理できる、と言われる。これに対して、平等主義論者からは、執行債権者は、他の債権者が参加するたびに自分の取り分が少なくなるので、他の債権者がなるべく参加しないようにと考えて、手続の迅速化に協力的となる、と言われる。

エ 債務者保護

さらに、優先主義論者は、平等主義では、他の債権者が参加するであろうということを考慮してあらかじめ超過差押えが認められることになりやすいので、債務者の保護にならないが、優先主義であれば、差押債権者の債権額以上を差し押さえる超過差押えを抑止できるから、債務者保護にもなる、と主張する。他方、この点に関しては、平等主義論者は、優先主義では先を争うわれ勝ちな執行着手となり債務者に過酷になりやすいが、平等主義では、後から手続に参加しても取り分は同じだから、われ勝ちな強制執行を防止できる、と主張する。

このように見てくると、両方の主張にはそれなりの合理性があり、なかなか決め手の見つからない問題であるといえる。

	優先主義	平等主義
債権者間の公平	勤勉な者を保護すべき	実体法上の債権者平等で
破産手続との関係	平等主義は破産手続で	小破産的処理も合理的
手続の迅速性	執行手続が単純化	執行債権者が迅速化に協力
債務者保護	超過差押えを抑止	われ勝ちな執行を防止

(3) 民事執行法の建前

民事執行法は、この問題について平等主義の建前を採っている。ただ、民事執行法施行前の旧法の徹底した平等主義を手直しして、実質的に優先主義に近づいたといえる。

例えば、強制競売に関する51条1項は、配当要求ができる債権者を、①執行力のある債務名義の正本を有する債権者、②強制競売開始決定に係る差押えの登記後に登記された仮差押債権者、③181条1項各号の文書により一般先取特権を有することを証明した債権者、に限定している。②③はやや特殊であるから、要するに、ここでは、原則として、債務名義を有する債権者（これを有名義債権者という。）のみが配当要求できることになっていることが分かる。旧法では、債務名義を有しない無名義債権者も手続に参加することができ、虚偽の債権を基に配当要求することも横行していたので、この点は大きく修正されたことになる。

また、同じく強制競売に関する49条1項では、差押えの効力発生後、裁判所書記官が、物件明細書（後述する。104頁）の作成までの手続に要する期間を考慮して、配当要求の終期を定めなければならないとされ、配当要求がなるべく早い時期に締め切られることになっている。この点も、旧法にない制度を創設したことになり、時間的な流れの中で債権者を限定したことになる。なお、87条1項1号は、配当要求という方式でなく二重差押えによって手続に参加する債権者についても、配当要求の終期までに競売の申立てをしないと配当等が受けられないことを規定し、この点を徹底している。

このように、民事執行法は、①手続に参加できる資格を制限し（原則として有名義債権者に限定）、②時期も制限する（物件明細書の作成までの手続に要する期間を考慮して配当要求の終期が決められる）ことによって、旧法の平等主義の弊害を小さなものにしようとした。同様の思想は、動産執行や債権執行でも貫かれている（125条、133条、140条、154条、165条）。

第2項　不動産執行

1　意　義

金銭執行は、何を差し押さえるかによって、大きく、不動産執行、動産執行、債権執行等に分かれている。

不動産を差し押さえて行う金銭執行が不動産執行（43条以下）であり、さらにその種類として①強制競売と②強制管理とがある。なお、債務名義によらない不動産担保権の実行でも、執行裁判所が不動産を差し押さえて金銭債権者の満足を図ることから、不動産執行のほとんどの規定が準用となっている（188条）。

不動産執行 ┬ ①強制競売
　　　　　 └ ②強制管理

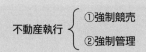

2　強制競売

(1)　総　説

強制競売とは、不動産執行の一種であり、不動産を競売にかけて、得られた売却代金を基に債権者の債権の満足を図る、という制度である。

執行裁判所が執行機関となる（44条。不動産の所在地を管轄する地方裁判所）ので、強制競売の申立ては、執行裁判所に対してする必要がある。申立ては、債務者の不動産（通常は債務者が登記名義人となっている不動産。69頁参照）を特定してしなければならない。その後、手続は、前述のように（86頁）、金銭執行の3段階、つまり差押え、換価、満足の段階をたどって行われる。

なお、権利能力のない社団は、判決の名宛人となりうるが（民訴29条）不動産の登記名義人とはなれないので、権利能力なき社団の構成員の総有不動産で第三者名義のものに対して金銭執行する方法が問題となるが、判例は、債権者は、＜その不動産がその社団の構成員全員の総有に属することを確認する旨のその債権者とその社団と登記名義人の3者の間の確定判決＞かそれに準ずる文書を添付して、強制執行の申立てをすることができる、とした（最決平成22年6月29日民集64巻4号1235頁、執保百選7）。

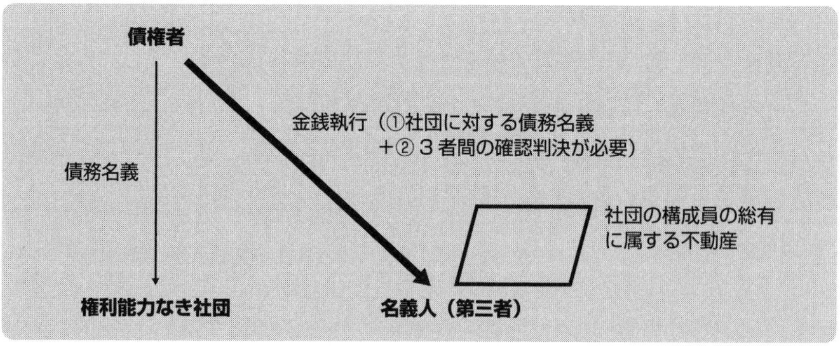

(2) 差押え

ア　強制競売開始決定

債権者の強制競売の申立てがあった場合、執行裁判所は、執行開始要件に問題がないと認めるときは、強制競売の開始決定をし、その開始決定において、債権者のために不動産を差し押さえる旨を宣言しなければならない（45条1項）。

前述のように（68頁）、これに対しては、執行異議の申立てのみが可能であるが、強制競売の申立てを却下した裁判に対しては、執行抗告をすることができる（同条3項）。

強制競売開始決定がされたときは、裁判所書記官は、直ちに、差押えの登記を嘱託しなければならず、登記官は、それに基づいて差押えの登記をしたときは、その登記事項証明書を執行裁判所に送付しなければならない、ということになっている（48条）。

イ　差押えの効力

（ア）　発生時期

まず、差押えの効力の発生時期であるが、差押えの効力は、強制競売の開始決定が債務者に送達された時に生じ、差押えの登記の方がそれよりも早いときは、登記がされた時に生じることになっている（46条1項）。

（イ）　処分禁止の効力

差押えの効力としては、差押えによって、「債務者が通常の用法に従つて不動産を使用し、又は収益すること」は妨げられない、とされている（同条2項）。これに対し、差押えによって禁止されるのは、条文の反対解釈から「通常の用法に従った使用収益でないもの」となるものの、それ以上には条文上はっきりしないことになる。ここから、やや複雑な問題が生じてくる。

そもそも、差押えは、財産を換価するまでにある程度の時間がかかるために、その間にその財産の価値が減少しないように、事実状態や法律関係をできる限り固定しようとするものである。

例えば、差押え後の物理的な損壊ということになれば、建物の場合は建造物損壊罪（刑法260条、262条）となるし、刑事の判例（最決昭和35年12月27日刑集14巻14号2229頁）を前提とすれば、土地の場合でも場合によっては器物損壊罪（同法261条、262条）となりうることになる。民事執行法上は、差押え後、債務者や不動産の占有者が、物理的に不動産の価格を減少させるような行為をする場合は、執行官がその不動産を保管するなどの措置を執ることができることになっている（55条。後述する。101頁）。

ただ、ここで、差押えの効力によって禁止されるものとして法律上の問題となるのは、むしろ財産的価値が減少するような法律関係の変更であり、一般に債務者の処分あるいは処分行為と言われるものである。以下では、この点を見ていくことにする。

(a) 賃借権の譲渡についての承諾

そもそも差押えによって禁止される処分に当たるのかどうかが問題とされたものがある。

民法上、賃借人は、賃貸人の承諾を得なければ、その賃借権を譲り渡し、または賃借物を転貸することができない（民法612条1項）。賃貸人は、賃借人ないし占有者が自分の認めた者以外の者に変わることに重大な利害関係があるからである。

判例で、この承諾が差押えによって禁止される処分に当たるのかどうかが争われた。簡略化して言うと、Aが、Aの所有建物についてBのために抵当権を設定・登記し（下図の②）、Bがその抵当権を実行し（強制競売に準じた手続で行われる。188条）（③）、買受人がXとなった（⑤）。Xが、その建物を占有するYに対し建物明渡請求等の訴えを提起した（⑥）ところ、Yは、Bの差押え（③）の後に、Bに対抗することができる賃借権（賃貸人はAで、賃借人がC）（①）をCから賃貸人Aの承諾を得て譲り受けた（④）、と主張した。このような事案で、判例は、賃貸人が賃借権についての譲渡の承諾をした場合、それに伴って賃貸借契約の内容が改定される等特段の事情のない限り、抵当権の実行による差押えで禁止される処分行為には当たらな

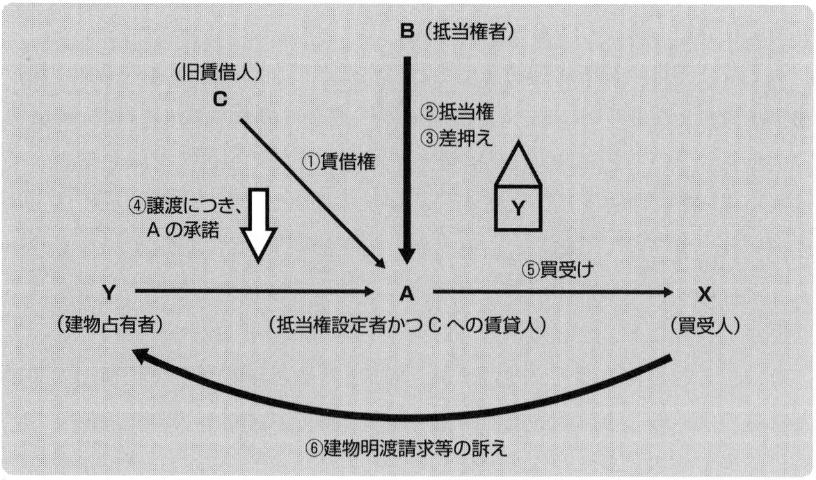

い、とした（最判昭和53年6月29日民集32巻4号762頁、執保百選27）。したがって、もしＣの賃借権がＢの抵当権に対して対抗することができるものであったとすれば、ＹはＢに対抗できる権原（賃借権）を有することになるので、Ｘにも対抗することができ、Ｘは、Ｙに対して建物明渡請求をすることはできないことになる。なお、この判例がいう特段の事情には、買受人側に不利益に改定された場合のほか、そのような改定がなくても、賃借人と通じて反社会勢力等に賃借権を譲渡させたような場合も含まれるものと解される（上記百選の解説参照）。

(b)　処分についての登記

処分として典型的に問題となるのは、差押え後に債務者がその不動産について抵当権を設定した場合や、差押え後に債務者が第三者にその不動産の所有権を移転（譲渡）した場合である。

まず、差押え後の抵当権の設定の登記や、差押え後の譲渡の登記は、登記所で認められるのか、という問題がある。かつては、差押え後の処分は、差押えによって禁止されたものである以上、当事者間でも無効で、登記をすることも認められない、という絶対効説という考え方もあった。しかし、現在では、差押え後の処分も、当事者間では有効で差押債権者に対抗できないにすぎない、とする相対効説が普通であり、それによれば、差押債権者が競売申立てを取り下げたり差押えが取り消されたら、その処分は完全に有効となるから、差押えによって禁止される処分であっても登記が認められなければならないことになる。また、実際にも登記は可能とする扱いとなっている。

(c)　禁止される処分の執行手続における意味

次に、差押えの相対的効力を前提とした場合に、差押えによって禁止される処分がなされると、その処分は執行手続でどのような意味を持つのか、が問題となる。まず抵当権設定の場合を検討し、次に所有権移転の場合をみる。

(i)　抵当権設定の場合

例えば、ＡがＢの土地に対して強制競売手続による差押えをしたところ（下図の①）、ＢがＣのために抵当権を設定して登記し（②）、その後、ＤがＡの強制競売手続に配当要求をした（③）とする。Ａ、Ｃ、Ｄの債権額は、いずれも600万円で、その土地の競売による売却代金は800万円であったと

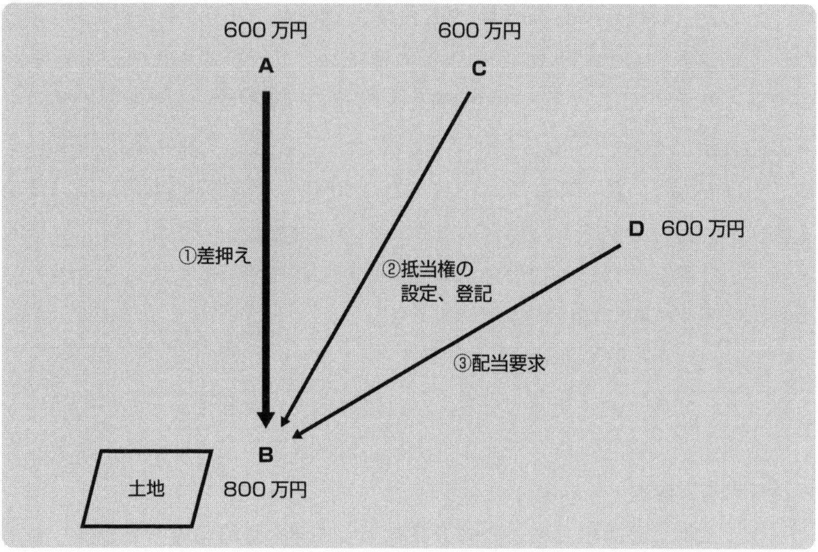

すると、A、C、Dには、どのような配当がなされるだろうか。

この場合、BがしたCのための抵当権設定は、Aの差押えの効力によって禁止される処分であるから、相対効説を前提にすると、BC間では有効でも、Cはその抵当権をAに対抗することができないことになる。そこで、1つの考え方では、CはAには対抗することができないが、DはCよりも遅れて登場しているから、Cはその抵当権をDには主張することができる、とするものである。このような考え方は、相対効を個別に考えるので、個別相対効説と呼ばれる。

この考え方によると、上の例では、売却代金800万円のうち、まずAが600万円の配当を受け、次にCが200万円の配当を受け、Dは配当が受けられないことになる。

	Aへの配当金額	Cへの配当金額	Dへの配当金額
個別相対効説	600万円	200万円	0
手続相対効説	400万円	0	400万円

これに対して、Dの配当要求はAの競売手続に乗るものであるとして、Cは、その抵当権をAに対抗することができないだけでなく、Aの手続に参加するDにも対抗することができない、とする考え方もある。このような考え方は、相対効を手続全体との関係で考えるので、手続相対効説と呼ばれる。これは、Cの抵当権はDにも対抗することができないほど弱いものとみるので、逆に言えば、個別相対効説よりも、差押えの処分禁止の効力を強いものとみていることになる。

手続相対効説によると、上の例では、Cは、その抵当権をAの競売手続上何ら主張することができないから、配当は全く受けることができず、売却代金800万円は、AとDとで、400万円ずつ配当されることになる。Cの抵当権は、Aが競売の申立てを取り下げた場合やAの競売手続が取り消された場合に初めて意味を持つにすぎないことになる。

このような問題について、民事執行法は、手続相対効説を採ったものと考えられている。例えば、第三者異議の訴えのところで前述したように（76頁）、87条1項4号で、「差押えの登記前に登記……がされた……抵当権で売却により消滅するものを有する債権者」は、売却代金の配当等が受けられることになっているから、差押えの登記「後」に登記がされた抵当権については、同号の反対解釈から配当等が受けられないことになる。なお、差押えの登記前に登記がされた抵当権を有する債権者（4号の債権者）でも、その前に仮差押え（第6章で後述する。）があったり別の差押えがあったりした場合には、先行するそれらが失効するなどした場合に限って配当等を受けるこ

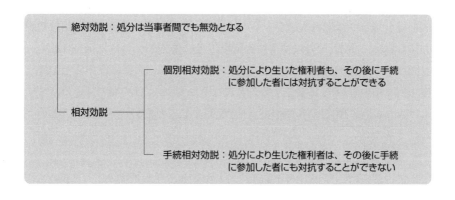

- 絶対効説：処分は当事者間でも無効となる
- 相対効説
  - 個別相対効説：処分により生じた権利者も、その後に手続に参加した者には対抗することができる
  - 手続相対効説：処分により生じた権利者は、その後に手続に参加した者にも対抗することができない

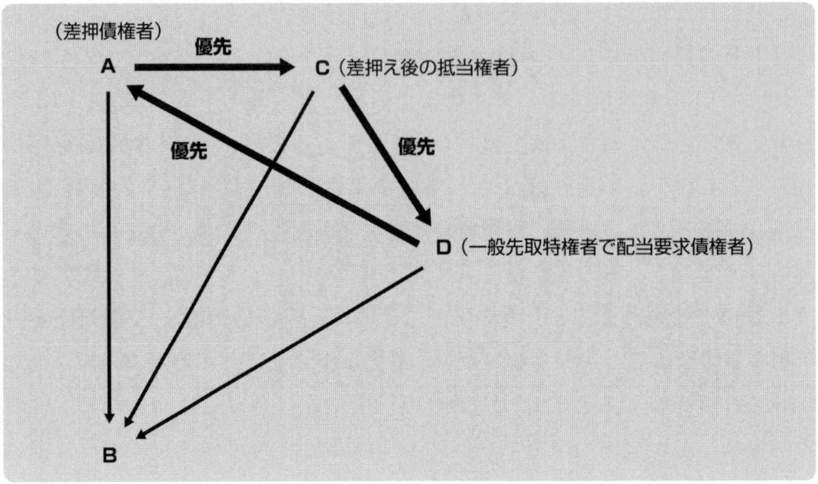

とができる、とされている（同条2項、3項）。したがって、差押え後の処分が抵当権の設定である場合、その抵当権者は配当等が全く受けられないといわざるをえない。個別相対効説では、上の例のように、差押え後に設定・登記された抵当権を有する債権者が配当等を受けることはあるのであるから、民事執行法は、手続相対効説を採ったと解釈されることになる。

民事執行法の立案担当者も手続相対効説を採用したと解説しているが、個別相対効説を採らなかった理由の1つは、「ぐるぐる回り」の回避にあるという（浦野・条解401頁以下）。「ぐるぐる回り」とは、優先関係が循環することをいう。例えば、上の例で、Dが一般先取特権者（民法306条以下）だった場合も、Dは配当要求できる（51条1項）が、その場合に個別相対効説を採ると、①AはAの差押えに劣後するCに優先し、②Cは抵当権設定・登記後の一般先取特権者Dに優先し（民法336条）、③Dは実体法上の優先権を持っていないAに優先することになるから、ACDの間で、いわばじゃんけんのように優先関係が循環し、合理的な配当方法が見出せない、というわけである。

(ii)　所有権移転の場合

次に、例えば、AがBの不動産に対し強制競売手続を開始し（下図の①)、その後にBがCにその不動産の所有権を売買や贈与等によって移転（譲渡）し、その旨の登記をした（②）という場合を考えてみる。

まず、Cへの所有権移転の後に、Bに対する他の一般債権者Dは配当要求できるか（③）というと、個別相対効説では、Cはすでに所有権を取得していることをDに対抗することができるから、Dは配当要求ができないことになる。これに対して、手続相対効説を採ると、CはAの競売手続に入ってくるDに所有権を対抗することができないから、Dは配当要求ができることになる。

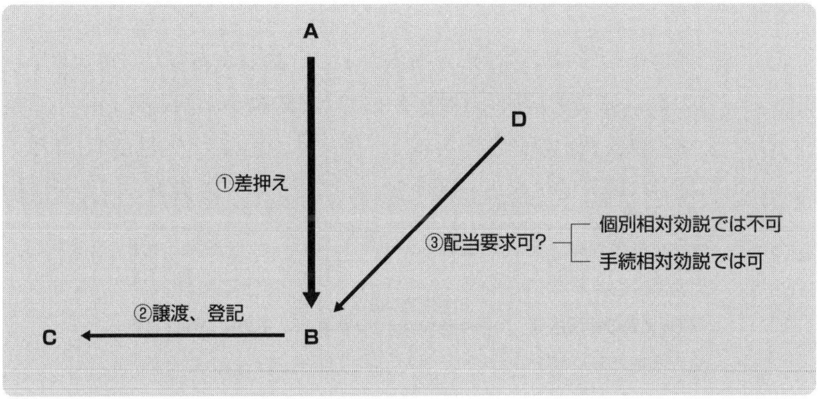

また、Dがいない状況で、競売によって得られた売却代金のうちからAにAの債権額分を交付したところ代金が余ってしまったという場合、個別相対効説を採ると、所有者と認められるCに剰余金を渡すことになるが、手続相対効説を採ると、Cの所有権取得はその競売手続では無視されるから、剰余金も債務者（譲渡人）であるBに返還される、ということになる。

84条2項は、剰余金は債務者に交付するとし、これも、民事執行法が手

	譲渡後の配当要求	剰余金の交付先
個別相対効説	できない	譲受人
手続相対効説	できる	債務者（譲渡人）

続相対効説を採ったことの別の手がかりとなっている。

(d) 処分禁止の効力の議論と他の議論との関係

要するに、以上のような「差押えの処分禁止の効力」の議論は、「差押え後」の処分によって生じた権利者（所有権者、抵当権者など）が、強制競売手続でどう扱われるか、という立法論上ないし解釈論上の問題である。旧法では解釈論上説の対立があったが、民事執行法は立法論として手続相対効説を採り、現在解釈論上もそのように理解されているわけである。

ただ、このような議論は、前述した第三者異議の訴えにおける議論や優先主義等の議論と混同しやすいので、注意する必要がある。ここで整理し確認しておく。

まず、担保権が第三者異議事由となるかという議論があった（76頁以下。下図①）。これは、「差押え前の担保権者」が、その後の強制競売を排除できるか、という法律解釈上の問題であった。例えば、差押えに対抗することができる抵当権者は優先的に配当を受けられるので、第三者異議の訴えを提起

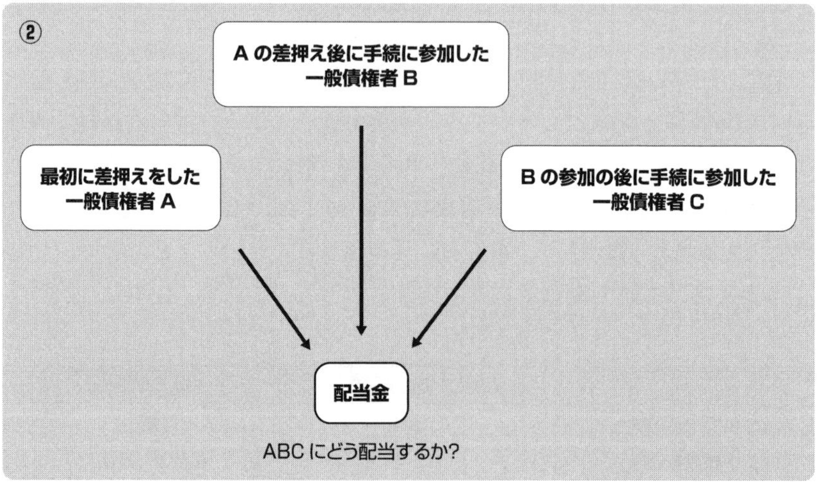

できない、とされる。差押え「前」の担保権の話であるので、差押え「後」に抵当権を設定した場合を問題とする「差押えの処分禁止の効力」の議論とは異なる。

また、優先主義を採るべきか平等主義を採るべきかという議論もあった(87頁以下。次頁の図②)。これは、手続に参加した「一般債権者の間」での配当の仕方をめぐる「立法論上の問題」であった。民事執行法は、旧法の過度の平等主義を手直ししてこれを維持したのである。差押え後の「処分」や実体法上の優先権が問題とならない点で、「差押えの処分禁止の効力」の議論とは異なる。

(3) 換価の準備

金銭執行の3段階のうち、差押えの次の段階は換価であるが、強制競売手続では換価の準備段階自体がかなり重要な内容を含むので、これについて独立に説明しておく。

ア 不動産の滅失等による強制競売の手続の取消し

まず、換価の準備自体ではないが、無意味な手続は進める必要はないから、不動産の滅失その他売却による不動産の移転を妨げる事情が明らかとなったときは、強制競売手続が取り消される(53条)。差し押さえられた建物がその後焼失してしまったような場合が、典型例である。

イ 売却のための保全処分

不動産の滅失は防止しなければならないし、滅失までいかなくても、差押え後、債務者や不動産の占有者が、不動産の価格を減少させまたは減少させるおそれがある行為をする場合には、そのような価格減少行為を阻止する必要がある。そこで、執行裁判所は、差押債権者の申立てにより、買受人が代金を納付するまでの間、執行官にその不動産を保管させるなどの措置を執ることができる(55条)。これを売却のための保全処分という。執行官は、抵抗を受ければ、警察上の援助を求めることもできる(6条1項)。ただし、執行官への引渡し等を命じる決定が申立人に告知された日から2週間を経過したときは、執行ができなくなる(55条8項)。

さらに、占有者が次々と入れ替わって、売却のための保全処分自体を妨害することもあるので、売却のための保全処分は、事前に相手方を特定することを困難とする特別の事情があるときは、相手方を特定しないで発してよいこととされた（55条の2）。前述した債務者を特定しない承継執行文の付与の制度（27条3項以下）（45頁）と同趣旨の規定ということである。

ウ　地代等の代払の許可

差押えの対象となった目的物の価値を保全するための制度として、地代等の代払の許可という制度が認められている（56条）。これは、借地権のある建物が差し押さえられた場合に、賃料が不払になると建物の土地に対する利用権がなくなって、建物の買い手が付かなくなるので、差押債権者が代払いをすることができる、というものである。賃借権だけではなく地上権の場合も含めて規定されていることになる。

このような場合、差押債権者は民法上第三者弁済（民法474条）をすることもできるが、民事執行法の制度を利用すると、支払った賃料が共益費用となり（56条2項、55条10項）、優先的に配当が受けられるものとなる。その点にこの制度を使うメリットがある、ということになる。

エ　いわゆる3点セットの作成

換価の準備の作業としてとりわけ重要なものが、①現況調査、②評価、③物件明細書の作成であり、①現況調査に基づいて作成された現況調査報告書、②評価に基づいて作成された評価書、それに③物件明細書を合わせて、実務上一般に3点セットと呼んでいる。以下、これらについて説明する。

3点セット
①現況調査報告書……執行官が不動産の現況を記載するもの
②評価書………………評価人が不動産の価値を記載するもの
③物件明細書…………裁判所書記官が不動産の権利関係を記載するもの

なお、現在、インターネットで「不動産競売物件情報サイト」があり、裁判所ごとに競売不動産について3点セット等の情報を見ることができる（http://bit.sikkou.jp）。BITシステムと言われ、Broadcast Information of Tri-

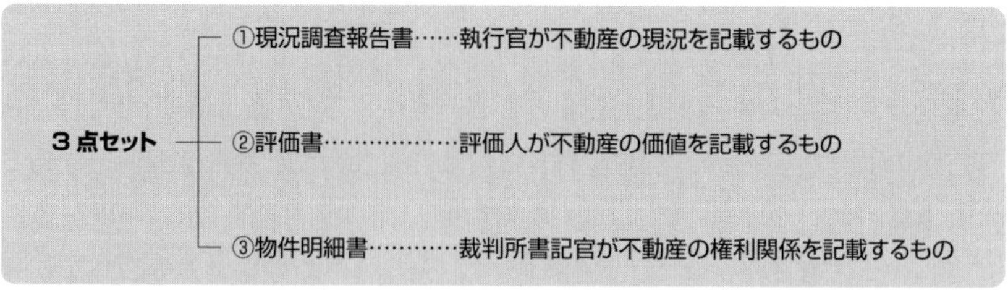

set system の略である。

（ア） 現況調査

執行裁判所は、執行官に対し、不動産の形状、占有関係その他の現況について調査を命じなければならない（57条1項）。不動産執行の執行機関は執行裁判所であるが、機動性のある執行官の協力を求めることになる。

現況調査の趣旨は、不動産を売る以上、不動産が現在どのような状況になっているのかを現地に行って調べる必要がある、ということである。執行官は、不動産に立ち入ったり、債務者や占有者に対して質問や文書の提示の要求をしたりすることができるほか、固定資産税に関する資料の写しを入手したり、電気、ガス、水道等についての情報を得たりすることもできる（同条2項以下）。現況調査の際、執行官の質問や文書の提出の要求に対し、正当な理由なく拒否したり、虚偽の陳述をしたりすると、陳述等拒絶罪という犯罪となる（213条1項2号）。

現況調査が実施されたときは、執行官は、現況調査報告書を作成して執行裁判所に提出しなければならない（規29条）。現況調査報告書は、一般の人が閲覧可能である（規31条3項）。

このような手続によって、執行裁判所が売却する予定の不動産について、その現在の事実関係の状況が示されるということになる。

なお、執行官の注意義務については、最高裁の判例があり（最判平成9年7月15日民集51巻6号2645頁、執保百選28）、①執行官は、執行裁判所に対するほか、買受希望者に対する関係でも、できる限り正確に調査すべき注意義務を負うこと、②調査の過程が合理性を欠き、その結果、現況調査報告書の記載内容と目的不動産の実際の状況との間に看過し難い相違が生じた場合には、国は、現況調査報告書の記載を信じたために損害を被った者に対して、国家賠償責任を負うこと、を判示した。

（イ） 評　価

次に、執行裁判所は、評価人を選任し、不動産の評価を命じなければならない（58条1項）。これは、不動産鑑定士に、その不動産がどのくらいの値段のものであるのかを評価してもらう、というものである。その場合、近傍同種の不動産の取引価格等の事情を考慮して遅滞なく評価しなければならず、また、一般の売却の場合の価格を決めるというのではなく、強制競売手続で売却するための評価であることを考慮しなければならないことになっている（同条2項）。いずれも当然のことであろう。

評価が実施されたときは、評価人は、評価書を作成して執行裁判所に提出しなければならない（規30条）。これも、一般の人が閲覧可能となる（規31条3項）。

このような手続によって、換価予定の不動産がいくらくらいのものかが示されるということになる。

さらに、執行裁判所は、評価人の評価に基づいて、不動産の売却の額の基準となるべき価額（これを売却基準価額という。）を定めなければならないことになっている（60条1項）。なお、買受申出の額は、売却基準価額からその10分の2に相当する額を控除した価額（つまり売却基準価額の8割。これを買受可能価額という。）以上でなければならないとされている（同条3項）。

（ウ）　物件明細書の作成

また、裁判所書記官が、物件明細書を作成する（62条）。「物権」明細書ではないから、注意を要する。

これには何が記載されるのかというと、①不動産の表示のほか、②その不動産に係る権利の取得・仮処分の執行で売却により効力を失わないもの、③売却により設定されたものとみなされる地上権の概要、が記載される（同条1項）。②の「に係る」というのは条文の表現で、「についての」というぐらいの意味である。②についてはこの直後の「消除主義と引受主義」のところで説明し、③については法定地上権のところで後述する（120頁以下）。

この物件明細書も、一般の人が閲覧可能である（同条2項）。

これにより、不動産を買受人が取得した場合の権利関係が示されるということになる。

オ　消除主義と引受主義

（ア）　意　義

62条1項2号（上記の②）の関係で、裁判所の売却によって不動産上のどのような権利が消えてどのような権利がくっついていくのか、が問題となる。買受人にとっては、その不動産の完全な所有権を取得するのか、それともその不動産が担保権や用益権等の対象となっていて、その分いわばへこみのある価値の低い所有権を取得するのかで、買うか買わないか、買うとしてもいくらで買うか、という判断が異なってくるわけである（所有権の方から見て、担保権や用益権等というへこみを成している権利を不動産上の「負担」ということがある。）。

この問題は、消除主義と引受主義のどちらを採るかという問題と言われ、どういう前提で売却するのかといういわゆる売却条件の問題の１つである。

なお、差押債権者に対抗することができない権利は、差押えの処分禁止の効力によって、競売後に存続しない（消える）ことになるから、差押債権者に対抗することができる権利でどういうものが消えてどういうものがくっついていくのかが、とくに問題とされるのである。

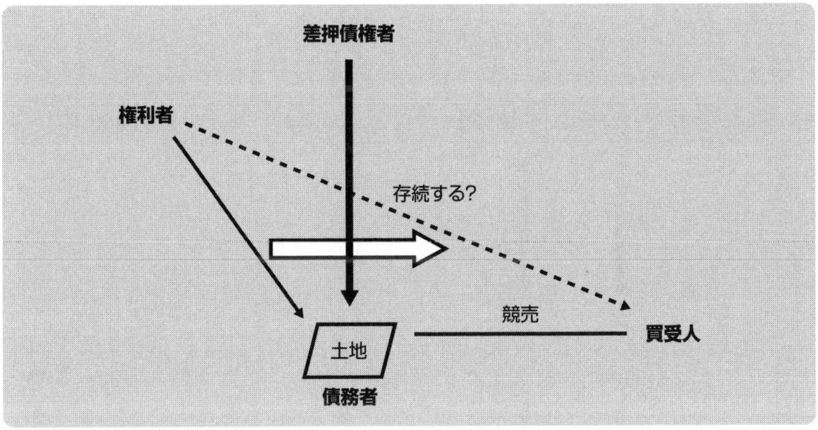

（イ） 59条の内容

この問題について、民事執行法は、消除主義と引受主義とを併用している（59条）。この点、消除主義を原則としていると説明されることもあるが、説明の仕方の違いにすぎない。

この問題は重要であるにもかかわらず、条文上理解しにくいから、59条１項、２項、４項について、図の一覧表を基に少し詳しく説明する。なお、３項は、仮処分の執行の話であり、民事保全法の説明を前提とするから、ここでは省略する。

(a) 1 項

まず、59 条 1 項は、「不動産の上に存する先取特権、使用及び収益をしない旨の定めのある質権並びに抵当権は、売却により消滅する。」と規定している。通常の質権は使用および収益をすることができるから（民法 356 条）、「使用及び収益をしない旨の定めのある質権」とは、特別にそういう定めのある質権（同法 359 条）であり、抵当権と同様の扱いとなる。

下記の表の「1 項」の「事例 1」の図を見ると、A が抵当権を設定してもらい、その後甲が差し押さえたという場合である。①や②というのは、対抗要件具備の順序を意味している。この場合、A の抵当権は、59 条 1 項で競売手続の売却により消えることになる。消える代わりに配当が受けられ（87 条 1 項 4 号）、そして、配当が受けられるから、第三者異議の訴えのところで説明したように（76 頁）、A は第三者異議の訴えを提起できないという話

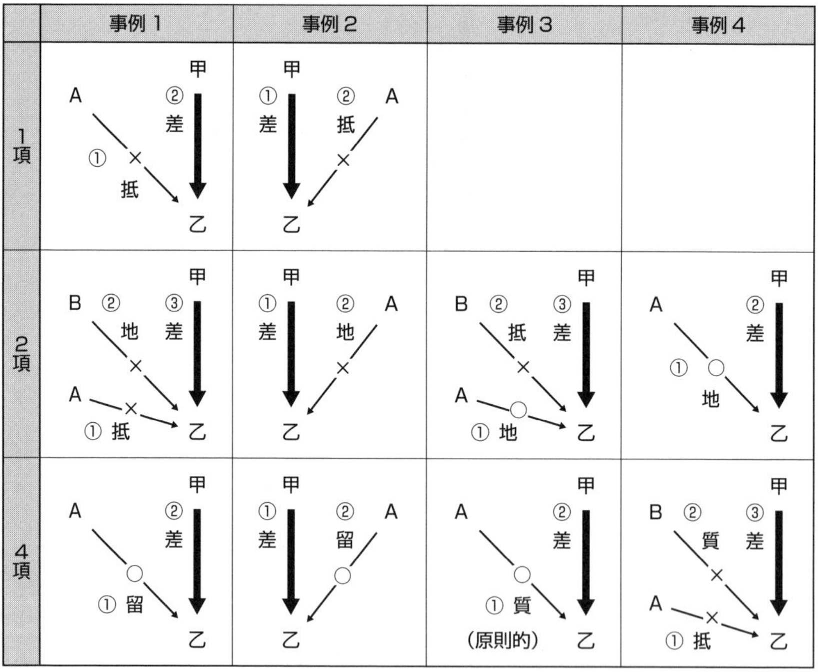

であったわけである。

「事例2」の図を見ると、甲が差押えをして、その後にAが抵当権を設定してもらったという場合で、これは差押えの効力で処分が禁止されているから、Aは抵当権を甲に主張できないはずであり、条文上はAの抵当権は59条1項で売却により消える、ということになる。

(b) 2 項

次に、59条2項は、「前項の規定により消滅する権利を有する者、差押債権者又は仮差押債権者に対抗することができない不動産に係る権利の取得は、売却によりその効力を失う。」と規定している。少し読みにくいが、対抗できない相手として掲げられているのは、①1項で消滅する権利を有する者、②差押債権者、③仮差押債権者であり、そういう者に対抗できない権利を取得していても売却により失効する、ということである。

表の「2項」の「事例1」の図を見ると、まずAが抵当権を設定してもらい、その後Bが地上権を設定してもらい、3番目に甲がその不動産を差し押さえたという場合ということになる。その事例で、Aと甲だけを見れば、先ほどの「1項」の「事例1」と同じとなるから、Aの抵当権は59条1項で消えることになり、Bの地上権は、1項で消滅する権利を有する者であるAに対抗できないから、2項で効力を失うことになる。より優先するものが消えるのであれば、それに劣後する権利も消える、と考えられたのである。Bの地上権のような用益権を、「中間の用益権」と言うことがある。

「2項」の「事例2」を見ると、甲の差押えの後で、Aが地上権の設定をしてもらった場合ということになる。この場合、差押えの処分禁止の効力で、Aの地上権は甲に対抗できないのであり、条文上は、59条2項で、差押債権者である甲に対抗できない地上権として、効力を失うことになる。

「2項」の「事例3」は、Aの地上権、Bの抵当権、甲の差押えの順となっている場合で、Bの抵当権は1項で消えるが、Aの地上権は1項にも2項にも当たらないことになり、これは執行裁判所による売却で消えないことになる。つまり、買受人は、Aの地上権の負担のついた（地上権の分だけへこんだ）所有権を取得する（負担は引受けになる）ということになる。

「2項」の「事例4」は、「事例3」のBの抵当権がないという場合で、この場合のAの地上権は、もちろん1項にも2項にも当たらず、引受けになる。

なお、賃借権は、賃貸借契約（民法601条以下）という債権関係のものであるが、借地借家法で物権に近いものとなっており、民事執行法では、59条2項の「不動産に係る権利の取得」として地上権と同様の取扱いがされることになる。ただ、民法上、短期賃貸借の制度が廃止されたことに伴い、登記をした賃貸借は、その登記前に登記した抵当権を有するすべての者が同意をし、かつ、その同意の登記があるときに、その同意をした抵当権者に対抗することができることになったので（民法387条1項）、注意を要する。

(c) 4 項

59条4項は、「不動産の上に存する留置権並びに使用及び収益をしない旨の定めのない質権で第2項の規定の適用がないものについては、買受人は、これらによつて担保される債権を弁済する責めに任ずる。」と規定している。この場合の担保権は消えずに買受人の引受けになる、ということを意味することになる。

留置権というのは、他人の物を占有している者が、その物に関して生じた債権を持っているときは、その債権の弁済を受けるまで、その物を占有下に留め置くことができるという特殊な法定担保物権である（民法295条以下）。例えば、不動産を改良工事したような場合に、その工事代金が支払われるまで不動産の所有者に不動産を渡さないことができることになる。「使用及び収益をしない旨の定めのない質権」とは、特別の定めのない原則的な質権である（同法356条）。いずれも、債権者が占有を有する権利の場合ということである。

表の「4項」の「事例1」と「事例2」を見ると、留置権の場合は、その成立が差押えの前後を問わず、消えないということになる。改良工事で不動産の価値を上げた場合のように、権利と物の価値との関係が密接な場合であるから、差押えの後の留置権者も保護されると考えられている（「事例2」で、Aの留置権は甲の差押えに対抗できることになるから、ここでの①②は対抗要件具備の順序ではなく、成立の順序を示していることになる。）。

「4項」の「事例3」は、Aの原則的な質権が甲の差押えに優先する場合で、この場合の質権は、4項にいう「第2項の規定の適用がないもの」に当たり、「2項」の「事例4」の地上権と同様に、裁判所の売却によって消えないことになる。前述のように（106頁）、使用および収益をしない旨の定めのある原則的でない質権が「1項」の「事例1」の抵当権と同様に扱われるのと、対照的になっている。

「4項」の「事例4」は、差押えに優先する原則的な質権でも、それにさらに優先する抵当権があるという場合であり、「第2項の規定の適用が」あることになるから、Bの質権は2項で効力を失い、4項の適用はないということになる。

なお、59条4項については、買受人が負担のある所有権を取得するという物的責任を負うにすぎないのかそれとも被担保債務も負うことになるのか、に関して議論がある。59条4項の文言からは債務も負うものと考えられるが、債権者の承諾なく免責的に債務者が変わるのは債権者を害するおそれがあることから、重畳的（併存的）に債務を負うものと解すべきであろう（中野＝下村・民事執行法416頁も結論同旨）。

(d)　5　項

59条5項では、利害関係者が、執行裁判所によって売却基準価額が定められる（60条1項）時までに、59条1項、2項、4項と異なる合意をした旨の届出をしたときは、その合意を優先することにしている。

（ウ）　登記の嘱託

消除主義で消える権利については、不動産登記簿上もそのような記載にしなければならないため、買受人が代金を納付した段階で、裁判所書記官が、登記の抹消を嘱託することになっている（82条1項2号）。

（エ）　買受人等への影響

消除主義、引受主義で、権利が消えたり存続したりすることで、関係者にさらにどのような影響を与えるのかを補足しておく。

まず、消除主義では、権利が消えることになるから、買受人は、負担のない（へこみのない）所有権を取得するということになるが、その分価値の高いものを取得することになるので、一時に多くの代金を払わなければならないことになる。

また、消除主義では、差押えに優先する担保権者は、被担保債権額に満た

	不動産の価値	買受人への影響	担保権者への影響
消除主義	高くなる	多額の金銭を要する	売却により害されるおそれがある (→剰余主義で対処)
引受主義	安くなる	より少ない金銭で済むが、担保権が残るとその実行により所有権を失う危険がある	売却により害されるおそれはない

ない額で売却されると、被担保債権は全部回収できるわけではないのに担保権がなくなるという意味で害されるおそれがある。そのような弊害については、第三者異議の訴えのところで前述したように（77頁）、民事執行法は、剰余主義（63条）を採用して対処しようとした。

これに対し、引受主義を採ると、負担付きの（へこみのある）不動産が売却されたことになり、買受人は、その分だけ価値の低いものを取得することになるから、負担が消える場合よりも少ない代金を用意すればよいことになる。ただ、担保権が残ることになると、被担保債権が弁済されない限り、その担保権が買受人のもとで実行され買受人が不動産を失うに至る、という危険があることになる。

(4) 換　価

次に、金銭執行の第2段階の換価の話ということになる。ただ、換価の直接の準備の話も含まれるということにはなる。

換価の手続の主な流れは、①売却の実施方法が決定され（実施の準備）、②売却が実施され、③最高価買受申出人に許可できる場合には売却許可決定がされ、④代金の納付がなされる、というものである。

売却の実施の準備 ➡ **売却の実施** ➡ **売却許可決定** ➡ **代金納付**

ア　売却の実施の準備

（ア）　売却の実施方法の決定

強制競売は、執行裁判所が執行機関であるが、具体的には、裁判所書記官が段取りを決めて、執行官に実施させて行う。裁判所書記官の仕事は基本的にデスクワークであるため、売却の事実行為面は機動性のある執行官に任せるという趣旨である。

まず、不動産の売却方法は、裁判所書記官が、入札、競り売りその他から選択し、入札、競り売りの方法によるときは、売却の日時および場所を定めて、執行官に売却を実施させる（64条1項～3項）。

実際には、入札の中の期間入札という方法が採られるのが普通である。期間入札は、入札期間内に入札をさせて開札期日に開札を行うというもので（規34条、46条以下）、その場合の入札は郵便によって行うことができ（規47条）、入札に対する妨害を排除できるという利点があるからである。とくに民事執行法が施行されるまで、そのような妨害が横行していたという背景がある。

なお、数個の不動産については、個別に売却するだけではなく、執行裁判所が相当であると認めるときには一括して売却することを定めることができる（61条）。その方が、売りやすく高く売れることもあること等が考慮された制度である。

（イ）　内　覧

不動産の買受け申出を増やすためには、売却される予定の不動産の内部を一般に見せた方がよいという考えから、平成15年の改正で、不動産の買受けを希望する者に、不動産の内部を見学させるという制度が創設された。これを内覧の制度という（64条の2）。ただ、実際の利用はごく少数にとどまっている。

イ　売却の実施

（ア）　売却の場所の秩序維持

売却の場所は、悪質な競売ブローカーが暗躍するなど、不適切な行為が行われるおそれがあるため、執行官が、秩序維持のため一定の者を排除することができることになっている（65条）。例えば、他の者の買受けの申出を妨げるような者は、排除の対象となる（同条1号）。

（イ）　暴力団員等に該当しないこと等の陳述

令和元年の改正法は、暴力団員等が買受けをすることができないように、買受けの申出をしようとする者は、自らが暴力団員等に該当しないことを陳述しなければならないものとした（65条の2）。虚偽の陳述をした場合については、罰則が規定されている（213条1項3号）。

（ウ）　買受けの申出の保証

不動産の買受けの申出をしようとする者は、保証を提供しなければならない（66条）。保証の提供というのは、代金の一部となる一定の金銭（78条2項）をあらかじめ支払っておくということである。結局買受人ということにならなければ、その金銭の返還を請求することができるが、実際に買受人となったのに、もともと「冷やかし」で買うつもりがなかったり、後から気が変わったりして代金を納付しないと、この金銭の返還を請求することができないという制裁を受ける（80条1項）。そのような制裁の存在によって代金の不払の防止が意図されていることになる。額と方法は執行裁判所が定めるが（66条）、売却基準価額（60条）の2割が原則とされている（規39条等）。

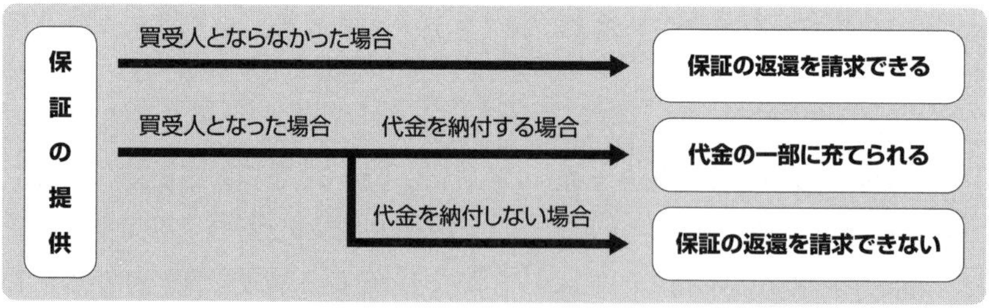

（エ） 次順位買受けの申出

次順位買受けの申出という制度もある。条文（67条）は分かりにくいが、ごく簡単に言うと、売却の実施の終了までにこの申出があると、1番高い値段を付けた人（A）が代金を納付しなかった場合には、2番目に高い値段を付けた人（B）に買ってもらうことにする（67条、80条2項）、というものである。ただし、金額の面から一定の制限の範囲でということになる。

これを具体的に見ることにする。

一定の制限の範囲でというのは、2つの点で制限が問題となる。1つには、Bの申出の額が買受可能価額（売却基準価額の8割。60条3項）以上の場合でなければならない。これは当然の制限である。例えば、下の表の事例1のように、買受可能価額が800万円（売却基準価額は1000万円）で、Aの申出の額が1000万円、Bの申出の額が700万円という場合、Bの申出の額700万円は、買受可能価額800万円を下回る。このような場合には、次順位買受けの申出はできないことになる。

もう1つの制限は、Bの申出の額が、Aの申出の額から保証の額を引いた額以上でなければならないということである。分かりにくいが、例えば、事例2のように、買受可能価額が800万円（売却基準価額は1000万円）で、Aの申出の額が1200万円、Bの申出の額が900万円（買受可能価額は上回っている）という場合、もし保証の額は原則どおり売却基準価額の2割で200万円だったとすると、Aの申出の額1200万円から保証の額200万円を引くと1000万円であるから、Bの申出の額900万円はこれを下回る。このような場合にも、次順位買受けの申出はできないことになる。これは、Aによって提供された保証200万円がAに返還されないので（80条1項）、それとBの申出の額900万円とを合算しても1100万円で、Aの申出の額1200万円

	事例1	事例2	事例3
買受可能価額	800万円	800万円	800万円
Aの申出の額	1000万円	1200万円	1000万円
Bの申出の額	700万円	900万円	900万円
次順位買受けの申出の可否	×	×	○

に届かないという場合であり、そのような場合には次順位買受けの申出ができないこととされているためである。つまり、Aが返還請求できなくなった保証の額を含めてBが代金を納付した場合に裁判所に入る金額が、Aが代金を納付した場合に裁判所に入る金額以上となる場合に限って、次順位買受けの申出ができる、とされているのである。

したがって、事例3のように、買受可能価額が800万円（売却基準価額は1000万円）で、Aの申出の額が1000万円、Bの申出の額が900万円という場合には、Bの申出の額900万円は買受可能価額800万円を超えているし、また、もし保証の額は原則どおり売却基準価額の2割で200万円だったとすると、Aの申出の額1000万円から保証の額200万円を引くと800万円だから、Bの申出の額900万円はこれを上回るので、2つの制限のいずれにもひっかからず、Bの次順位買受けの申出はできることになる。この場合は、次順位のBの申出の額900万円とAに返還されない保証の額200万円との合計1100万円が執行裁判所の手元に入るのであり、これは、Aが代金を納付するとした場合に裁判所に入る金額1000万円よりも多いのであるから、裁判所としてはBに売却しても不都合はない、ということである。

（オ）　債務者の買受けの申出の禁止

債務者は、買受けの申出をすることができないことになっている（68条）。債務者は、買受けができるくらいの財産があるのであれば、まずその執行債権者に対する債務を弁済すべきであることなどが言われる。

（カ）　買受けの申出がなかった場合の措置

(a)　買受けの申出をした差押債権者のための保全処分

売却のための保全処分（55条）と似たものとして、やや特殊な保全処分が規定されている。

これは、いったん買受けの申出がなかった場合に、差押債権者が次の入札等において買受けの申出がないときは自ら買い受ける旨の申出をした上で申し立てる保全処分で、「債務者又は不動産の占有者が不動産の売却を困難にする行為をし、又はその行為をするおそれがあるとき」に、執行官保管や申立人保管の措置を執ることができる、というものである（68条の2）。売却のための保全処分と同様、「買受人が代金を納付するまでの間」のものであるが、①いったん買受けの申出がなかった場合であること、②申立人による買受けの申出を伴うこと、③債務者等の行為として55条の「価格減少行為」ではなく売却を困難にする行為等が要件となっていること、④申立人である差押債権者による保管も認められていること等の違いがある。55条と違った要件、効果によって、売却の障害となる状況をできるだけ排除して、換価を実現しようとするものといえる。

(b) 売却の見込みのない場合の措置

入札または競り売りを3回実施しても買受けの申出がなかった場合、諸事情からその後も売却の見込みがないと認められるときは、強制競売手続の停止が可能であり、差押債権者が、その停止の通知を受けてから3か月以内に買受申出予定者がいるとして売却実施の申出をしないときは、強制競売手続の取消しも可能になる、とされている(68条の3)。

ウ 売却許可決定

(ア) 売却決定期日

執行裁判所は、売却の許可または不許可を言い渡すために、売却決定期日を開く(69条)。申出の額が最も高かった買受けの申出人が、買う資格のある者かどうか分からないし、手続に重大な誤り等があるかもしれないから、一定の審査をした上で、執行裁判所の判断(裁判形式は決定)として、売却の許可または不許可を言い渡すことにしているのである。利害関係を有する者は、一定の範囲で意見を陳述することができる(70条)。

(イ) 売却不許可事由

どういう場合に売却が不許可となるかは、売却不許可事由として71条に列挙されている。例えば、2号には、「最高価買受申出人が不動産を買い受ける資格若しくは能力を有しないこと又はその代理人がその権限を有しないこと。」が規定されているし、7号には、「売却基準価額若しくは一括売却の決定、物件明細書の作成又はこれらの手続に重大な誤りがあること。」が規定されているわけである。また、令和元年の改正法は、前述(112頁)のように、暴力団員等が買受けをすることができないように、買受けの申出の際に暴力団員等に該当しないこと等の陳述を要求したが(65条の2)、必要な調査を都道府県警察に嘱託する制度(68条の4)も設けた上で、最高価買受申出人等が暴力団員等に該当することを売却不許可事由としている（71条5号）。

なお、買受申出も意思表示であるから、最高価買受申出人によって錯誤による取消し（民法95条）や詐欺による取消し（同法96条）等が立証されれば、それらも売却不許可事由となると解すべきである（中野＝下村・民事執行法500頁は71条2号の類推として同旨を説く）。

（ウ） 執行抗告

売却の許可または不許可の決定がされた場合、その決定によって自己の権利が害されることを主張する者は、執行抗告をすることができる（74条1項）。「自己の権利が害されること」が、上訴である執行抗告の利益として必要とされていることになる。

判例で、自らが最高価買受申出人とされるべきであったと主張する者に執行抗告の利益があるとされたことがある。それは、＜Aの入札が最高価でBの入札がそれに次ぐ価額だったのに（下図の①）、執行官が開札期日で誤ってAの入札を無効と判断して（②）Bを最高価買受申出人であると判断してしまい（③）、執行裁判所もBに売却許可決定をした（④）という場合について、Aは、権利を害されるとしてBへの売却許可決定に対する執行抗告をすることができる（⑤）＞としたものである（最決平成22年8月25日民集64巻5号1482頁、平成22年度重判民訴7）。抗告裁判所が執行官の判断の誤りを認めた場合、当初の入札までの手続を前提に執行官が改めて開札期日を開いて最高価買受申出人を定め直すべきである、とされる。

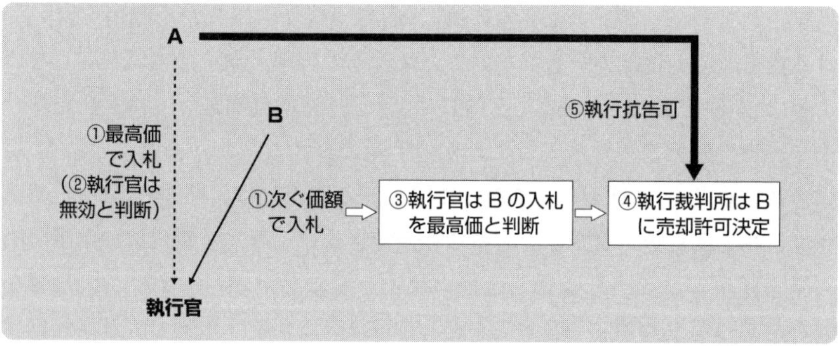

これに対し、最高価買受申出人とされなかった買受申出人が、<売却許可決定を受けた最高価買受申出人が売却の適正な実施を妨げる行為（65条1号）をしたので、売却不許可事由（71条4号イ）がある>旨を主張した場合について、特段の事情のない限り、執行抗告をすることは許されない、とした判例もある（最決令和2年9月2日判タ1480号130頁、令和2年度重判民訴7）。この判例は、その理由として、もしそのような売却不許可事由があれば、売却の適正な実施を確保する趣旨からは、原則として、改めて売却実施処分から競売手続をやり直すべきで、他の買受申出人がその売却不許可によって売却許可決定を受けることになるものではないから、その者は74条1項の「その決定により自己の権利が害される」ものとはいえないこと、を指摘している。執行抗告の利益があるとした上記平成22年決定との違いは、どこから手続をやり直すべきかという違いに基づくものといえよう。

（エ） 不動産が損傷した場合

最高価買受申出人または買受人は、買受けの申出をした後、自己の責任によらない事由で不動産が損傷した場合には（軽微な損傷の場合を除く）、①売却許可決定前であれば売却不許可の申出をし、②売却許可決定後であれば代金納付時までにその決定の取消しの申立てをすることができる（75条1項）。最も高額の買受申出をした者であっても、買受申出から代金納付までの間の危険負担は負わないとするもので、同条項にいう最高価買受申出人とは①の場合のことであり、買受人とは②の場合のことである。

エ 代金納付

（ア） 代金納付による所有権移転、登記嘱託

売却が許可され、その決定が確定すると、買受人は、裁判所書記官の定める期限までに代金を執行裁判所に納付しなければならないことになる（78条1項）。

代金を納付すると、買受人は、不動産の所有権を取得し（79条）、裁判所書記官は、買受人のために、所有権移転登記、消除になった権利の登記の抹消、差押えの登記の抹消等を嘱託しなければならない（82条1項）。

民法の場合には、判例（最判昭和33年6月20日民集12巻10号1585頁、民法百選I 52）では原則として売買契約時に所有権が移転するとされているが、

強制競売の場合には、それと異なり代金納付時に買受人が所有権を取得すると法定されている点が、とくに注目に値する。

また、買受人が金融機関からのローンで代金を支払い、買受人が取得した不動産についてその金融機関のために直ちに抵当権設定登記をすることができるように、代金の納付の時までに申出があったときは、裁判所書記官が買受人のためにする登記の嘱託は、「登記の申請の代理を業とすることができる者」（具体的には、司法書士と弁護士）に嘱託情報を提供して登記所に提供させる方法によってしなければならない、とされている（82条2項）。1項の登記嘱託と同時に抵当権設定登記申請が行えるようにして、その間に登記簿上権利者が登場しないようにする、という趣旨であり、住宅ローンの利用に配慮した規定である。

（イ） 債務名義と所有権移転

買受人が代金を納付した場合でも、買受人が所有権を取得できないことがある。

判例で、甲が、乙と通謀の上、第三者丙の住所を乙方と偽って、丙に対する仮執行宣言付支払命令（仮執行宣言付支払督促〔22条4号〕の前身）を騙取したという場合について、その債務名義に基づく強制競売が行われても競落人（民事執行法上は買受人）は所有権を取得しない、としたものがある。

判例は、丙は甲らによって防御の機会が奪われているから、「訴訟行為における信義誠実の原則に照らし、甲は、丙に対し相手方当事者たる地位にもとづきその裁判の効力を及ぼしうべきものではな」く、「〔丙〕所有の本件土地についてされた本件強制競売手続は、同人に対する関係では債務名義がなくしてされたものというべきであるから、その強制競売手続は同人に対する関係では効力を生ぜず、競落人は同人に対してその所有権の取得を主張しえない」とした（最判昭和43年2月27日民集22巻2号316頁、執保百選8）。

これに対し、執行証書（22条5号）による強制競売手続において、執行証書に表示された権利義務関係に実体上無効とする事由があるとしても、請求異議の訴え等によって手続が許されないものとされることなく、手続が完結したときは、もはやその無効を理由に競落人（買受人）による所有権取得の効果を覆すことはできない、とした判例もある（最判昭和54年2月22日民集

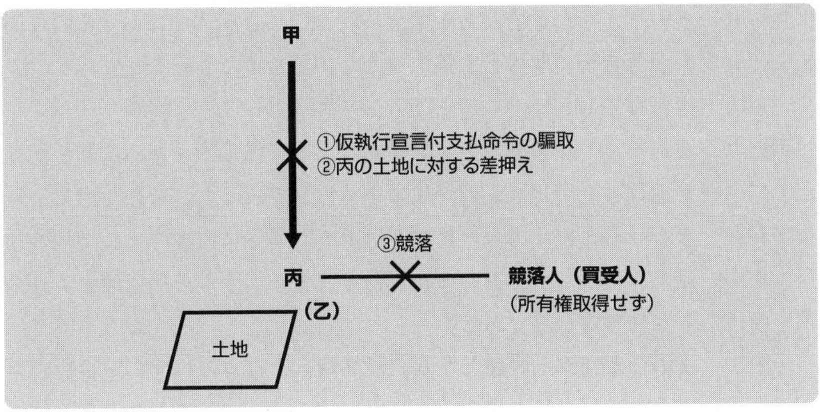

33巻1号79頁、執保百選20）。しかし、この事案は、債務名義自体は有効であるという場合であり、前記最判昭和43年の判断と矛盾はない点に注意する必要がある。強制競売の場合、請求権ではなく債務名義がその要件であるとして、債務名義があれば請求権が不存在であっても買受人は目的不動産の所有権を取得すると考えられている。これを強制競売の公信的効果ということがあるが、明文の規定はない。

（ウ）　登記名義と所有権移転

さらに、強制競売の公信的効果と混同しやすい点について、ここで言及しておく。強制競売では、請求権の存否が形式化されて債務名義が基準となるように、所有権の帰属についても形式化されて登記名義が基準となるが（69頁）、登記名義人（執行債務者）ではない真の所有者から第三者異議の訴えが提起されないまま競売が行われた場合でも、その第三者の所有権は買受人に移転しないと考えられている。この場合には、登記が基準とされるとしても公信的効果は生じないのである。それは、実体法上、登記に公信力がない以上、登記を基準に売買が行われても買主は所有権を取得できないのであり、競売の場合もそれと同じように考えるべきであるとされるからである。ただし、その第三者が追認したと認められる場合はもちろん、第三者異議の訴えのところで述べたように（70頁以下）、第三者が執行債権者と対抗関係に立ち買受人にも対抗できないとか、民法94条2項またはその類推で買受人が保護されるというような事情がある場合には、これも実体法におけるのと同様に、買受人が所有権の取得を主張することができることになる。

（エ） 担保責任

例えば、建物に対する強制競売で、建物のために借地権があることを前提として手続が進行したが、買受人が代金を納付してみると、その時点で借地権が存在しなかったという場合、買受人は困った事態に直面する。土地の利用権がない以上、土地の所有者から、建物を収去して土地を明け渡すよう請求を受けることになるからである。

このような場合が判例上問題となり、最高裁は、存するはずの地役権が存しなかった場合の担保責任の規定（改正前民法566条2項）を類推適用して、買受人を保護した（最判平成8年1月26日民集50巻1号155頁、執保百選34)。ただ、現在では、令和2年施行の改正民法により、売主の担保責任一般について見直しがなされ（競売の場合については民法568条)、競売で買い受けた建物に借地権がなかったような場合に、買受人が債務者または債権者に対して解除に基づく代金の返還等を請求できることは、規定上（民法568条、565条）明らかにされるに至っている。

（オ） 法定地上権

土地（敷地）とその上にある建物が債務者の所有に属する場合、その土地または建物の差押えがあり、その売却によって所有者が異なることになったときは、その建物について地上権が設定されたものとみなされ、地代は、当事者の請求により、裁判所が定める（81条)。このような地上権を法定地上権という。

土地の所有者と建物の所有者とはもともと同一であったのであるから、建物について借地権のような利用権は存在していなかったのであり、土地または建物の競売によって所有者が別になった場合、そのままでは、土地の所有者は、利用権を持たない建物の所有者に対し、建物収去土地明渡請求をすることができることになってしまう。それでは、建物について買受けの申出をする人がいなくなってしまうであろうし、建物が収去されるのは社会的にも無駄といえよう。そこで、建物のための利用権として地上権（民法265条以下）が法律上当然に成立するものとしたのである。土地の所有者の方は、そ

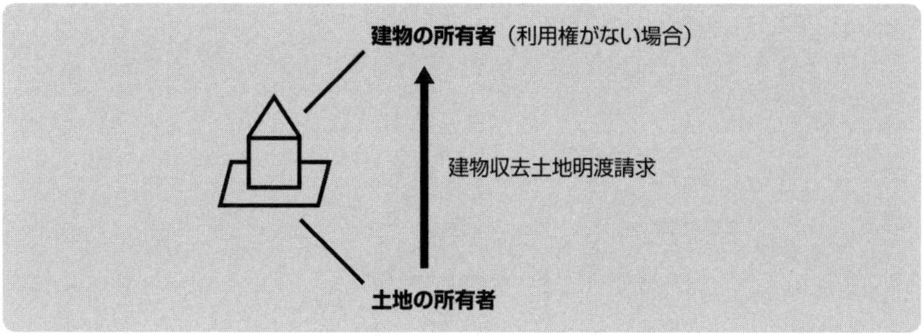

のことを覚悟しておかなければならないことになる。前述の「担保責任」の問題と比べると、それは設定された利用権があるはずなのになかったという場合の話であったが、法定地上権の問題は、敷地とその上の建物の所有権が同一人にあるために事前に利用権を設定しようがなかったという場合に地上権の設定を擬制して建物を保護しよう、という話であることになる。

法定地上権の制度は、民法にも規定されているが（同法 388 条）、民法の規定は、抵当権が設定されそれが実行された場合についてであり、抵当権とは関係なく債務名義により強制競売が行われた場合についてではなかった。そこで、民法とは別に民事執行法で強制競売について法定地上権の制度を置いたのである。そのため、民事執行法上、抵当権の実行の場合は、強制競売の規定を大幅に準用する 188 条で、法定地上権についての 81 条の準用が除外されている（民執 81 条ではなく、民法 388 条によるから）。

やや特殊な状況であるが、土地とその上の建物の両方が甲と乙の共有である場合について、土地の甲の持分の差押えがあり、その競売によって第三者がその持分を取得したとしても、法定地上権は成立しないとした判例がある（最判平成 6 年 4 月 7 日民集 48 巻 3 号 889 頁、執保百選 35）。その理由として、①甲のために法定地上権が成立するとすれば、乙は、甲のみの事情によって土地に対する持分に基づく使用収益権が害されることになること、②法定地上権を認めなくても、直ちに建物収去を余儀なくされるという関係にはないこと、を挙げている。①は、土地に法定地上権という負担が生じるのは土地の共有者としての乙の利益を害するというもので、②は、共有物の持分の価格が過半数を超える者でも、共有物を単独で占有する他の共有者に対し、当然には、その占有する共有物の明渡しを請求することができないとする判例（最判昭和 41 年 5 月 19 日民集 20 巻 5 号 947 頁、民法百選Ⅰ74）を念頭に置いたものである。

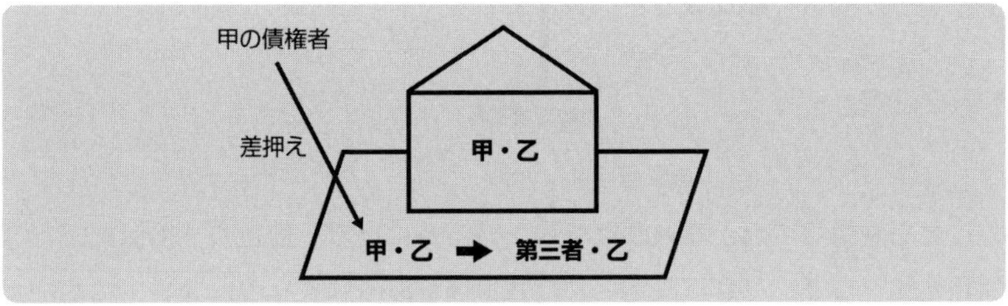

（カ） 引渡命令

買受人が代金を納付したのに、取得した不動産を債務者や買受人に対抗できない第三者が占有している場合には、買受人は、所有権に基づいて引渡請求をすることができるが、相手方が任意に応じなければ、訴えを提起し、確定判決を取得して強制執行しなければならないことになる。しかし、執行裁判所が売却する以上、登記や登記の抹消の嘱託（82 条）と同様に、占有関係についても買受人となった者への便宜を図ってもよい。それによって、より高額の、より多くの買受申出が期待できることにもなる。そこで、買受人が占有者に対して直ちに引渡しの強制執行ができるように、引渡命令の制度が認められている（83 条）。この場合の引渡命令は、旧法上不動産引渡命令と呼ばれ、現在でもそう呼ばれることがある。なお、買受人保護のため、引渡命令の執行までの保全処分も可能である（77 条）。

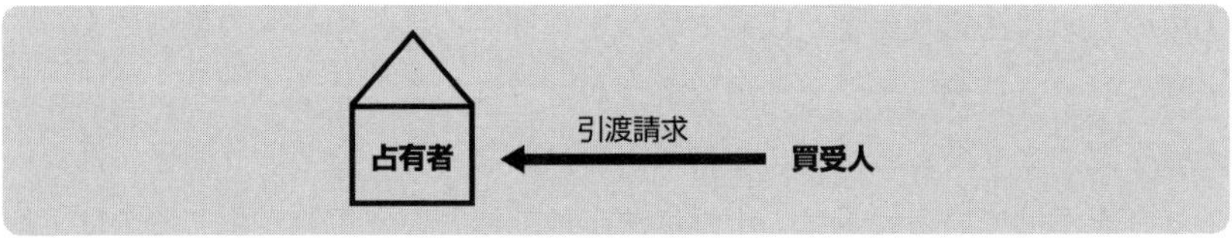

この制度によれば、買受人が代金を納付して、原則として 6 か月以内（例

外的に9か月以内）に、執行裁判所に対して申立てをすると、債務者や不動産の占有者に対し、不動産を買受人に引き渡すべき旨の引渡命令（裁判形式は決定）を発してもらえることになる。ただし、事件の記録上買受人に対抗することができる権原により占有していると認められる者に対しては、この制度は使えない。売却のための保全処分（101頁）等を前提とする場合は、その執行後の占有承継人等に対しても使える（83条の2)。

この制度のメリットは、買受人にとって訴えを提起する必要がないということであり、引渡命令が債務名義（22条3号）となる。つまり、強制競売手続という強制執行手続の中で、引渡執行という別の強制執行をするための債務名義が作成される、という関係になる。また、買受人を保護する制度であるから、買受人は、第三者に所有権を譲渡した後でも、期間内であれば引渡命令の申立てをすることができる（最判昭和63年2月25日判時1284号66頁)。買受人は、引渡しを受けた上で、譲受人に引き渡すことができることになる。

ところで、最先順位の抵当権者に対抗できる賃借権により不動産を占有する者は、その不動産の競売手続で買受人が現れても、買受人に対抗できる権原があるから、その占有者に対して引渡命令を発することはできない。しかし、そうした占有者であっても、その占有者（下図のY）の債務を被担保債権とする抵当権（最先順位でなくとも）がその不動産に設定され（下図の例では③)、その抵当権の実行として競売開始決定（二重開始決定を含む）がされていた場合は、その占有者に対する引渡命令を発することができる、とする旨の判例がある（最決平成13年1月25日民集55巻1号17頁、執保百選37)。少し複雑であるが、その理由としては、(1) その占有者（Y）の債務不履行によりその不動産の売却代金からその債務の弁済がされるべき事情がある場合、その賃借権を主張することは、売却の困難や売却価額の低下を生じさせその抵当権者（C）および担保を提供した所有者（A）の利益を害することとなるから、信義則に反し許されないこと、(2) その抵当権の実行として競売開始決定がされているときは、その債務不履行は「事件の記録上」(83条1項ただし書）明らかで、執行手続上もその賃借権を主張することが許されない場合に該当すること、が挙げられている（事案としては、最先順位の抵当権〔Bの抵当権〕の実行による建物の競売手続において、占有者〔Y〕が債務者となっている被担保債権の抵当権〔Cの抵当権〕について競売開始決定まではされていない場合であったため、「事件の記録上」は債務不履行が明らかといえないとして、引渡命令を発することはできないとされた)。

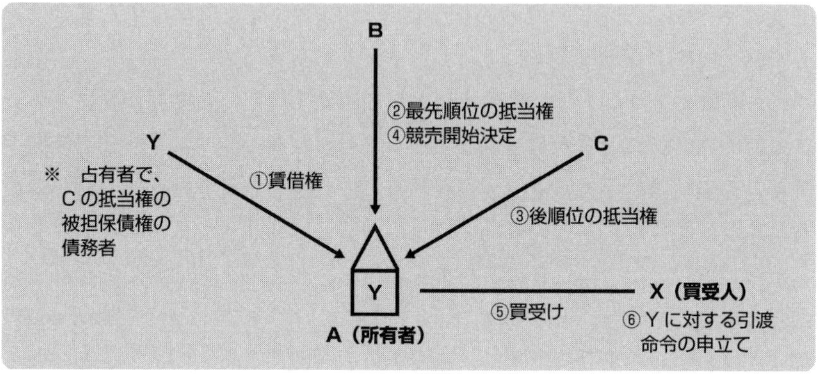

なお、民法上、平成15年に、短期賃貸借の制度に代わって抵当建物使用者の引渡しの猶予という制度（民法395条）が創設されたため、抵当権者に対抗することができない賃借人でも、競売手続の開始前から使用する者等には、買受人への引渡しについて、買受けの時から6か月の猶予が認められることになった。その関係で、民事執行法上、引渡命令の申立てを6か月以内に制限すると、その場合には、引渡命令の申立てができないことになってしまうので、6か月ではなく例外的に9か月以内に申し立てればよいことになったのである（83条2項括弧書)。

(5) 満　足

金銭執行の3つの段階である、差押え、換価、満足のうちの最後の段階の話ということになる。

ア　複数の債権者が手続に関与する場合

債権者が強制競売手続を行う1人だけの場合には、満足の段階で単純な話になるが、複数の債権者が手続に関与してくると、種々の問題が生じてくる。そこで、まず、複数の債権者が手続に関与する場合としてどのような場合があるかを見ておく。

（ア） 二重開始決定がなされた場合

条文上は、「強制競売又は担保権の実行としての競売……の開始決定がされた不動産について強制競売の申立てがあつたときは、執行裁判所は、更に強制競売の開始決定をするものとする。」と規定されている（47条1項）。これが二重開始決定であり、その効力の点から言えば二重差押えということになる。二重開始決定がされた場合でも、後の決定に基づいて別の強制競売手続が進行するわけではなく、前の決定の手続が進行することになる。ただし、前の申立てが取り下げられたり、前の手続が取り消されたときは、後の開始決定に基づいて手続が続行されることになる（同条2項）。

二重開始決定がされた債権者も、「配当等を受けるべき債権者の範囲」を定めた87条の1項1号の「差押債権者」に含まれるが、配当要求の終期までに強制競売等の申立てをした者に限るとされている（同号括弧内）。

（イ） 配当要求がなされた場合

配当要求については、前述したように（90頁）、強制競売に関する51条1項が、配当要求ができる債権者を、①執行力のある債務名義の正本を有する債権者、②強制競売開始決定に係る差押えの登記後に登記された仮差押債権者、③181条1項各号の文書により一般先取特権を有することを証明した債権者、に限定している。①で、いわゆる有名義債権者に限定した点が、民事執行法施行前と大きく違う点である。無名義債権者の場合は、仮差押債権者か一般先取特権者でなければ、配当要求できないことになる。なお、配当要求について、判例（最判平成11年4月27日民集53巻4号840頁、平成11年度重判民法3）は、差押え（改正前民法147条2号）に準ずるものとして消滅時効の中断事由となるとしたから、現行民法上は、148条1項1号の「強制執行」に準ずるものとして消滅時効の完成猶予の事由となる、と解される。

「配当要求の終期までに配当要求をした債権者」は、当然ながら、配当等を受けるべき債権者となる（87条1項2号）。

（ウ） その他の場合

その他、不動産登記簿上から分かる債権者として、差押えの登記前に登記された仮差押えの債権者（87条1項3号）、差押えの登記前に登記された抵当権等で売却により消滅するものを有する債権者（同項4号）が、配当等を受けるべき債権者となる。税務署長による租税債権の主張としての交付要求（国税徴収法82条）等もある。

これらの債権者は、裁判所書記官からの催告を受けて、債権の存否・その原因および額を配当要求の終期までに執行裁判所に届け出なければならない（49条2項、50条1項）。

なお、抵当権者からのこの届出について、時効中断事由（現行民法上は、時効の完成猶予事由）としての裁判上の請求（改正前民法149条。現行民法147条1項1号）ないし破産手続参加（改正前民法152条。現行民法147条1項4号）には当たらないとした判例がある（最判平成元年10月13日民集43巻9号985頁）。その理由として、①この届出は、執行裁判所に対する資料の提供を目的とするもので、債権の確定を求めるものではないこと、②届出をしない場合にも配当等を受けることができること、③債務者に対して届出の通知をすることは予定されていないこと、が挙げられている。さらに、その後債権の一部に対する配当を受けた場合でも、残部について時効は中断しないとされた（最判平成8年3月28日民集50巻4号1172頁）。

イ　配当表の作成等

債権者が1人である場合や、債権者が2人以上であっても売却代金で各債権者の債権および執行費用の全部を弁済することができる場合は、とくに問題がなく、執行裁判所は、売却代金の交付計算書を作成して、債権者に弁済金を交付し、余った金銭である剰余金は債務者に交付する、ということになる（84条2項）。

それ以外の場合、つまり、債権者が2人以上で、売却代金で各債権者の債権および執行費用の全部を弁済することができない場合には、執行裁判所は、配当表に基づいて配当を実施しなければならない（同条1項）。なお、売却代金の配当と弁済金の交付とを合わせて、民事執行法上「配当等」という（同条3項参照）。

配当表は、裁判所書記官が配当期日に作成するが（85条5項）、各債権者の債権の元本・利息等についての配当の順位と額は、配当期日において、全債権者の合意がない限り、執行裁判所が民法、商法等の実体法に基づいて定

	債権者の債権等を全部弁済できる場合	債権者の債権等を全部弁済できない場合
債権者が１人の場合	弁済金の交付（配当表不要）	
債権者が２人以上の場合	弁済金の交付（配当表不要）	（売却代金の）配当（配当表必要）

める（同条1項、2項）。全債権者の合意があれば、その合意内容を配当表に記載することになり、そうでなければ執行裁判所が定めた内容を配当表に記載することになる（同条6項）。配当期日には、各債権者、債務者が呼び出され（同条3項）、必要な審尋（事情や言い分を聞くこと）や書証の取調べをすることができることになっている（同条4項）。

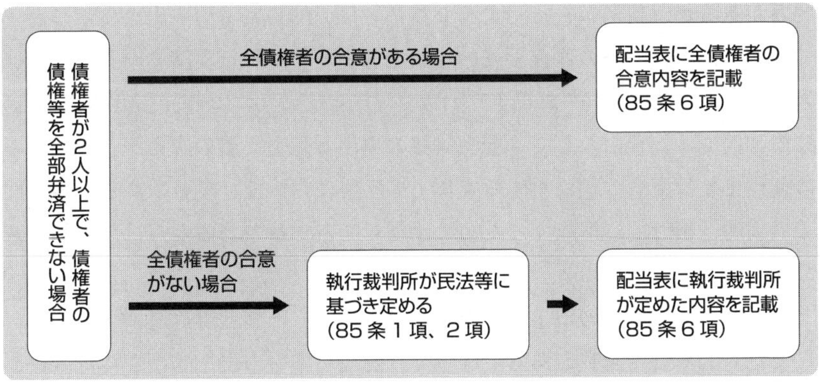

なお、民法上、1人の債権者が債務者に対して複数の債権を有する場合で、総債権額に満たない弁済がなされるときは、どの債権の弁済になるのか、という弁済充当の問題がある。当事者による指定や特約がなければ、民法上定められた順序で充当される（法定充当。民法488条4項、489条、491条）。そこで、競売手続での配当の際、弁済充当がどのように規律されるのかが問題となるが、判例は、1人の債権者がその有する複数の債権について配当に与ることができる場合でも、競売手続は配当による弁済に債務者や債権者の意思表示を予定していないから、弁済充当の特約があったとしてもそれは無視

され、法定充当によって配当がなされる、とした（最判昭和 62 年 12 月 18 日民集 41 巻 8 号 1592 頁、執保百選 39）。

ウ　配当異議の申出

（ア）　意　義

配当表に基づいて金銭の分配が行われることになるので、配当表に記載された各債権者の債権額や配当の額について不服がある場合、不服のある債権者や債務者には、配当期日で、配当異議の申出をする機会が与えられる（89 条 1 項）。配当異議の申出のない部分は、当然ながら配当が実施される（同条 2 項）。配当異議の申出がなされた後は、次に述べる配当異議の訴え等によって解決されることになる（90 条）。

（イ）　配当表に記載がない債権者による申出の可否

配当表に記載がない債権者が配当異議の申出をすることができるかという問題があるが、判例は、そのような債権者は、配当異議の申出をすることはできず、まず配当表の作成手続の違法を理由として執行異議を申し立てるべきであるとする（最判平成 6 年 7 月 14 日民集 48 巻 5 号 1109 頁、執保百選 41）。その判例では、理由として、配当異議の申出と配当異議の訴えが、配当表中の債権または配当の額に対する実体上の不服について、争いのある当事者間で個別的、相対的に解決するための手続であると解されるから、と説明されている。

（ウ）　配当異議の申出をしなかった者による不当利得返還請求

また、配当表に記載がある債権者で、配当異議の申出をしなかった者が、配当を受けた他の債権者に対して、後で不当利得返還請求（民法 703 条）をすることができるか、という問題もある。配当異議の申出をしたかどうかと実体法上不当利得が生じているかとは別の問題であるとして、後で不当利得返還請求をすることができるとも考えられるし、反対に、配当額の不服の問題は、配当異議の申出とそれに続く配当異議の訴え等で決着すべきであった

配当表に対して
配当異議の申出せず
配当手続の終了
不当利得返還請求
ができるか?

からとして、後で不当利得返還請求をすることは認められない、とも考えられるのである。

困難な問題であるが、判例は、この問題の解決に当たり、配当異議の申出をしないで後で不当利得返還請求をする債権者が、抵当権等の優先権を有する債権者かどうかによって、区別している。

まず、抵当権者は、配当異議の申出をしなかった場合でも、債権または優先権を有しないにもかかわらず配当を受けた債権者がいた場合には、その者が受けたことによって自己が配当を受けることができなかった金銭相当額の金員の返還を請求することができる、とされた（最判平成3年3月22日民集45巻3号322頁）。その理由としては、①抵当権者は優先弁済権を有するので、他の債権者は抵当権者の取得すべき財産によって利益を受け、抵当権者に損失を及ぼしたものであること、②配当表に従って配当が実施された場合にも、配当の実施は係争配当金の帰属を確定するものではなく、その利得に法律上の原因があるとはいえないこと、が挙げられている。

これに対し、配当異議の申出をしなかったのが一般債権者である場合については、後で不当利得返還請求をすることができない、とされた（最判平成10年3月26日民集52巻2号513頁、執保百選40）。その理由としては、一般債権者は、特定の執行の目的物について優先弁済を受けるべき実体的権利を有するものではないから、他の債権者が配当を受けたために自己が配当を受けることができなかったというだけでは、民法703条にいう損失が生じたとはいえないこと、が挙げられている。

学説上は、抵当権者も一般債権者も不当利得返還請求をすることができないとする説や、いずれも不当利得返還請求をすることができるとする説なども主張されていて、複雑な状況にある（執保百選40の解説参照）。

エ　配当異議の訴え

（ア）　意　義

配当異議の申出をした債権者は、配当異議の訴えを提起しなければならない（90条1項）。実体権の問題であるので、判決手続で決着を付ける必要があるわけである。

債務者が配当異議の申出をした場合、その相手方である債権者が債務者に対して債務名義を有する場合（有名義債権者の場合）には、その債務名義上の権利の有無等を判決手続で判断することになるから、それはまさに請求異議の訴えそのものである。条文上も、「執行力のある債務名義の正本を有する債権者に対し配当異議の申出をした債務者は、請求異議の訴え又は民事訴訟法第117条第1項の訴えを提起しなければならない。」（90条5項）とされている（なお、民訴117条の訴えとは、「定期金による賠償を命じた確定判決の変更を求める訴え」であり、損害額の算定の基礎となった事情に著しい変更が生じた場合に判決の変更を求めることができる、という例外的な訴えである）。

配当異議の申出をした債務者が、債務名義を持たない債権者（無名義債権者）に対して配当異議の申出をした場合には、請求異議の訴えというわけにはいかないので、この場合の訴えは配当異議の訴えということになる（90条1項）。

債権者が配当異議の申出をした場合 → 配当異議の訴え
債務者が配当異議の申出をした場合
　├ 相手方の債権者が有名義債権者である場合 → 請求異議の訴え
　└ 相手方の債権者が無名義債権者である場合 → 配当異議の訴え

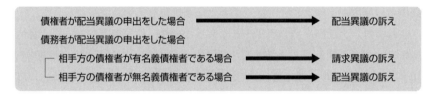

いずれにしても、配当期日から原則として1週間以内に、執行裁判所に対して、それらの訴えを提起したことの証明（請求異議の訴えの場合は執行停止の裁判の正本の提出も必要）をしないときは、配当異議の申出は、取り下げたものとみなされる（同条6項）。

配当異議の訴えは、執行裁判所が管轄し（同条2項）、原告が最初の口頭弁論期日に出頭しない場合には、原告の責任によらない事情で出頭しなかった場合を除いて、訴え却下となる（同条3項）。

（イ）　配当異議の訴え等に伴う供託

配当異議の訴えが提起されたときは、金銭の分配額が決まらないから、裁判所書記官は、決まらない分の金銭を供託しなければならない（91条1項7号）。供託しなければならない場合として、ほかに、債権者の債権が停止条件付であるような場合等もある（同項1号等）。このような場合の供託は、配当留保供託と呼ばれる。

これに対し、供託の事由が消滅したときは、当然、執行裁判所は、供託金について配当等を実施しなければならない（92条1項。この場合の配当は、事後的配当と呼ばれる）。その場合、例えば、停止条件付債権の条件が成就しないことに確定した場合には、その債権者は満足を得ることができなくなったので、その分について配当表を変更し、他の債権者に配当し（同条2項。このような場合の配当は、追加配当と呼ばれる）、もし余りがあれば債務者に交付することになる。問題は、配当異議の訴えで原告が勝訴した場合の処理であり、次項で改めて説明する。

（ウ）配当異議の訴えの判決の効果

具体的な事例で考えることにする。例えば、執行債権者Aの執行債務者甲に対する債権、配当要求債権者Bの甲に対する債権、配当要求債権者Cの甲に対する債権が、すべて900万円で、強制競売で得られた売却代金が1500万円であったとする。そして、最初の配当表は、A、B、Cにそれぞれ500万円ずつ配当するという内容であったところ、Bが、「Cの債権はないはずだ」と主張して、配当異議の申出をした上で、Cに対して配当異議の訴えを提起したとする。判決では、配当表を変更し、または新たな配当表の調製のために、配当表を取り消さなければならないが（90条4項）、Bの訴えが全部認められて、Cの債権は不存在であると判断された場合、配当表はどのように変更されるべきなのだろうか。

この場合、まず、Aへの配当額500万円はそのままであると考えられる。なぜならば、条文上、債務者が原告である場合について、「……債権者が債務者の提起した配当異議の訴えにおいて敗訴したときは、執行裁判所は、配当異議の申出をしなかつた債権者のためにも配当表を変更しなければならない。」との規定（92条2項）があるので、「債務者」（上の例の甲）ではなく「債権者」（B）の提起した配当異議の訴えの場合には、同条項の反対解釈から、被告である別の債権者（C）が敗訴しても、配当異議の申出をしなかった債権者（A）のためには配当表を変更しない、ということになるからである。なお、もしAもCに対して配当異議の訴えを提起した場合には、AとBとが共同原告でない場合にもAの訴訟とBの訴訟について弁論を併合すべきであり、結果的にＡとＢが750万円ずつの配当を受けられる配当表にすべきである。

Ｂのみが訴えを提起した場合、Ａには関係がないとしても、あとはどうしたらよいか。

１つの考え方は、Ｂが900万円、Ｃがゼロとなり、余った100万円は甲に交付するというものである。BC間ではあっても、Ｃの債権の不存在が確認された以上、Ｃに配当するのは不合理であること、異議を述べなかった債権者（ここでの例のＡ）のための共同の責任財産を確保する趣旨で債務者に返還する方が妥当であることを理由とする（竹下守夫・判例評論210号〔1976年〕39頁〔判時816号152頁〕以下）。ただ、これは少数説にとどまる。

多数説は、Ｂが900万円、Ｃが100万円で、甲には金銭が交付されないとする。これは、配当異議の訴えが、債権者間における調整手段にすぎないこと、債務者に返還するとした場合に他の債権者が債務者の供託金交付請求権を適時に差し押さえうる保障はないこと等を理由とする（中野＝下村・民事執行法560頁等）。調整手段にすぎないというのは、Ｂとしては900万円をもらえればそれ以上不服はないのであって、Ｃへ配当されそうだった500万円のうち400万円をＢに振り替えてもらえれば、それ以上Ｂが口出しすることは制度として予定していない、ということである。

判例には、少数説のように述べたものがあるが（最判昭和40年4月30日民

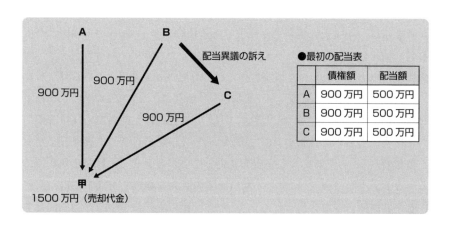

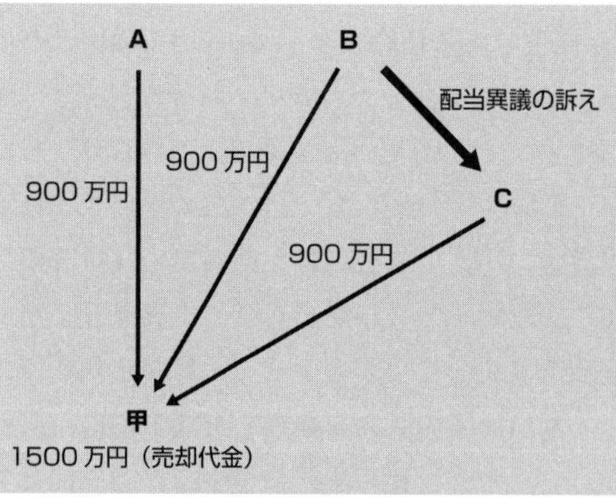

●最初の配当表

	債権額	配当額
A	900万円	500万円
B	900万円	500万円
C	900万円	500万円

	債権額	最初の配当額	少数説	多数説
A	900万円	500万円	500万円	500万円
B	900万円	500万円	900万円	900万円
C	900万円	500万円	0	100万円
甲	0	0	100万円	0

集19巻3号782頁、執保百選42)、その事案では金銭は余らなかったので、その判示は傍論であるとの評価が可能である。

以上で、強制競売の説明を終えることにする。

3 強制管理

(1) 意 義

不動産執行のもう1つの種類が強制管理と呼ばれるものである。同じ不動産執行であるということから、強制競売の規定が強制管理の手続に広範に準用されている（111条）。

強制競売との違いは、目的不動産を売却しないという点にある。強制管理では、不動産の「売却代金」を満足に充てるのではなく、不動産の「収益」を満足に充てるのである。収益は、①差押え後に収穫すべき天然果実、②すでに弁済期が到来し、または差押え後に弁済期が到来すべき法定果実である（93条2項）。

- 不動産執行で満足に充てるもの
  - 強制競売では、売却代金
  - 強制管理では、収益
    - 天然果実（差押え後に収穫すべきもの）
    - 法定果実（すでに弁済期が到来したもの＋差押え後に弁済期が到来すべきもの）

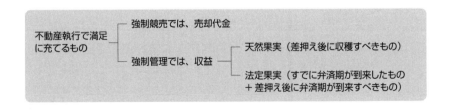

天然果実については、裁判所が選任する管理人（94条）が、収取して換価

してから（95条1項）、債権者の満足に充てることになる。また、法定果実とは、具体的には賃貸借の賃料等のことをいい、例えば、債務者が第三者に不動産を賃貸していた場合の賃料債権で未払のものや、差押え後に管理人が賃貸した場合の賃料債権については、管理人が賃借人から取り立てて、債権者の満足に充てることになる。

そのため、法定果実に関する限り、賃借人のような第三債務者（債務者の債務者）との関係が問題となるので、後述する債権執行（147頁以下）の状況に類似してくることになる。

(2) 差押え

ア 強制管理開始決定

強制管理でも、執行裁判所は、強制管理の開始決定をし、その開始決定において、不動産の差押えの宣言をするが、さらに、当然ながら、満足に充てられる収益が減らないように、収益が処分されないようにするための措置も命じられる（93条1項）。

その措置の名宛人は、2人ということになる。第1の名宛人は、債務者で、債務者に対して収益の処分が禁止される。そして、収益とは、前述のように天然果実と法定果実を指すから、処分というのは、天然果実を勝手に収取して消費したり、法定果実の取立てや債権譲渡をしたりすることをいい、それらを禁止するのである。

第2の名宛人は、法定果実の場合の第三債務者である。賃借人のほか、地

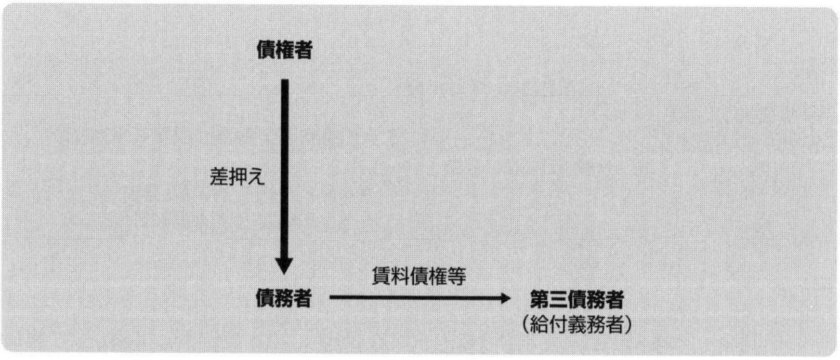

代を支払う地上権者（民法266条参照）等も考えられるので、条文上は広く「債務者に対して当該給付をする義務を負う者（以下「給付義務者」という。）」となっている。この者に対しては、「賃貸料の請求権その他の当該不動産の収益に係る給付」「の目的物」は管理人に交付すべき旨が命じられる。債権者への満足に充てるので、債務者に支払ってはならないということである。

これらは、債権差押命令の内容に似ている。後述のように（148頁以下）、債権差押命令では、「債務者に対し債権の取立てその他の処分を禁止し、かつ、第三債務者に対し債務者への弁済を禁止」するという措置が執られるからである（145条1項）。

強制管理開始決定は、債務者と給付義務者に送達され（93条3項）、給付義務者に対する効力は、給付義務者に送達された時に生じることになっている（同条4項）。

強制管理の申立てについての裁判に対しては、執行抗告をすることができる（同条5項）。注意すべきは、この場合の執行抗告は、強制競売の場合（45条3項）とは異なり、強制管理の開始を認めたというときにも可能であるということである。

なお、強制管理の場合にも、二重開始決定は可能である（93条の2）。

イ　その他

法定果実の場合、開始決定の送達に際し、裁判所書記官が、給付義務者に対して、給付義務の一定内容について陳述すべき旨を催告しなければならない（93条の3）。この点も、債権執行と似た制度となっている（147条参照）。

法定果実について、他の債権者がすでに債権差押えをしていた場合には、そのような債権差押えとの調整として、一定範囲でそれを取り込んだ形で手続が進められるとされ、債権差押えの債権者等も強制管理の手続内で配当等を受けることができることになる（93条の4）。

(3)　換　価

強制管理の手続では、執行裁判所が、強制管理開始決定と同時に、強制管理のための管理人を選任する（94条1項）。信託会社、銀行等の法人も、管理人となることができる（同条2項）。

その管理人が、当該不動産について、管理、収益の収取、収益の換価をすることになる（95条1項）。管理人は、執行裁判所が監督する（99条）。

管理人の地位については、管理人が取得するのは、不動産の収益に係る給付を求める権利自体ではなく、その権利を行使する権限にとどまるから、賃料債権等は所有者（賃貸借であれば賃貸人である執行債務者）に帰属しているままであるとして、賃貸人は、賃借人（第三債務者）が賃貸人に対してした相殺の意思表示を受領する資格がある旨判断した判例が出ている（最判平成21年7月3日民集63巻6号1047頁、執保百選43。強制管理の規定が準用される担保不動産収益執行〔180条2号。191頁参照〕の事例。すでに相殺適状であった）。

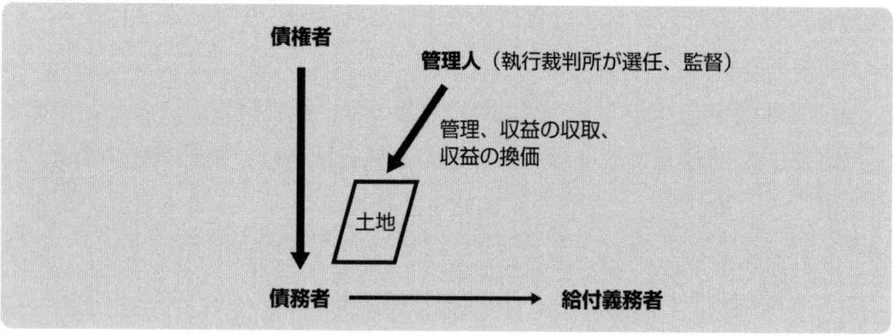

(4) 満　足

配当等は、執行裁判所が定める期間ごとに、管理人が実施する（107条1項）。

問題がとくになければ、管理人がすべて行う。つまり、債権者が1人であるとか、2人以上でも配当等に充てるべき金銭で全部弁済できるという場合には、弁済金を交付して、剰余金を債務者に交付するし（同条2項）、債権者が2人以上で金銭が足りなくても、協議が成立したのであれば、管理人が、それに従って配当を実施する（同条3項）。

それに対して、管理人に任せられないような問題がある場合には、執行裁判所が配当等を行う（109条）。債権者が2人以上で、金銭が足りず、協議も成立しなかったような場合（107条5項）がそうである。

なお、やや細かいことではあるが、当該不動産の抵当権者等の担保権者は、差押え前に登記された場合であっても、強制競売におけるのとは異なり、当然に配当等を受けられるわけではない。この点、注意を要する。つまり、そのような担保権者は、後述する担保不動産収益執行（191頁）の申立てをして初めて配当等が受けられることになる、とされているのである（107条4項1号ハ）。これは、担保権が、強制管理では、強制競売の場合のように消除となる（59条1項。106頁）わけではないから、自ら実行手続に着手するまでは配当を与える必要はないと考えられたためである（中野＝下村・民事執行法612頁参照）。

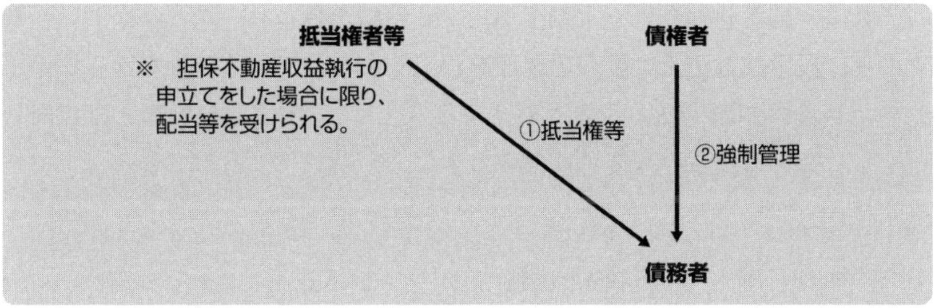

第3項　船舶執行

民事執行法上の船舶執行は、総トン数20トン以上の船舶で、端舟（航行推進力として機関や帆を使用しない舟）その他ろかい（ろ・かいは、船を漕ぐための木製の道具である。）または主としてろかいをもって運転する舟でないものに対する強制執行であり、強制競売の方法で行う（112条）。

船舶執行には、強制競売の規定が大幅に準用されている（121条）が、最も特徴的なのは、船舶は動き回るため、強制競売の手続を開始する際、船舶の航行のために必要な文書である船舶国籍証書等を執行裁判所に提出すべきことを命じなければならない（114条1項）、とされている点である。

船舶執行についてのその他の規律については、省略する。

第４項　動産執行

1　意　義

動産執行（122条以下）の話に移る。

動産執行における動産は、民法上の動産とは少し定義が異なる。民法上の動産は、有体物で（民法85条）、不動産以外のものである（同法86条2項）。これに対して、動産執行における動産には、①民法上の動産のほか、②登記することができない土地の定着物、③土地から分離する前の天然果実で1か月以内に収穫することが確実であるもの、④裏書の禁止されている有価証券以外の有価証券、が含まれる（民執122条1項）。

これは、動産執行という手続を適用するのにふさわしいかどうかという観点から、民事執行法上の動産の範囲を決定したものであり、いわゆる法律概念の相対性の問題である。とりあえず学習上は、「民法上の動産とほぼ同じだが少し違いもある」程度の認識でもよい。

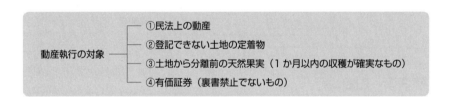

動産執行の対象
- ①民法上の動産
- ②登記できない土地の定着物
- ③土地から分離前の天然果実（1か月以内の収穫が確実なもの）
- ④有価証券（裏書禁止でないもの）

動産執行における執行機関は、執行官であり、執行官の目的物に対する差押えによって手続が開始される（同項）。便宜上、執行官は、差押債権者のために、その債権と執行費用の弁済を受け取ることができることになっている（同条2項）。

ところで、動産執行は、不動産に比べて比較的価値の小さい物に対する執行であり、現代社会における金銭執行としての役割は大きくない。むしろ、住居等に立ち入って実施する必要があるため、従来、債務者に対する心理的な圧力の手段として用いられることが多かった。つまり、債権者が、本当に動産執行から金銭的な満足を得るというよりも、債務者に対し、「支払わないと、動産執行するぞ。」、「支払わないと、差し押さえた動産を売却してしまうぞ。」等と言って心理的に圧力を加えて、いやいやながらの任意弁済をさせようということが多かったわけである。これは、間接強制的機能と言われ、制度の本来のあり方ではなく、自由であるべき意思を強制するのも妥当ではないとして、批判の対象とされてきた。

しかし、最近では、とくに非金銭執行で、「○○せよ。履行しない場合には、1日につき○○円ずつを支払え。」というような間接強制（172条）の価値が一定限度で見直されてきている状況にある（例えば173条の立法）（後述する。183頁）。そのため、動産執行でも、それと歩調を合わせて、できるだけ時間と費用をかけずに債権を十分回収できるように、動産執行が「物を保有する債務者の主観的利益」（つまり、物の市場価値ではなく、債務者が「その物を手放したくない」と思う価値）に対する差押えの実質を持つことを正面から認めて、執行官が裁量で換価延期（差押えをしたまま売却するのを延期すること）ないし割賦弁済（毎月○○円というような形で分割弁済してもらうこと）とすることができることを積極的に認めていこうという主張（中野＝下村・民事執行法315頁、633頁）が有力となっている。ただし、換価延期ないし割賦弁済については、債権回収という債権者の利益の観点からだけではなく、債務者の事情によっては執行を猶予するという債務者保護の観点からも考える必要があろう。

動産執行も金銭執行であるから、手続の過程は、以下のように、差押え、換価、満足の3段階から成る。

2　差押え

(1)　総　説

動産執行をしようとする債権者は、執行機関である執行官に対して、動産執行の申立てをするが、執行機関のところで前述したように自由選択制は廃止されたため（56頁）、特定の執行官を選んで申立てをすることはできず、具体的にどの執行官が担当するかは機械的に割り振られることになる。

また、動産は、細々とした雑多なものが問題となることもあり、債権者は、差し押さえるべき個々の動産を指定することはできず、代わりに、差し押さえるべき動産が所在する場所を指定することになる（規 99 条）。この点は、不動産執行の場合に債権者が対象となる不動産を特定する必要があるのと、大きく異なる点である。執行官は、そのように指定された場所において、差押債権者の債権と執行費用の弁済に必要な限度内で（128 条）、差し押さえるべき動産を選択する。その選択は、執行官の裁量に任されているが、債権者の利益を害しない限り、債務者の利益を考慮しなければならない、とされている（規 100 条）。このように、動産執行では、執行の目的物は債権者が指定することができないという点に、とくに注意すべきである。

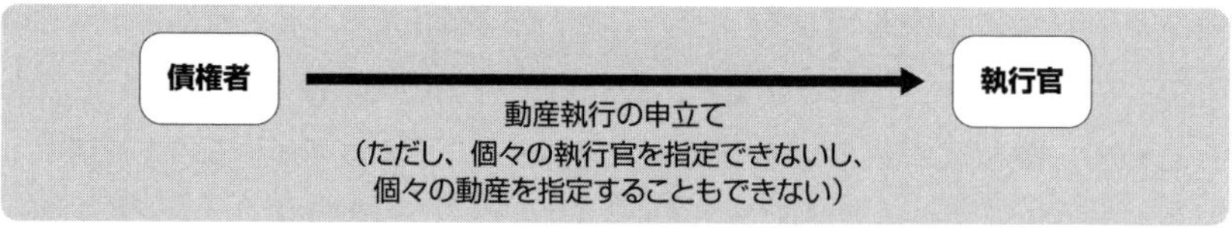

差押えについての制限として、差し押さえるべき動産の売得金の額が手続費用の額さえ超える見込みがないときは、差押えをすることは禁止され（129 条 1 項）、差押え後においては、売得金の額が手続費用と差押債権者の債権に優先する債権の額の合計額以上となる見込みがないときは、差押えが取り消される（同条 2 項）。また、差押え後、差押物についてそもそも売却の見込みがないような場合もありうるので、その場合には、差押えを取り消すことができる、とされている（130 条）。

なお、差押えは、民法上時効中断事由として規定されていた（改正前民法 147 条 2 号。現行民法では、148 条 1 項 1 号で「強制執行」が時効の完成猶予事由として規定されている）。したがって、動産執行の差押えをすると執行債権について消滅時効が中断されるが、最高裁は、この場合の時効中断の効力が生じるのは、執行官が執行に着手した時ではなく、債権者が執行官に対し動産執行の申立てをした時である、とした（最判昭和 59 年 4 月 24 日民集 38 巻 6 号 687 頁）。理由として、①権利行使が時効中断規定の趣旨であって、②不動産執行の場合に時効中断の効力が生じる時期は執行の申立てをした時であるとする判例（大決昭和 13 年 6 月 27 日民集 17 巻 14 号 1324 頁）と別異に解すべき理由はないから、とした。もちろん、申立ての取下げや却下または債務者の所在不明による執行不能で差押えがなされなかった場合には、時効中断の効力は消滅することになる、という。

(2) 債務者の占有する動産の差押え

債務者の占有する動産の差押えは、執行官がその動産を占有して行う(123条1項)。

第三者異議の訴えのところで前述したように(69頁)、動産については、債務者が占有する物は債務者の所有物とみなして差押えをしてよいと考えられていて、第三者が自己の所有物であると主張する場合には、その第三者が原告となって第三者異議の訴えを提起しなければならない、ということになる。つまり、債務者所有であることを推測させる外形的事実(外観的事実)として、占有という概念が使われているのであり、不動産執行の場合の登記に当たるものが、動産執行では占有ということになる。

動産執行では、債務者の占有といっても、執行官が判断する以上、その占有は現実的なものである必要があり、事実上の支配で足りる(所持といわれることもある)。客観的なもので判断され(占有意思の有無を問わないということ)、また、例えば民法において賃貸借契約の賃借人が直接占有、賃貸人が間接占有を有するとされるような意味での間接占有は含まない、と一般に考えられている。

動産は、建物の中にあることは普通のことであり、また金庫等の容器に入っていることも当然考えられるから、執行官は、債務者の住居等に立ち入って、債務者の占有する金庫等を開いて捜索することができる(同条2項)。前述のように(57頁)、執行官が休日や夜間(午後7時から翌日の午前7時まで)に人の住居に立ち入って職務を執行するには、執行裁判所の許可が必要となる(8条)。

動産を差し押さえた場合、執行官は、相当であると認めるときは、封印等で差押えの表示をして、債務者に差押物を保管させることができ、さらにその物の使用を許可することができる(123条3項、4項)。これは、例えば、テレビや冷蔵庫を差し押さえたような場合に、執行官が直ちにそうした物を持ち去るのではなく、その物に封印等をした上でさし当たりその場に置いたままにすることができるということであり、債務者がテレビを見たり冷蔵庫に物を入れて冷やすことも許可できるということである。不都合が生じれば、その時点でそのようなことをやめることもできる（同条5項）。

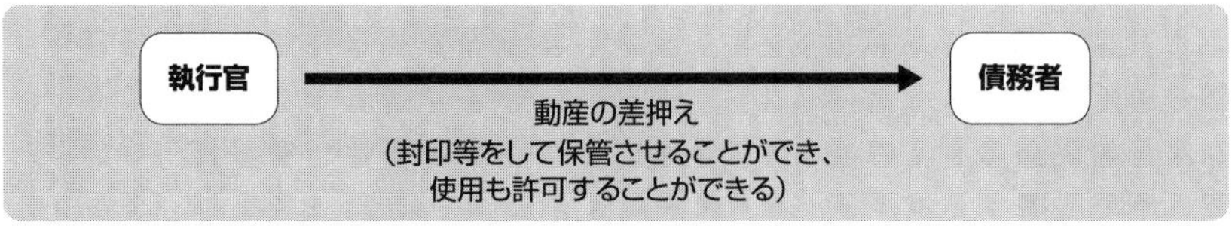

(3) 債務者以外の者の占有する動産の差押え

債務者以外の者、つまり債権者や第三者が債務者の動産を占有している場合であるが、債権者が占有している場合は、債権者がその動産を執行官に提出すれば足りるし、第三者が占有している場合でもその第三者が提出を拒まないのであれば、執行官は第三者の占有する動産を差し押さえることができる（124条）。

債務者の動産を占有する第三者が提出を拒んだ場合には、その第三者が占有できる権利（占有権原）を持っていないような場合であれば、債権者は、債務者がその第三者に対して持っている請求権を債権執行（143条以下）の手続で差し押さえることになる（動産の引渡請求権の差押え。163条。172頁で後述）。

(4) 差押物引渡命令の制度

執行官が動産差押えをした後に、その差押物を第三者が占有することになった場合はどうかというと、その場合には、そのことを知った差押債権者が1週間以内に申立てをすると、執行裁判所は、その第三者に対して、差押物を執行官に引き渡すべき旨を命じる決定をすることができる（127条1項、2項）。これが、差押物引渡命令の制度である。ただ、引渡命令が申立人に告知された日から2週間を経過したときは、執行ができなくなる（同条4項、55条8項）。この申立てについての裁判（申立てを認めた場合も認めなかった場合も）に対しては、執行抗告をすることができる（127条3項）。

この動産の場合の差押物引渡命令の制度は、不動産の場合の引渡命令の制度（83条）と制度趣旨が全く異なるので、注意が必要である。前者は、第三者が占有しているために換価ができないので第三者に対して執行官へ引き渡せと命じるもので、換価前に差押債権者のために発せられるものであるのに対して、後者は、換価後に買受人のために発せられるものである。

	発令される段階	保護される者
差押物引渡命令	換価前	差押債権者
（不動産）引渡命令	換価後	買受人

(5) 差押禁止動産の制度

動産執行の場合は、不動産執行の場合と異なって、差押禁止の制度がある（131条以下）。基本的には債務者保護のためである。仮に債務者の財産をすべて執行の対象とした場合には、債務者は完全に無資力となりうるのであり、日々の生活が脅かされることになる。そのような場合、国が債務者に対して生活保護の救済を与える必要が生じるが、そのようにして実質的に国の負担で債権者の債権の満足を図るようなことになるのは適当ではない。他方で、差押禁止の範囲を法律上明示することで、債権者もあらかじめある程度リスクを回避する行動を取りうることにもなっているのである。さらに、政策的な考慮から差押禁止とされたものもある。

差押禁止動産の制度を具体的に見ると、例えば、131条1号には、「債務者等の生活に欠くことができない衣服、寝具、家具、台所用具、畳及び建具」とあり、債務者保護の制度であることが直接に表れている。この場合、「債務者等」の「等」とは、債務者と生計を一にする同居の親族であり、婚姻または縁組の届出をしていないが債務者と事実上夫婦または養親子と同様の関係にある者を含む（97条1項）。

金銭のことについては、3号に、「標準的な世帯の2月間の必要生計費を勘案して政令で定める額の金銭」が規定され、現在、66万円となっている

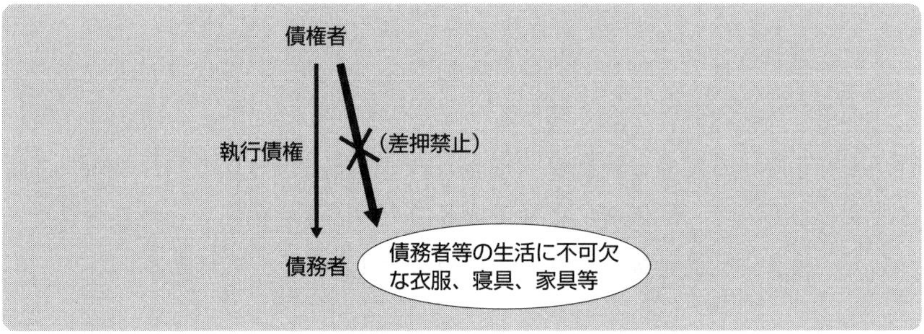

(民事執行法施行令1条)。

債務者が収入を得る仕事は確保させようという点から、例えば6号には、「技術者、職人、労務者その他の主として自己の知的又は肉体的な労働により職業又は営業に従事する者(前二号に規定する者を除く。)のその業務に欠くことができない器具その他の物(商品を除く。)」という規定がある。この規定については、医者の有する機械がときどき問題となる。レントゲン撮影機が問題となった事例では、内科、小児科を専門とし、機械はその1台しかない等の事情のもとで、この6号に当たるとした下級審判例がある(東京地八王子支決昭和55年12月5日判時999号86頁、執保百選47①)。また、レーザー光線照射機器については、そのような特別な機械を失っても、通常の眼科医としての職業生活を送ることは可能であるとして、6号に当たらないとされたことがある(東京地決平成10年4月13日判時1640号147頁、執保百選47②)。

その他、14号には、「建物その他の工作物について、災害の防止又は保安のため法令の規定により設備しなければならない消防用の機械又は器具、避難器具その他の備品」とある。これは、債務者の保護というよりも、災害の防止・保安という法令の趣旨を尊重したものである。

以上のような差押禁止動産については、具体的な状況に応じてその範囲を変更することができることになっている(132条。差押禁止動産の範囲の変更の制度)。これは、執行官ではなく執行裁判所が判断する。つまり、執行裁判所は、申立てによって、債務者と債権者の生活の状況その他の事情を考慮して、差押えの全部・一部の取消しを命じることができるし(差押禁止の範囲が拡大する)、差押禁止動産の差押えを許すこともできる（差押禁止の範囲が縮小する）（同条1項)。事情の変更があれば、それに対応することもできる（同条2項)。これらの申立てについての決定に対しては、執行抗告をすることができる（同条4項、12条1項後段)。なお、差押えの取消しの命令を求める申立てがあったときは、強制執行を一時停止することが可能である(132条3項)。

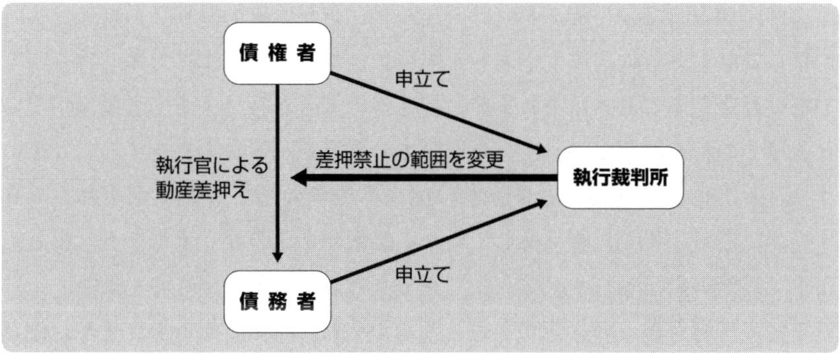

3 換 価

換価手続としては、執行官が、入札、競り売り等により売却する（134条)。

動産執行の換価の実務は、現在、奇妙な状況である場合が多く、俗に「軒下競売」と言われる。これは、差押えがされた債務者宅で売却されるもので、買い手は「道具屋」等と呼ばれる業者である。そうした業者が買い叩いて競落し、その後、債務者に、より高い値段で売り付けるのである。債務者としては、同様の品物を店で買うよりは安く買えるので、そのような状況に追い込まれるのである。問題が多い状況であるが、改善は困難である。インターネット等の合理的活用も期待されよう。

なお、執行官は、手形等を差し押さえた場合、一定期間内に提示等を要するものについては、債務者に代わって提示等をする義務を負い（136条)、また、有価証券を売却したときは、買受人のために、債務者に代わって裏書または名義書換に必要な行為をすることができる（138条)。

4 満 足

(1) 二重差押えの禁止と事件の併合

動産執行では、動産の価値が一般的に小さいことから、二重差押えは禁止され、その代わりに事件の併合ということが行われる（125条）。したがって、二重差押えによって債権者が複数になることはないが、事件の併合によって債権者が複数になることはあることになる。

事件の併合とは、差押えを受けた債務者に対してその差押えの場所についてさらに動産執行の申立てがあった場合に、執行官が、①まだ差し押さえていない動産があるときはそれを差し押さえ、②差し押さえるべき動産がないときはその旨を明らかにして、新旧両方の動産執行事件を併合することをいう（同条2項）。要するに、債権者に配当の原資の増えない二重差押えを許すのではなく、まだ差押えをしていない動産があるのならそれを差し押さえた上で最初の動産執行手続に入ってきてもらおう、というものである。

事件の併合があると、後から差し押さえられた動産も先の事件で差し押さえられたものとみなされ（全体の配当の原資となる）、後の事件の申立ては、配当要求の効力を持つ（同条3項前段）。

(2) 配当要求

動産執行で配当要求をすることができるのは、条文上先取特権者と質権者に限られる（133条）。動産は価値が小さいとはいっても、先取特権者と質権者については民法上優先弁済権がある以上、配当要求を認めないわけにはいかない、ということである。

第三者異議の訴えのところで前述したように（79頁以下）、133条が非典型担保権者である譲渡担保権者等について類推適用することができるかどうかという問題は残っていることになる。

(3) 配当等の実施

動産執行における配当等は、強制管理において管理人と執行裁判所が行う場合に似ている。

問題がとくになければ、執行官がすべて行う。つまり、債権者が１人であるとか、２人以上でも配当等に充てるべき金銭で全部弁済できるという場合には、弁済金を交付して、剰余金を債務者に交付するし（139条１項）、債権者が２人以上で金銭が足りなくても、協議が成立したのであれば、執行官が、それに従って配当を実施する（同条２項）。

それに対して、執行官に任せられないような問題がある場合には、執行裁判所が配当等を行う（142条）。債権者が２人以上で、金銭が足りず、協議も成立しなかったような場合（139条３項）がそうである。

配当等の実施については、配当異議の申出、配当異議の訴え等の強制競売の規定が準用される（142条２項）。

第５項　債権執行

１　意　義

債権執行は、債務者の有する債権を差し押さえて行う強制執行であり、差押えを行う債権者をＡ、その債務者をＢとすると、Ｂの有する債権が執行の対象となるから、Ｂの債権の債務者（Ａから見ると第三債務者）Ｃも登場することになる。

ＡのＢに対する債権をα、ＢのＣに対する債権をβとすると、言葉の使い方として、αは執行債権、請求債権等と呼ばれ、βは被差押債権、差押えに係る債権、執行目的債権等のほか、差押債権とも呼ばれる。学説上は、αを執行債権、βを被差押債権と呼ぶことが多いが、実務上は、一般に、αを請求債権、βを差押債権と呼んでいる。このように、βは被差押債権とも差押債権とも呼ばれるから、注意が必要である。なお、以下の債権執行の説明では、ＡＢＣ$\alpha\beta$を上の意味で適宜使うことにする。

債権執行において、対象となる債権（上のβ）は、①金銭の支払を目的とする債権、②船舶または動産の引渡しを目的とする債権で、動産執行の目的となる有価証券が発行されている債権を除くもの、である（143条）。この場合も、法律概念の相対性から、債権執行としての債権が定義されていることになる。

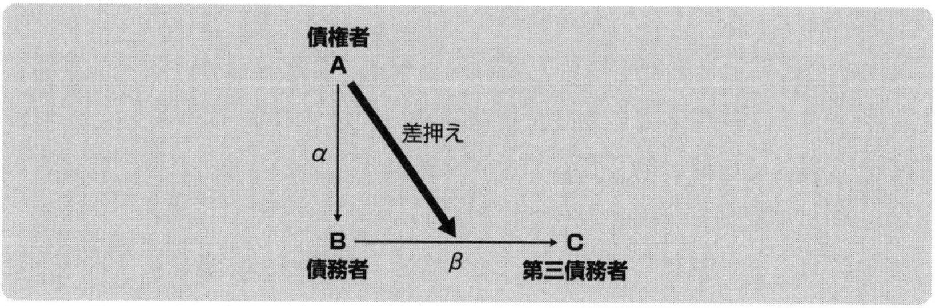

債権執行の執行機関は執行裁判所であるが（同条）、管轄は、原則として債務者の普通裁判籍所在地（住所等。民訴4条）の地方裁判所にある（144条1項）。

債権執行は、現代社会で重要な機能を有する。平成31年・令和元年の1年間において裁判所が受け付けた新受件数では、担保執行を含めた場合でも、対象が不動産であるものが約2万件であるのに対して、債権であるものが13万件を超える。債権は目に見えないが、高額の債権も種々存在するし、第三債務者の協力が得られれば迅速に満足を得ることもできる。また、第三債務者が銀行等で支払の可能性がほぼ確実であるものは、後述する転付命令（165頁以下）によって、債権者が事実上独占的な弁済を受けることができるという事情もある。ただ、第三債務者が登場するという、不動産執行や動産執行にはない複雑さが問題となる。

債権執行においても、手続の段階は、差押え、換価、満足が考えられるが、債権執行では、換価と満足が通常密接な関係にあることが特徴的である。

2　差押え

(1)　総　説

ア　処分禁止の効力

債権の差押えについては、便宜上、その処分禁止の効力について先に説明し、申立てについての審査は後述することにする。

債権の差押えは、執行裁判所の発する差押命令によって行うが、その差押命令において、①債務者Bに対し債権βの取立てその他の処分を禁止し、

②第三債務者Cに対し債務者Bへの弁済を禁止する（145条1項）。①のその他の処分というのは、例えばBが第三者Dにβを譲渡したり、第三者Dのためにβに質権を設定したり（民法362条以下）することをいい、それらも禁止されるのである。

なお、β債権を被担保債権とする抵当権が設定されていたような場合は、β債権に対する差押えの効力は、従たる権利として抵当権にも及ぶ。この場合は、裁判所書記官が被担保債権について差押えがされた旨の登記を嘱託する（150条）。

（ア） 債務者に対する処分禁止

債務者Bが禁止された行為をしたらどうなるかというと、強制競売における差押えの処分禁止の効力（93頁以下）についてと同様のこととなる。差押命令は、Bと第三債務者Cに送達され、Cに送達された時に効力を生じる（145条3項、5項）ので、もし、それ以降に、例えば、Bが被差押債権βを第三者Dに債権譲渡したり、第三者Dのためにβに質権を設定したりしても、それらの行為は、差押えの処分禁止の効力によって、Aに対抗することができないことになる。

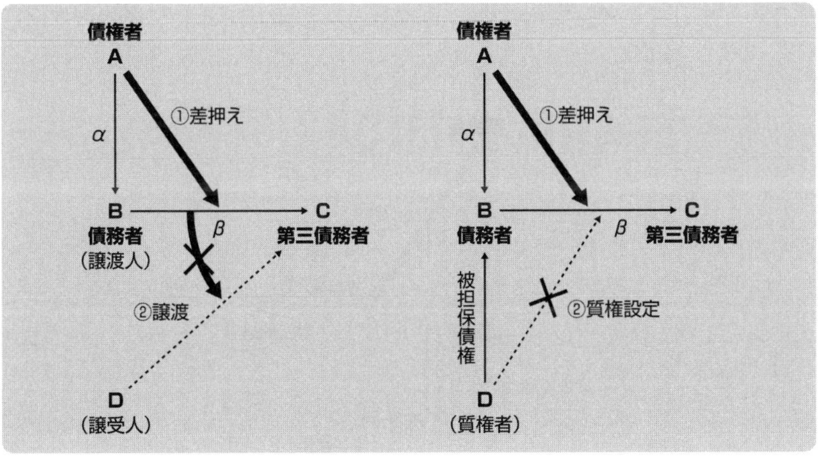

まず、その対抗関係のことを、念のため民法との関係から見ておく。債権

譲渡では、譲渡人が譲渡された債権の債務者に通知をすること（または債務者が承諾をすること）が対抗要件とされ、債務者以外の第三者に対抗するためには、通知（または承諾）は確定日付のある証書（例えば、公証人が作成する公正証書や郵便局で作成する内容証明郵便等。民法施行法5条）によってしなければならない、とされている（民法467条）。そして、債権の二重譲渡の場合、譲受人相互の間の対抗関係は、確定日付の先後ではなく、確定日付のある通知が債務者に到達した日時（または確定日付のある債務者の承諾の日時）の先後によって決すべきである（到達時説）、というのが判例である（最判昭和49年3月7日民集28巻2号174頁、民法百選II 29）。債権譲渡の対抗要件制度の趣旨として、譲渡等の処分に当たっての問い合わせ先となるべき債務者の認識が重要である、という前提がある（債務者はいわば「情報センター」である。中田・債権総論545頁）。

したがって、一方が債権差押えで他方が債権譲渡という場合も、差押債権者Aと債権譲受人Dとの対抗関係は、①差押命令が第三債務者Cに送達された日時と、②債権譲渡についての確定日付のある通知が対象となる債権の債務者（第三債務者Cのこと）に到達した日時（または確定日付のある債務者の承諾の日時）、の先後によって決することになる。なお、その先後関係が不明である場合は、差押債権者Aと債権譲受人Dとは、互いに優先的地位に

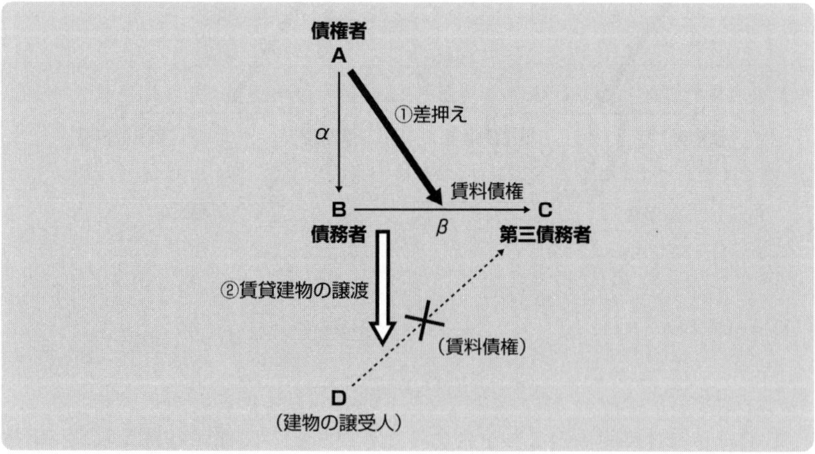

あることを主張することが許されず、Cが債権額を供託したときで、被差押債権額と譲受債権額との合計額が供託金額を超過するときは、公平の原則に照らし、被差押債権額と譲受債権額に応じて按分した額の供託金還付請求権をそれぞれ分割取得する、というのが判例である（最判平成5年3月30日民集47巻4号3334頁、民法百選II 30）。

さらに、応用問題として、賃貸している建物が第三者に譲渡されると、特段の事情のない限り賃貸人の地位もそれに伴ってその第三者に移転するとするのが判例（最判昭和39年8月28日民集18巻7号1354頁）であるので、建物所有者Bの債権者Aが建物賃貸借契約の賃料債権βを差し押さえた（上図の①）後、Bがその建物をDに譲渡し（②）賃貸人の地位が譲受人Dに移転した場合が問題となった。この場合、賃料債権そのものが譲渡されたわけではないが、建物の譲渡は、賃料債権の帰属の変更を伴う限りにおいて、将来の賃料債権の処分を禁止する差押えの効力に抵触するとして、Dは、その建物の賃料債権を取得したことをAに対抗することはできない、とした判例がある（最判平成10年3月24日民集52巻2号399頁、執保百選51）。

（イ）　第三債務者に対する債務者への弁済禁止

また、差押命令が第三債務者Cに送達された後に、Cが債務者Bに被差押債権βについて弁済したとしても、債権者Aは、さらに弁済すべきことをCに請求することができ（民法481条1項）、Cは二重弁済を強いられることになる。このように二重弁済の危険を課すことで、Cに弁済の禁止を強制できることになる。なお、民法の規定によることに注意が必要である。

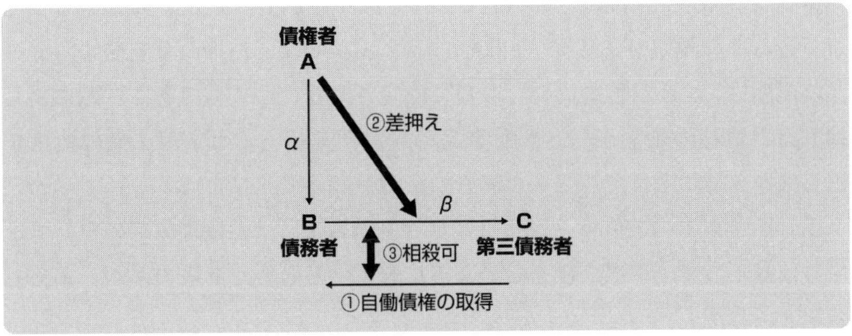

ＣがＣのＢに対する債権でβ債権と相殺することについては、民法上、Ｃは差押え後に取得した債権（ＣのＢに対する債権。自働債権）による相殺をもってＡに対抗することはできないという制限が規定されていた（改正前民法法511条）。この点について、判例は、Ｃは、自働債権が差押え後に取得されたものでない限り、両債権の弁済期の前後を問わず、相殺適状に達しさえすれば、差押え後においても相殺をなしうる、とした（いわゆる無制限説。最判昭和45年6月24日民集24巻6号587頁、民法百選II 39）。そこで、現行民法では、この判例に従って規定が改められている（511条1項）。

イ　申立てについての審査

債権執行では、その申立てがあると、執行裁判所は、債務者Ｂおよび第三債務者Ｃを審尋しないで、差押命令を発する（145条2項）。もし執行裁判所が審尋するとなると、差押えがされる前に、ＢやＣに「差押えがありそうだ」と分からせてしまうことになるので、被差押債権βについて処分や弁済がなされたりして、後で差押えをしても差押えが空振りになるおそれがあるからである。

そうすると、被差押債権βのことについては、債権者Ａの言うところしか資料とできないことになる。そこで、債権執行では、Ａの陳述のみを手がかりとして、βが債務者Ｂに帰属するかどうか（Ｂがβを有するかどうか）を判断してよいということにもなる。つまり、不動産執行の場合の登記名義、動産執行の場合の占有のような、差押えに当たって手がかりとする外形的事実というものは、債権執行の場合は債権者の陳述であるということになる。

執行裁判所が差押えを命じることができる範囲については、差し押さえるべき債権βが執行債権αよりも大きい場合でもβ全額を差し押さえることができるとの規定があるが（146条1項）、実務では、差押命令を発するβの額の範囲は、αと執行費用の合計額に限定されるのが普通である。既に差し押さえた債権の価額がαと執行費用の合計額を超えるときは、他の債権を差し押さえることはできない（同条2項。超過差押えの禁止）。

差し押さえるべき債権βが銀行預金である場合には、債権執行の申立てをするに当たって、取扱店舗をどのように表示する必要があるのかが、実務上問題とされた。

最高裁は、申立てが、「大規模な金融機関である第三債務者らの全ての店舗を対象として順位付けをし、先順位の店舗の預貯金債権の額が差押債権額に満たないときは、順次予備的に後順位の店舗の預貯金債権を差押債権とする旨の差押えを求めるものであ」る場合（いわゆる全店一括順位付け方式の場合）について、そのような表示は、送達を受けた第三債務者において、<差押えの効力が第三債務者への送達の時点で生ずることにそぐわない事態とならない>程度に速やかに確実に差し押えられた債権を識別することはできないからとして、このような申立ては差押債権の特定を欠き不適法であるとした（最決平成23年9月20日民集65巻6号2710頁、執保百選48）。

その後、申立てが、店舗を特定することなく、複数の店舗に預金債権があるときは預金債権額合計の最大の店舗の預金債権を対象とし、さらに、同一店舗扱いの預金債権について差押えの有無やその種別等による順位を付して、債権差押命令を求めた場合（いわゆる預金額最大店舗方式の場合）についても、申立てを不適法とした原審判断を是認した（最決平成25年1月17日判時2176号29頁）。

こうした状況は、債権者が差押えの対象となるべき債務者の財産について情報を十分得ることができないという前提こそが問題であるが、最近は、弁護士会と銀行との個別の協定によって、弁護士会照会（弁護士法23条の2）によって銀行が債務者名義の預金について回答するとの運用が見られてきたところであり、また、「債務者の財産状況の調査」として後述するように、令和元年の改正法により、民事執行法上も、執行裁判所が一定の場合に銀行等に対して債務者の預貯金債権に対する差押えに必要となる事項について情報提供をすべき旨を命じることができるようになっている（207条1項1号）。

ウ　執行抗告

差押命令の申立てについての裁判に対しては、執行抗告をすることができる（145条6項）。ただし、差押命令に対する執行抗告について、第三債務者Cは、被差押債権βの不存在を主張することができない、というのが判例である（最決平成14年6月13日民集56巻5号1014頁、平成14年度重判民訴6。後述する抵当権に基づく物上代位権行使としての差押えの事案。198頁以下）。この判例は、その理由として、①被差押債権βの存否について考慮することなく、差押命令を発すべきであること、②第三債務者Cは、債権者Aが提起する取立訴訟（後述する。163頁以下）等においてそれを主張することができること、を挙げている。①は、差押命令を発する際に被差押債権βの存否は審査の対象となっていないから、仮にβが不存在であったとしても差押命令を発したことは違法ではなく、違法執行を主張する執行抗告の問題にはならない、ということである。

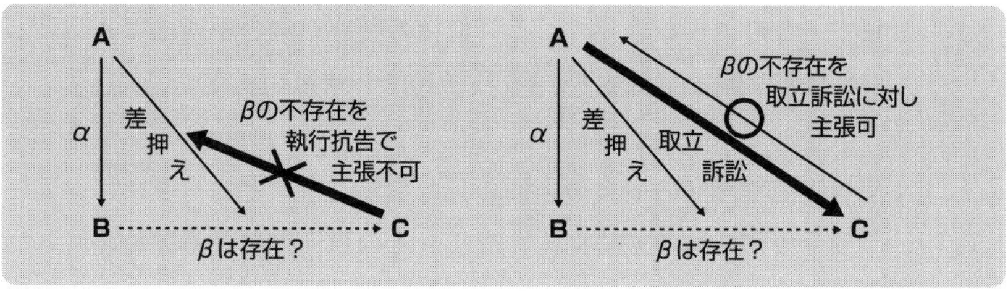

(2) 第三債務者の陳述の催告

差押え前でなければ、債務者Bや第三債務者Cに被差押債権βのことを尋ねても、β債権の処分がされるような問題はないはずである。このうちBは、自らの債務（α）の不履行が原因で債権執行が行われているのであるし、βが債権者Aへの弁済に使われるのであるから、βのことについてAに正確な情報を与えてくれることは通常期待できない。これに対し、債権譲渡のような場合を考えても、前述のように（150頁）βの債務者であるCはβについての「情報センター」となる存在であるから、Cにβについて尋ねることには合理性がある。

そこで、差押命令を送達する際に、Cにβについて情報を提供するよう催告できることになっている。つまり、Aの申立てがあるときは、裁判所書記官は、差押命令を送達するに際し、Cに対し、送達日から2週間以内に、βの存否等について陳述すべき旨を催告しなければならない（147条1項）。Cが正確な情報を提供するよう、Cが、故意または過失で、陳述をしなかったとき、または不実の陳述をしたときは、それによって生じた損害を賠償する責任を負わされることになっている（同条2項）。

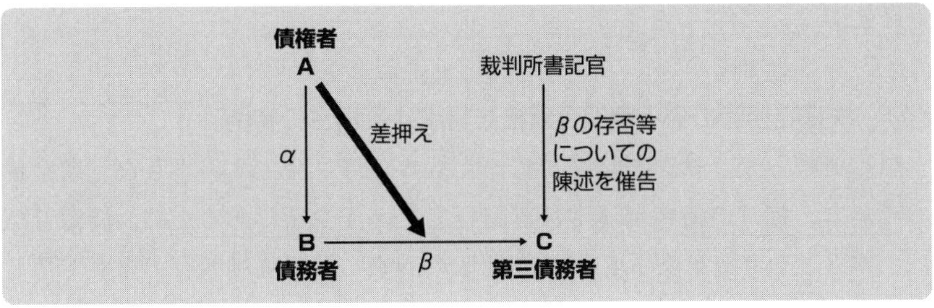

(3) 継続的給付に係る債権の差押え

被差押債権βが、例えば給料のように毎月発生するものであるような継続的給付に係る債権である場合、本来であれば、債権者Aは、その都度債権執行の手続を執らなければならない。しかし、それは煩雑であるので、Aを保護するために、継続的給付に係る債権に対する差押えの効力は、Aの債権αと執行費用の額を限度として、差押え後に受けるべき給付に及ぶ、とされている（151条）。

債務者Bが勤務先Cを退職して再びCに就職した場合については、退職と再就職が執行を免れる目的の虚偽表示であったと認められない以上、退職前にした給料債権の差押えの効力は、再就職後の給料債権に及ばない、とするのが一般である（下記百選の解説参照）。退職後再就職まで6か月余りを経過している等の事情のもとで、給料債権の差押えの効力は再就職後の給料債権に及ばないとした判例がある（最判昭和55年1月18日判時956号59頁、執

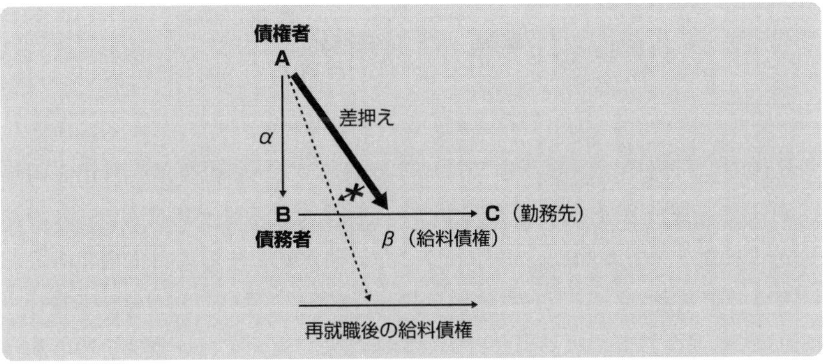

保百選 50)。

(4) 扶養義務等に係る定期金債権を請求する場合の特例

執行債権αが、扶養義務等に基づくもので毎月発生するような定期金債権の場合、毎月の債権が通常数万円程度という少額であるため、債権者Aは、本来どおり(30条1項)、確定期限の到来ごとに強制執行の申立てをしなければならないというのでは、負担が大きい。そこで、やや複雑ではあるが、定期金債権であるαと継続的給付に係る債権であるβとを連動して、一括して債権執行の申立てをすることができることとされた(151条の2)。

それによれば、扶養義務等に係る確定期限の定めのある定期金債権αの一部に不履行があれば、当該定期金債権αのうち確定期限が未到来のものについても債権執行を開始することができるとされ(同条1項)、その場合、各定期金債権について、その確定期限の到来後に弁済期が到来する給料その他継続的給付に係る債権βのみを差し押さえることができるとされている(同条2項)。この制度は、執行債権αが期限未到来でも差押えをすることができるとするものであり、予備差押えと言われる。

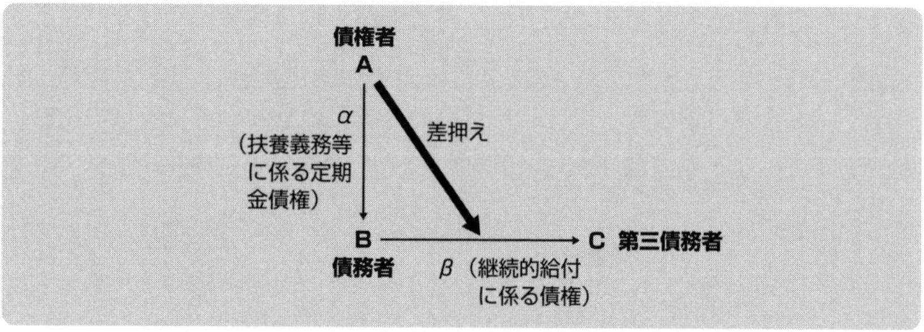

具体的に、例えば、AのBに対するα債権が、「令和3年1月から同年12月まで、毎月20日限り5万円ずつ」を請求できる扶養料債権で、Bの勤務先Cに対するβ債権が、毎月末日に弁済期が到来する給料債権であるという場合を考えてみる。この場合、もし令和3年1月分の扶養料が不履行であれば、2月分以降の扶養料が確定期限未到来でも、Aはα債権全額に基づ

いてβ債権に対する債権執行をすることができる。ただし、2月分の扶養料については2月20日の後に弁済期が到来する2月分以降の給料について、3月分の扶養料については3月20日の後に弁済期が到来する3月分以降の給料についてなど（以下同じ）というような形で、継続的給付に係る債権の差押えができることになる（ただし、この場合、給料債権の2分の1は差押禁止である。152条3項。次項の差押禁止債権として後述する。）。

実務上は、例えば、「差押債権（βのこと）目録」の最初にα債権を書き、「記」の下にβ債権（の2分の1）を書き、その間（「記」の上）に、「債務者が第三債務者から支給される、本命令送達日以降支払期の到来する下記債権（βのこと）にして、頭書金額（αの金額のこと）に満つるまで。ただし、頭書金額の確定期限の到来後に支払期が到来する下記債権に限る。」などとして、以上のことを包括的に表している。

なお、この制度については、医師（債務者B）の社会保険診療報酬支払基金等（第三債務者C）に対するいわゆる診療報酬債権が給料債権と同じような「継続的給付に係る債権」（β）に当たるかが問題となり、判例は、これを肯定した（最決平成17年12月6日民集59巻10号2629頁、執保百選49）。この判例は、直接には151条の2第2項の「継続的給付に係る債権」についての判断であるが、診療報酬債権は151条の「継続的給付に係る債権」にも当たると判断されたことになろう。

(5) 差押禁止債権

動産執行について差押禁止動産の制度があるのと同様に、債権執行についても差押禁止債権の制度がある（152条）。

まず原則を簡単に言うと、給料、退職金等の債権についてはその4分の3が差押禁止となり、4分の3が「標準的な世帯の必要生計費を勘案して政令で定める額」を超えるときは、4分の3ではなく、政令で定める額が差押禁止となる（同条1項、2項）。政令で定める額は、現在月33万円である（民事執行法施行令2条1項1号）。

4分の3のほか政令で定める額を問題としているのは、次のような考慮からである。大ざっぱに言うと、例えば、債務者の給料が20万円の場合、差押禁止はその4分の3である15万円となり、5万円だけが差押え可能となる。これに対して、債務者の給料が100万円という場合、もしその4分の3が差押禁止となるとすると、差押禁止は75万円となり、25万円だけが差押え可能となるが、差押禁止となる部分が社会通念上多過ぎ、債務者を保護し過ぎであることになってしまう。そこで、必要生計費を勘案した額を政令で定め（これが、前述のように現在月33万円である。）、それを超える部分は差押え可能として、差押禁止部分が過大となることを防止したのである。政令で定める額が、差押禁止の上限ということになる。

扶養義務等に係る定期金債権が執行債権である場合には、そのような債権者はとくに保護する必要があるとして、差押禁止となる4分の3は2分の1

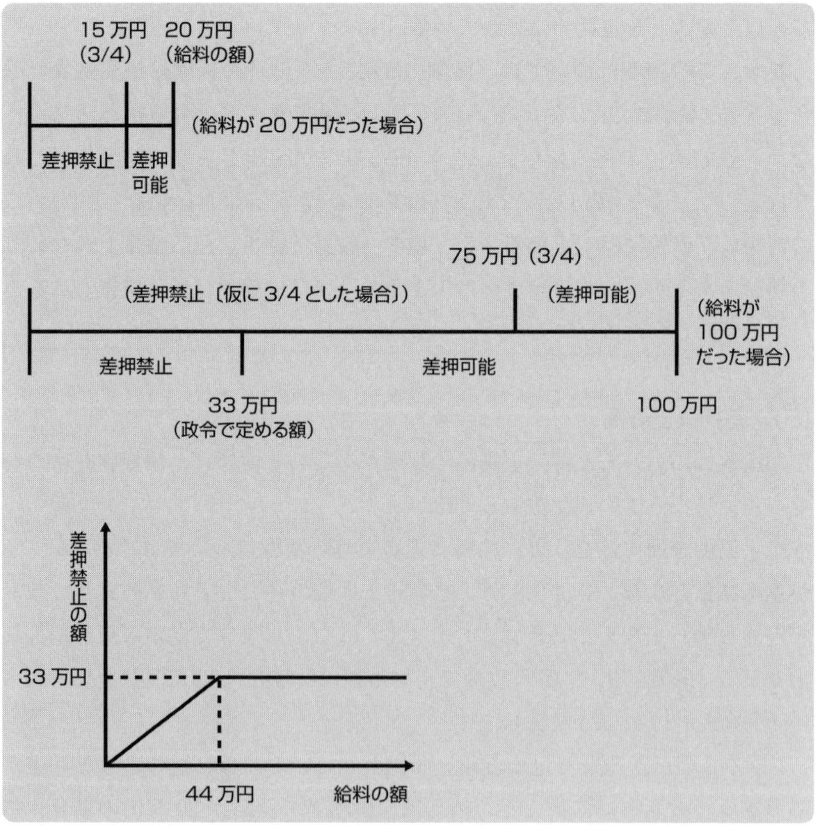

とされ、差押え可能な部分が大きくなっている（152条3項）。

なお、差押禁止動産の場合（143頁以下）と同様に、差押禁止債権の場合も、個別の諸事情から、差押禁止の範囲を広げたり狭めたりすることができることになっている（153条）。これについては、債務者保護の観点から、裁判所書記官が、差押命令を債務者に送達する際に、このような制度があることを債務者に教示しなければならない、という規定が設けられた（145条4項）ほか、後述するように、配当等その他の場面で債務者がこの制度の申立てをしやすくなるように4週間の猶予を与える規定（166条3項、155条2項、159条6項、161条5項）も設けられた。

(6) 第三債務者の供託

債権差押えがされた場合に、第三債務者Cは、「自分は債務者Bに対して債務を負っているが、債権者AとBとの間の紛争とは関係ない。あとはAとBとで決着をつけてほしい。」と主張したいこともある。そのような場合の手段として、供託して義務を果たすことによって、AB間のことに利害関係を持たない立場となることが認められている。

民事執行法上は、2種類の供託が規定されている。

1つは、権利供託と言われるもので（156条1項）、第三債務者Cは、差押えに係る金銭債権βの全額に相当する金銭を供託することができる。供託することができるとあるので、供託する義務はなく、供託する権利が規定されていることになる。

もう1つは、義務供託と言われるもので（同条2項）、要するに被差押債権βの同一部分について配当等を受けるべき債権者が複数になった場合である。つまり、

① βについて差押えが一部でも重なった場合には（条文上は「差押えに係る金銭債権のうち差し押さえられていない部分を超えて発せられた差押命令、差押処分又は仮差押命令の送達を受けたときは」）、第三債務者Cは、その債権βの全額を供託しなければならないし、

② 他の債権者から配当要求があった場合には（条文上は「配当要求があった旨を記載した文書の送達を受けたときは」）、差し押さえられた部分の金

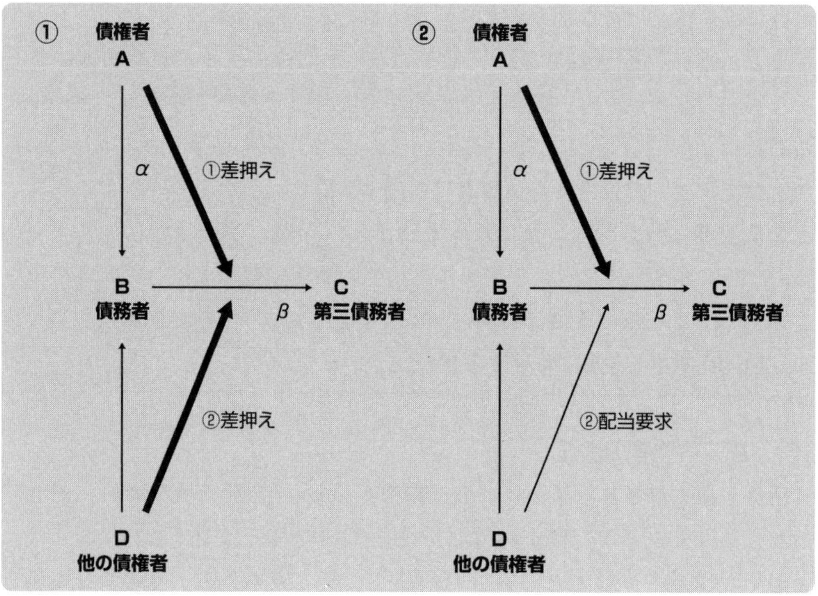

額を供託しなければならないことになる。

このように債権者が複数になった場合は、金銭の分配の仕方を執行裁判所の判断に任せる必要があるので、第三債務者Cの金銭をCの手元に置かせるのではなく義務として供託させることにした、というわけである。

権利供託の場合も義務供託の場合も、第三債務者Cが供託をしたときは、その事情を執行裁判所に届け出る必要がある（同条3項）。

3 換価・満足

まず、上のように供託がなされた場合には、すでに換価がなされたともいうことができ、執行裁判所は、その供託に基づいて配当等を実施することになる（166条1項1号）。配当等の実施については、配当異議の申出、配当異議の訴え等の強制競売の規定が準用される（同条2項）。ただし、差し押さえられた債権βが給料債権等の場合には（差押債権者の債権に扶養料等の債権が含まれているときを除き）、債務者が差押禁止債権の範囲の変更を求める申立て（153条）をしやすくなるように、債務者に差押命令が送達された日から4週間を経過するまでは、配当等を実施してはならない、とされている(166条3項)。

これに対して、第三債務者による供託がなされない場合、換価・満足の方法には、大きく分けて、(1)取立て、(2)転付命令の取得、(3)その他、の3つのものがある。以下、みていく。

(1) 取立て

ア 意 義

まず、取立てという方法であるが、債権者Aは、債務者Bに対して差押命令が送達された日から1週間を経過したときは、差し押さえられた債権βを取り立てることができる(155条1項本文)。βが給料債権等の場合は(αに扶養料等の債権が含まれているときを除き)、4週間の経過が必要である(同条2項)。取り立てることができるというのは、Aが第三債務者Cに請求して支払ってもらうことができる、ということである。ただし、Aの債権αと執行費用の額を超えて支払を受けることができない(1項ただし書)。取立てというのは、ここでは、そのような専門用語であるということになる。

1週間の経過が必要とされたのは、Bに、執行抗告(145条6項)によって差押命令を争う機会を与えるためである。βが給料債権等の場合に4週間と

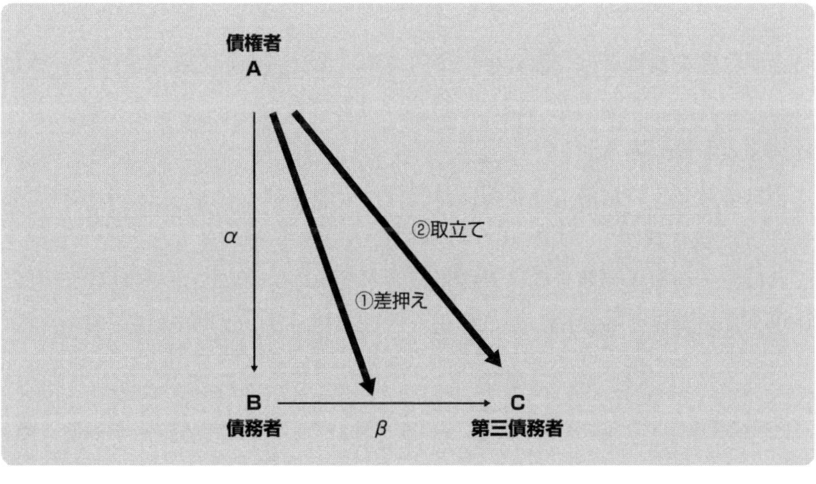

なることがあるのは、配当等の場合と同様に、差押禁止債権の範囲の変更（153条）による債務者の保護の可能性を考慮したものである。

そして、AがCからβについての支払を受けたときは、αと執行費用は、支払を受けた額の限度で弁済されたものとみなされる（155条3項）。したがって、Aは、Bに代わってCからβについての支払を受けることができ、Aが支払を受けた範囲でBがAに支払ったことになる、ということである。

民事執行法施行前は、債権者は、差押命令のほか取立命令を取得してから取立てをすることになっていたが、民事執行法は取立命令という制度を廃止した。現在は、①差押命令と、②債務者への送達から原則として1週間の経過で、取立てができることになったのである。

判例では、AがBのC（保険会社）に対する生命保険契約の解約返戻金請求権（β）を差し押さえた場合に、Aが解約権を行使できるのかが問題となったことがある。最高裁は、この請求権は解約権の行使を条件として効力を生じる権利で、解約権行使は、差し押さえた解約返戻金請求権を実現化させるために必要不可欠な行為であり、解約返戻金請求権の取立てを目的とする行為というべきであるとして、Aによる解約権行使を認めた（最判平成11年9月9日民集53巻7号1173頁、執保百選57）。

イ　支払に関する届出義務

令和元年の改正法は、取立ての場合の差押債権者による届出の制度を整備した。

まず、差押債権者は、取立てによって第三債務者から支払を受けたときは、直ちに、その旨を執行裁判所に届け出なければならない（155条4項）。これは従来どおりである。

それに対して、反対に2年間支払を受けなかったときも、支払を受けていない旨を執行裁判所に届け出なければならないことになった（同条5項）。これは、その後4週間以内に差押債権者が支払の有無についての届出をしない場合に差押命令の取消しが可能になることと、リンクしている（6項）。これにより、その限りで差押えの状態が漫然と継続することが防止できることになった。

ウ　取立訴訟

（ア）　意　義

第三債務者Ｃが債権者Ａの取立てに応じなかった場合は、ＡはＣを被告として訴えを提起することができる。これを取立訴訟と呼んでいる（157条1項）。Ａが原告で、Ｃが被告で、訴訟物は債務者ＢのＣに対する債権βという、債権者代位訴訟（債権者代位権は民法423条以下）の場合と似た状況となるが、違いは、取立訴訟ではＢの無資力は不要である代わりに債権差押えが前提となるという点である。

（イ）　参加命令

この訴訟については、通常と違った規律がされている。

その１つは、他の債権者に対する参加命令である。取立訴訟（下図の③）が提起された場合、訴えが提起された受訴裁判所は、第三債務者Ｃの申立て（④）により、他の債権者で取立訴訟の訴状の送達の時までにその債権βを差し押さえた（②）もの（Ｄ）に対し、共同訴訟人として原告に参加（共同訴訟参加〔民訴52条〕）すべきことを命じることができる（⑤）（157条1項）。Ｃとしては、仮にＡに勝訴しても、その後、他の債権者Ｄからも訴えられるおそれがあるので、AC間の訴訟を機にＤにも参加してもらって1回の訴訟で解決したいと望むであろうから、その期待を保護したということになる。

この裁判は、口頭弁論を経ないですることができる（同条2項）から、決定手続である（民訴87条1項ただし書）。なお、この裁判（条文上は「前項の裁判」）というのは、取立訴訟のことではなく、参加命令の裁判（形式は決定）のことであるから、注意を要する。

債務者Ｂの他の債権者Ｄが、参加命令を受けたのにこれに応じない場合でも、AC間の取立訴訟の判決の効力は、Ｄにも及ぶことになるとされている（157条3項）。したがって、もしβが存在しないと判断されてＡの取立訴訟が請求棄却となり、その判決が確定した場合には、Ｄが後日Ｃを被告として取立訴訟を提起してβを主張することは、できなくなる。

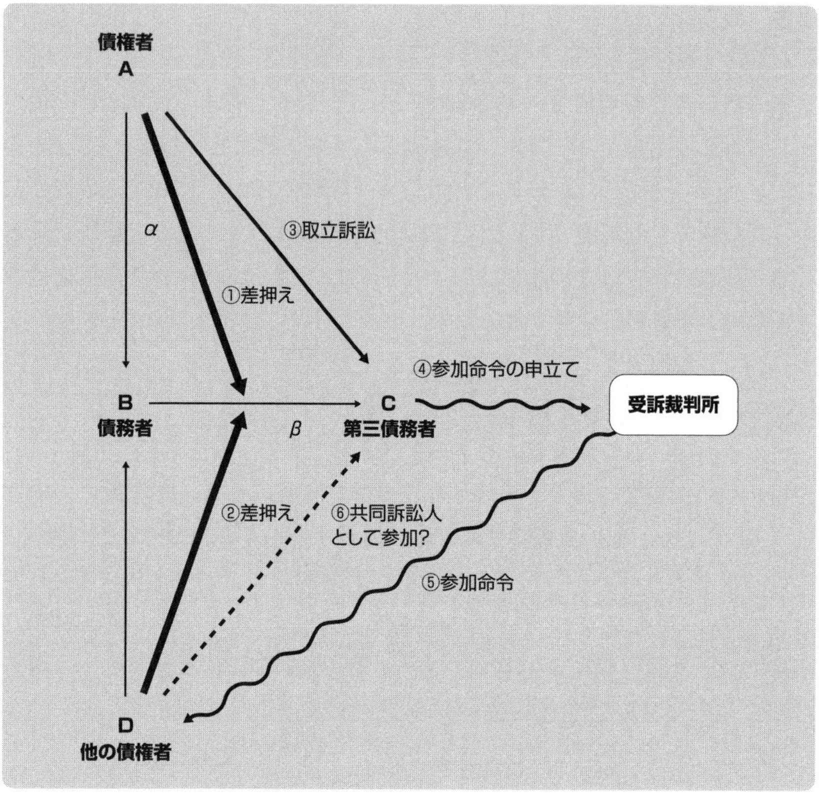

（ウ） 供託によるべき旨の主文等

もう1つの特殊な規律は、判決主文の問題である。第三債務者Cが供託義務（156条2項）を負っている場合には、Cは、本来、自分が負っている債務（β）について、債権者Aに支払うのではなく供託しなければならないはずである。そこで、AC間の訴訟でAの請求を認容するときも、受訴裁判所は、金銭の支払は供託の方法によりすべき旨を判決の主文に掲げなければならない、とされている（157条4項）。

AがCに対して強制執行する等して、Aが金銭の配当等を受ける場合にも、金銭は供託されなければならないとして（同条5項）、義務供託が確保されるようになっている。

(2) 転付命令の取得

ア 転付命令の意義

債権執行における換価・満足の方法の第2が、転付命令の取得である。

まず、条文上の規定から見ると、執行裁判所は、差押債権者Aの申立てにより、Aの債権αの支払に代えて券面額で被差押債権βをAに転付する命令を発することができ、この命令を転付命令という（159条1項。裁判の形式は決定）。転付命令は、債務者Bと第三債務者Cに送達しなければならない（同条2項）。転付命令の申立てについての決定に対しては、執行抗告をすることができ（同条4項）、転付命令は、確定しなければその効力を生じない（同条5項）。ただし、その「確定しなければ」というのは、βが給料債権等である場合には（αに扶養料等の債権が含まれているときを除き）、ここでも、差押禁止債権の範囲の変更（153条）による債務者の保護の可能性を考慮し、「確定し、かつ、債務者に対して差押命令が送達された日から4週間を経過するまでは」と読み替えられる（159条6項）。

実務上は、差押命令と転付命令とを同時に申し立て、同時に発せられることが多い。

転付命令が効力を生じた場合、αと執行費用は、βが存在する限り、その券面額（一定の名目額。後述する。167頁）で、転付命令がCに送達された時に、弁済されたものとみなされる（160条）。

もう少し具体的に言うと、転付命令の制度とは、差押債権者Aが差押命

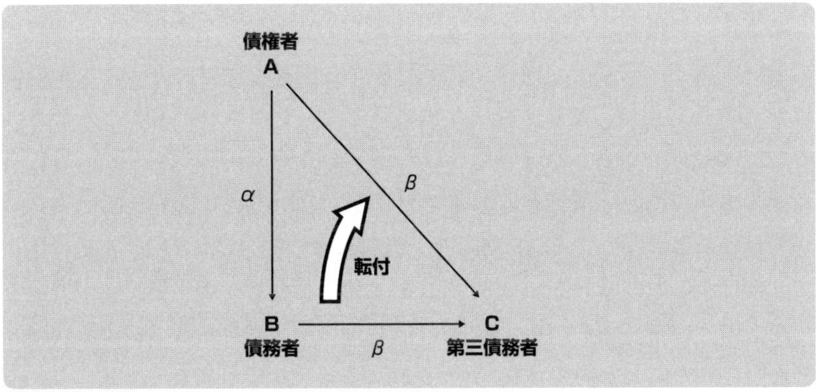

令のほかに転付命令を取得すると、債務者Bの第三債務者Cに対する被差押債権βが、Aに帰属するようになる、というものである。もし執行費用を考えに入れず、かつαとβの額が同じであるとすると、βは全額Aに移転することになる。そして、そのようなβの移転は、執行債権αから見れば、Bがαの弁済をする代わりに、βという債権によって代物弁済（民法482条）したのと同様の結果となる。結局、転付命令は、債権譲渡（βがBからAに移転すること）と債権による代物弁済（βの移転によりαが満足されること）とを強制的に行うものである、ということになる。αの金額とβの券面額が異なる場合には、より低いほうの金額の分だけβの移転とαについての弁済の効果が生じることになる。

イ　転付命令の取得と取立てとの違い

転付命令を取得した場合と取立ての場合との違いを見ると、転付命令の意義がいっそう理解できると思われる。次のように3点ほどの違いを挙げることができる。

第1に、独占的な満足ができるか、つまり他の債権者を排除することができるか、という点で違いがある。取立てでは、被差押債権βは債務者Bに帰属したままであるので、他の債権者がいれば配当等の手続で金銭が分配されることになるが、転付命令の場合は、βが債権者Aに移転してしまうので、Aは、Bの他の債権者を排除して独占的な満足を得ることができることになる。ただし、第3の違いの中で後述するように、転付命令の場合、他の債権者の差押えや配当要求が登場する前である必要はある（159条3項）。

第2に、債権者Aが第三債務者Cの無資力の危険を負うか、という点での違いもある。取立ての場合は、AがCから支払を受けたときは、Aの債権αと執行費用は、支払を受けた額の限度で、弁済されたものとみなされる（155条2項）から、Cが無資力でCから支払が受けられないときには、αはそのままであり、債務者Bに他の財産があればそれにかかっていくことができることになる。これに対して、転付命令の場合は、αの「支払に代えて」転付するものであるし（159条1項）、第三債務者への送達でαが弁済されたものとみなされるから（160条）、αについて被差押債権βによる代物弁済がなされたことと同視され、βが存在する以上、Cが無資力でβについて支払がされない場合でも、その分をBに請求することはできないことになる。つまり、取立ての場合はAがCの無資力の危険を負わないが、転付命令の場合はAがCの無資力の危険を負うことになる。

以上からすると、債権者Aとすれば、第三債務者Cが国や銀行などで無資力の危険が考えにくい場合には、独占的な満足を得ることができる転付命令を利用したいと思うであろうし、Cに無資力の危険があるような場合には、取立ての方法による方が望ましいことになる。

第3の違いは、転付命令には特別の制限があるということである。①転付命令の場合は、債権を移転させるので、転付される債権βは、譲渡可能な債権でなければならない。②また、転付命令の場合は、代物弁済と同視され、執行債権αがいくら消滅するのかが決まらないといけないので、βには一定の金額で表示される名目額（159条1項や160条の「券面額」）がなければならない。例えば、目的物明渡し前の敷金返還請求権は、不払賃料等が控除される可能性があるので、券面額はなく、転付命令の対象とはならないことになる（最判昭和48年2月2日民集27巻1号80頁）。委任者が受任者に交付した前払費用（民法649条）の返還請求権も、委任事務終了前においては、債権額を確定することができないから、券面額がないとされた（最決平成18年4月14日民集60巻4号1535頁、執保百選60）。③さらに、条文上、転付命令が第三債務者Cに送達される時までに、転付命令に係る金銭債権βについて、他の債権者が差押え、仮差押えの執行または配当要求をしたときは、転付命令は、その効力を生じないこととされている（159条3項）。これは、前述のように、転付命令が債権者に独占的な満足をもたらすので、他の債権者が関与した段階ではもはや使えない（もし使えるとすると債権者平等に反することになってしまう）とされたものである。

	独占的な満足を得ることができるか	第三債務者の無資力の危険を負うか	特別の制限があるか
取立て	できない	負わない	ない
転付命令	できる	負う	ある

ウ　転付命令に関する判例

転付命令に関しては重要な判例がいくつか出ているので、主なものをみておくことにする。なお、令和2年施行の民法改正により、①債権譲渡禁止特約のある債権に対する転付命令の有効性について、判例（最判昭和45年4月10日民集24巻4号240頁）の趣旨に従い民法466条の4が新設されたこと、②受働債権が差し押さえられた後の相殺の有効性についても、判例（最判昭和45年6月24日民集24巻6号587頁）の趣旨に従いいわゆる無制限説が民法511条1項で採用されたこと、に留意する必要がある。説明は民法の解説書に譲る。

（ア）　自賠責保険契約の場合

自賠責保険契約に基づいて被保険者（加害者）Bが保険会社Cに対して有する保険金請求権βは、被保険者Bが被害者Aに対して賠償金の支払をしたことを停止条件とする債権である（自動車損害賠償保障法15条）。これは、Bが保険金をAに渡さないで他に流用してしまうことを防止する趣旨である。そして、一般に、条件付債権は、不安定なものであるから券面額がないと解されている。

しかし、同法3条の損害賠償請求権を執行債権αとして、その履行によって発生すべき自賠責保険金請求権βにつき転付命令が申請された場合には、その保険金請求権は券面額のある債権として扱われる、とするのが判例（最判昭和56年3月24日民集35巻2号271頁）である。判例は、その理由として、転付命令によって執行債権αの弁済の効果が生じることによって停止条件

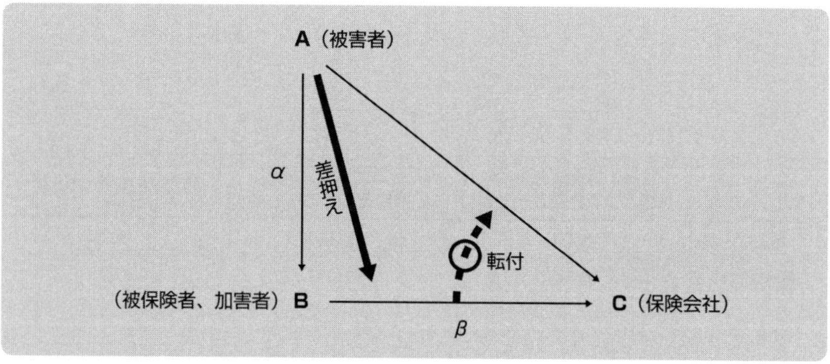

が成就することを挙げている。少し分かりにくいが、これは、①被保険者Bが無資力等であるために被害者に賠償金を支払えない場合で、②被害者Aの保険会社Cに対する直接請求（同法16条1項）が時効消滅（同法19条）している場合に、転付命令の効果（αの弁済）を転付命令の要件の段階で先取りすることにより、被害者Aを救済しようとしたものである。この判例については、被害者Aが保険金請求権βを差し押さえれば、それだけで被保険者Bによる保険金流用が防止されるから、それで先履行の要件（同法15条）を充足したことになるとして被転付適格（転付命令の対象となりうること）が認められる、という考え方もある。

（イ）　質権の目的となっている債権の場合

すでに質権（民法362条以下）が設定されている金銭債権βは、券面額を有するか、という問題がある。質権の実行という事態が生じうる不安定さがあるため、その点をどう考えるかが問題となる。

この問題について、質権の目的となっている債権βも、券面額を有し、転付命令の対象となる適格があるというのが判例（最決平成12年4月7日民集54巻4号1355頁、執保百選61）である。その理由としては、そのような債権

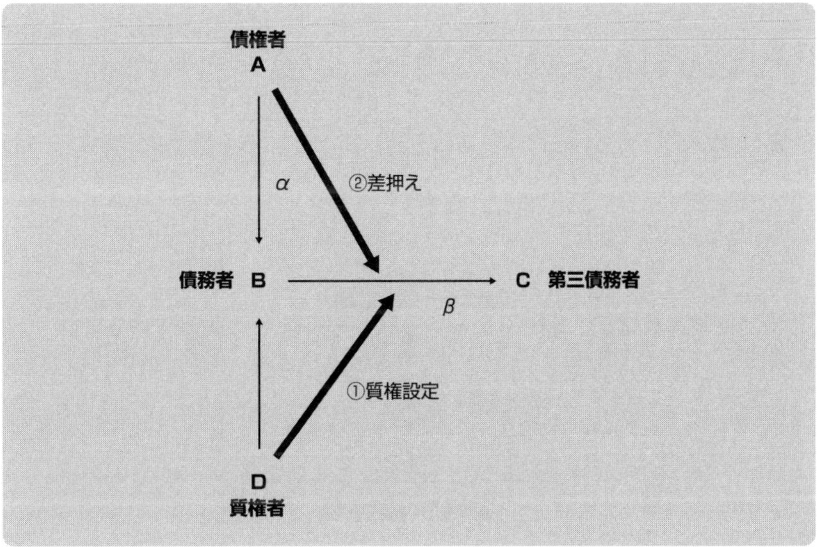

も、債権として現に存在しており、弁済に充てられる金額を確定することもできること、が挙げられている。この判例は、その後に質権が実行され（質権者によるβの取立て〔民法366条〕等)、執行債権者Ａが転付された金銭債権βの支払を受けられない場合には、Ａは、執行債務者Ｂに対する不当利得返還請求などをすることができるとする。

これに対し、質権が設定されている金銭債権βについて被転付適格を否定する説もあり、理由として、①質権の実行によりその分について執行債権αが消滅しなかったことになるのであれば、転付の効力が及ぶ金額が確定しないという意味で券面額を欠くことになること、②質権の実行があっても執行債権αの消滅は影響を受けないとすると事後に不当利得の紛争を残し、即時決済という転付命令の趣旨に沿わないことを説く（上記百選の解説参照)。

（ウ） 不法行為の加害者による被害者の有する債権の転付

ＡがＢに対して不法行為をした場合、被害者Ｂは加害者Ａに対して損害賠償債権を有する（民法709条)。この場合、Ａは、不法行為によって生じた債務の債務者ということになるから、ＡがＢに対して別に債権を持っていたとしても、Ａは、Ｂに対して、その債権を自働債権とし不法行為に基づくＢのＡに対する損害賠償債権を受働債権として相殺することを主張することはできない（同法509条。なお、現行民法では、悪意の場合と生命・身体の侵害の場合に限定されている)。その趣旨は、①被害者には速やかに弁済し損害の塡補を受けさせるべきであること、②加害者は相殺による保護を受けるに値しないこと、③不法行為の誘発を防止すべきであること、にあるといわれている（中田・債権総論403頁以下)。

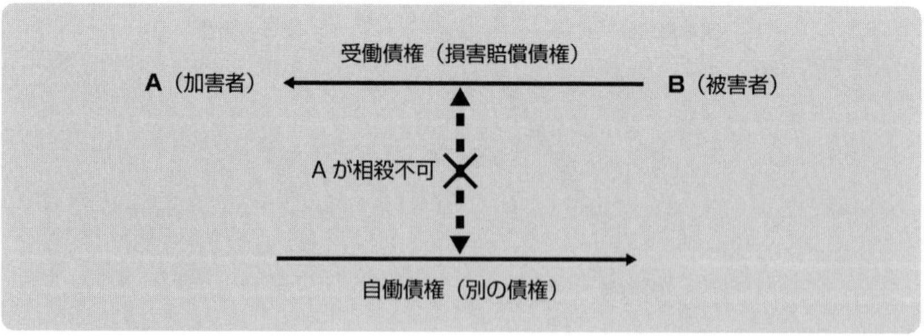

そうすると、やや込み入った話になるが、加害者Aが、被害者Bに対して有する自己の債権α（相殺の場合の自働債権に当たるもの）を執行債権として、BのA（Aは第三債務者の立場でもある。）に対する損害賠償債権βを差し押さえ（下図の①）、これについて転付命令を受けて（②）、混同（同法520条）によって（βの債権者もA、債務者もAとなるから）その債権βを消滅させることはできるのかが、問題となる。

判例は、そのようなことは、民法の規定（509条）を潜脱する行為として許されず、このような転付命令は効力を生じえない、とした（最判昭和54年3月8日民集33巻2号187頁）。繰り返しになるが、この事案については、①一方で、執行債権αは転付命令によって弁済されたものとみなされることになっているが、他方で、債権者と第三債務者とが同一（A）であり、本来は、被転付債権βの債権者と債務者が同一になって混同により消滅する（同法520条）という状況であること、②しかし、不法行為により生じた債権を受働債権とする相殺が禁止されていること（同法509条）（Bには現実に支払われなければならない、ということ）、という特殊性に注意してほしい。要するに、転付命令プラス混同によって相殺と同じような結果を実現しようとしても、それは許されない、としたものといえる。

転付命令に関する判例は、以上にとどめよう。

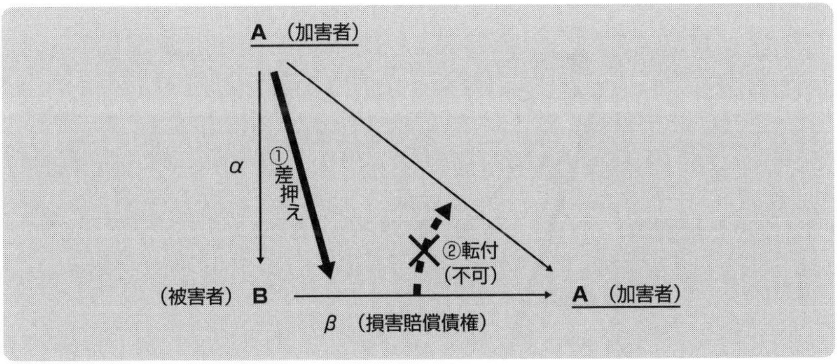

(3) その他

さて、債権執行における換価・満足の方法の第3は、その他である。

その他の方法としては、161条が、①譲渡命令、②売却命令、③管理命令を例示し、その他相当な方法による換価を命ずる命令を発することができるとしている。①は、被差押債権βを執行裁判所が定めた価額で支払に代えて差押債権者に譲渡するというもので、転付命令を応用したものということができ、②は、執行裁判所の定める方法で被差押債権βの売却を執行官に命じるもので、強制競売を応用したものということができ、さらに、③は、強制管理を応用したものということができる。

4 動産の引渡請求権の差押え

(1) 総 説

債権者Aは、債務者Bが第三債務者Cに対して動産の引渡請求権を持っていれば、債権執行としてそれを差し押さえることができる。前述のように(142頁)、Cが執行官へ任意に提出してくれるような場合であれば、動産執行を行うことができるが、Cが提出を拒むような場合には、動産の引渡請求権の差押えの方法によらざるをえない。

動産の引渡請求権を差し押さえた後の取立てについては、特別の規定があ

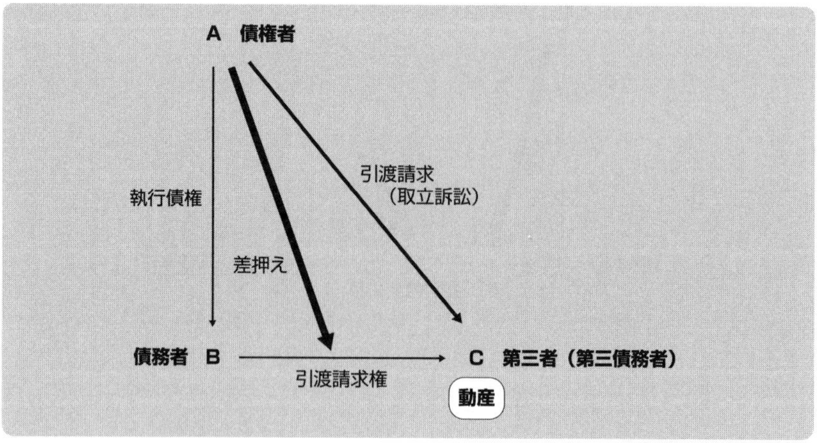

り、Aは、Bに対して差押命令（145条）が送達された日から1週間を経過したときは、Cに対し、Aの申立てを受けた執行官にその動産を引き渡すべきことを請求することができることになっている（163条1項）。動産の換価が必要であるため、A自身への引渡しを請求することはできない点が、BのCに対する債権が金銭債権である場合（155条）と異なる。

Cがその請求も拒否すれば、Aは、Cを被告として、執行官への引渡しを求める取立訴訟（157条）を提起することになる。執行官が動産の引渡しを受けたときは、執行官は、動産執行の手続で売却し、債権執行を管轄する執行裁判所に売得金を提出する（163条2項）。

(2) 貸金庫の内容物の引渡請求権の場合

債務者Bが銀行Cの貸金庫を利用している場合に、債権者Aが、BのCに対する内容物引渡請求権を差し押さえることができるかが、判例上、問題とされたことがある。Aは差押えの手続を執ったあと、取立訴訟を提起し、その訴訟で問題となった。

問題点は、①Cは貸金庫の内容物について占有を有するかどうか（Cが占有を有しないと、BはCに対して引渡請求権を持たないことになる）、②（①を肯定した場合に）BのCに対する引渡請求権は、内容物を一括したものであるかどうか（個々の動産についてのものだとすると、Aは取立訴訟で内容物の個々の動産を特定してその存在を立証しなければならないことになる）、である。

最高裁（最判平成11年11月29日民集53巻8号1926頁、執保百選64）は、まず、①の問題点について、Cは貸金庫の内容物についてBと共同して民法上の占有を有するとし、BのCに対する引渡請求権の存在を認めた。その上で、②の問題点について、Cの占有は内容物全体につき1個の包括的な占有であるとし、BのCに対する引渡請求権は、貸金庫の内容物全体を一括して引き渡すことを請求する権利という性質を有する、とした。したがって、AのCに対する取立訴訟においても、Aは、貸金庫を特定し、それについて貸金庫契約が締結されていることを立証すれば足り、貸金庫内の個々の動産を特定してその存在を立証する必要はない、とした。

実情を踏まえ、Aに無理な立証責任を負わせないことで、貸金庫が執行逃れに利用されないようにするとの配慮もうかがえる判断であろう。

5 その他の財産権に対する強制執行

「その他の財産権」とは、不動産、船舶、動産および債権以外の財産権をいい（167条1項）、具体的には、電話加入権、著作権、特許権等が含まれる（ただし、電話加入権は、電話設置の際の負担金が要らなくなってきており、財産的価値がなくなる方向にある）。預託金会員組織ゴルフ会員権も、この「その他の財産権」に当たる（東京高決昭和60年8月15日判タ578号95頁、執保百選66）。

その他の財産権に対する強制執行は、原則として債権執行の例によることになる（同項）から、執行裁判所の差押命令が発せられるが、第三債務者またはこれに準ずる者がない場合は、差押命令が債務者に送達された時に差押えの効力が生じる（同条3項）。

6 少額訴訟債権執行

平成16年の改正で、少額訴訟債権執行の制度ができた（167条の2以下）。これは、現行の民事訴訟法で少額訴訟制度（民訴368条以下）ができたことから、これに見合った簡易迅速な債権執行制度を設けたというものである。

担当するのが執行裁判所ではなく、少額訴訟手続を行った簡易裁判所の裁判所書記官であること（例えば167条の2第1項1号、3項1号）、裁判所書記官が担当するため、差押命令に相当するものは「差押処分」という表現になっていること（同条2項）、転付命令や配当等の場合は地方裁判所の債権執行手続に移行すること（167条の10、167条の11）等が特徴的である。

この制度ができたことにより、167条の2以下が入っただけでなく、他の条文の字句の改正もされたので注意を要する（例えば、義務供託について規定する156条2項に、「差押処分」の文字が入った）。

第6項 扶養義務等に係る金銭債権についての強制執行の特例

金銭執行でも、扶養義務等に係る金銭債権についての強制執行では、非金銭執行の１つの方法である間接強制（172 条１項）が使えることになった（167 条の 15 以下）。これも、平成 16 年の改正によるものである。間接強制については、後述するが（183 頁）、例えば、執行裁判所が、債務者に対し、「○○せよ。履行しない場合には、１日につき○○円ずつを支払え。」というような命令をすることによって、心理的な強制をするものである。

第２節　非金銭執行

１　序　説

非金銭執行の話に入る。非金銭執行とは、金銭債権以外の債権の満足を得るための執行であり、第１章で説明した建物明渡請求のような場合が、その例である。民事執行法上は、非金銭執行にもいくつかの種類がある。

（1）物の引渡し（明渡し）の強制執行
①不動産の場合 → 直接強制（168条）、間接強制（173条）
②動産の場合 → 直接強制（169条）、間接強制（173条）
③第三者による目的物占有の場合 → 債権執行類似（170条）、間接強制（173条）

（2）作為・不作為の強制執行
①代替的な場合 → 代替執行（171条）、間接強制（173条）
②不代替的な場合 → 間接強制（172条）

（3）意思表示の強制執行 → 意思表示の擬制（177条）

非金銭執行は、まず、大きく、⑴物の引渡し（明渡し）の強制執行、⑵作為・不作為の強制執行、⑶意思表示の強制執行、の３つに分けられる。

そのうち、⑴は、①物が不動産である場合、②動産である場合、③第三者が目的物を占有している場合、に分けて規定されている。①と②の場合は、直接強制か間接強制による。直接強制とは、強制力をもって直接権利の実現を図る方法で、金銭執行も基本的にこれによるが、不動産の引渡し（明渡し）の場合は、占有している人を強制的に排除して債権者に引き渡すことになり、動産の引渡しの場合は、占有している債務者から動産を強制的に取り上げて債権者に引き渡すことになる。間接強制については、「動産執行」や「扶養義務等に係る金銭債権についての強制執行の特例」のところで言及したが（139頁、175頁）、さらに後述する（183頁）。③の場合で、債務者が第三者に対して引渡請求権を有する場合は、それを差し押さえる等債権執行に似た手続で行うか、間接強制による。

⑵の作為・不作為の強制執行は、①第三者が債務者に代わって債務を履行

できるという代替的な場合と、②債務者しか履行できないという不代替的な場合とがある。そして、①の場合には、代替執行か間接強制による。代替執行は、ほかの人が実行してそれにかかった費用を債権者が債務者に請求するというものである。②の場合には、間接強制によるしかない。

(3)の意思表示の強制執行については、執行文のところで前述したとおりであるので（49頁以下）、ここでは省略する。

なお、令和2年施行の改正民法414条1項本文は、「履行の強制」の方法について、「債務者が任意に債務の履行をしないときは、債権者は、民事執行法その他強制執行の手続に関する法令の規定に従い、直接強制、代替執行、間接強制その他の方法による履行の強制を裁判所に請求することができる。」とし、金銭執行、非金銭執行の種別を問わず、一般的な執行方法を規定するにとどめ、どの種類の債務についてどの執行方法を執ることができるかについては、民事執行法等の手続法に委ねている。

2　不動産の引渡し等の強制執行

(1)　執行機関

不動産等の引渡しまたは明渡しの強制執行は、執行官が行う（168条1項。間接強制による場合は執行裁判所が行う。173条）。なお、不動産等の「等」は、人の居住する船舶等（168条1項）の動産をいう。

(2)　執行方法

執行方法としての直接強制については、条文上は、「執行官が債務者の不動産等に対する占有を解いて債権者にその占有を取得させる方法により行う。」（同項）と規定されているが、間接強制によることもできる（173条）。

明渡しは、目的物の中に存在する債務者等や物を現実に出して明けて引き渡す場合ということであるが、引渡しの場合との手続上の違いはない。

直接強制としての引渡執行の場合、執行官は、目的物でない動産を取り除いて、債務者等に引き渡さなければならず、引き渡せないときは、売却することができる（168条5項）。引渡しや売却をしなかったものは、執行官が保管しなければならない（同条6項）。

(3) 明渡しの催告の制度

不動産等の引渡し等の強制執行の場合は、費用もかさみ、また債務者の生活等という問題もあるので、場合によっては、任意の明渡しを期待して執行官が債務者に対して猶予を与えるということにも合理性があり、従来、そのようなことは実務上行われてきたところである。これが、平成15年の改正で、明渡しの催告の制度として規定されるに至った（168条の2）。

執行官は、不動産等の引渡しまたは明渡しの強制執行の申立てがあった場合、強制執行の開始ができるときは（下図の①）、引渡し期限を定めて、明渡しの催告をすることができる（②）（同条1項本文）。引渡し期限は、原則として催告の日から1か月を経過する日である（同条2項）。執行官は、明渡しの催告をしたときは、(1) その旨、(2) 引渡し期限、(3) 占有の移転が禁止されている旨を、その場所で公示書等により公示しなければならない（③）（同条3項）。

もし明渡しの催告後に不動産等の占有の移転があったときは（④）、引渡し期限が経過するまでの間は、占有者に対して、すでになされた申立てに基づく不動産等の引渡しまたは明渡しの強制執行をすることができ（⑤）、この場合は、承継執行文（27条2項）が不要である（168条の2第6項）。なお、保護に値する占有者のための不服申立方法（強制執行の不許を求める訴え、執行異議）も規定されている（同条7項、9項）。

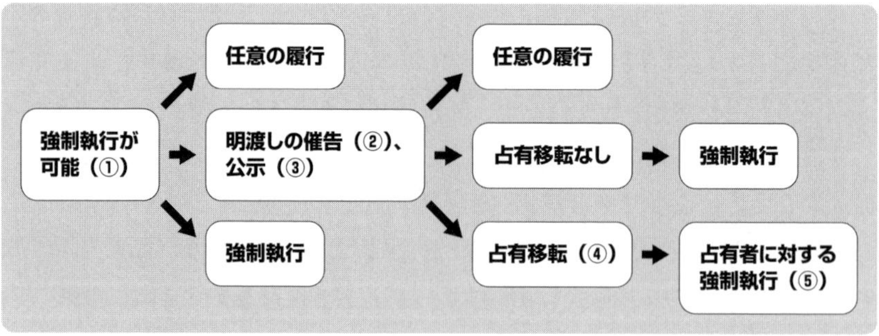

なお、「引渡し期限」（同条1項）は、このように、その期限までに占有の移転を受けた者に対して承継執行文なしに執行することができる期限をいうから（同条2項）、実際の強制執行の日は、その期限よりも手前の日に決め、債務者に対しては、遅くともその日までに任意の明渡しをするように促すことになる。そうすると、「引渡し期限」というのは、債務者が引き渡すべき期限そのものではないことになるから、とくに注意を要する。

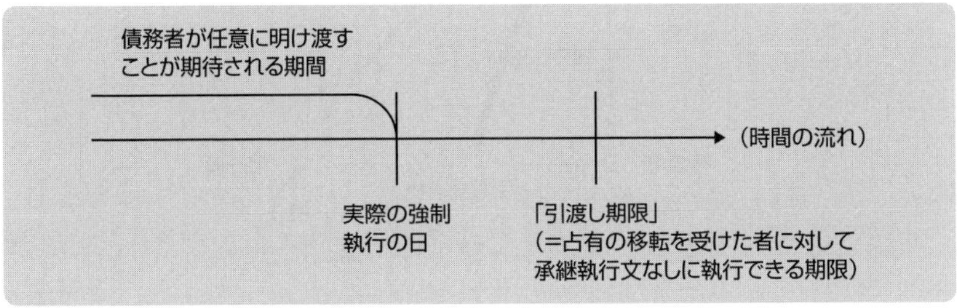

3　動産の引渡しの強制執行

動産の引渡しの強制執行の場合も、執行機関は執行官である（169条1項。間接強制による場合は執行裁判所が行う。173条）。執行方法としての直接強制については、条文上「執行官が債務者からこれを取り上げて債権者に引き渡す方法により行う。」と規定されている（169条1項）。

4　目的物を第三者が占有する場合の引渡しの強制執行

第三者Ｃが強制執行の目的物を占有している場合で、第三者Ｃがその物を債務者Ｂに引き渡すべき義務を負っているときは、その物の引渡しの強制執行は、執行裁判所が、ＢのＣに対する引渡請求権を差し押さえ、請求権の行使を債権者Ａに許す旨の命令を発する方法によって行う（170条1項）。目的物は、動産か不動産かを問わない。債権者による取立て等、債権執行の一定の規定が準用されているが（同条2項）、非金銭執行であるから換価はなされないので、金銭執行の場合の163条（動産の引渡請求権の差押命令の執行）と混同しないよう注意が必要である。

この場合も、間接強制の方法によることができる（173条）。

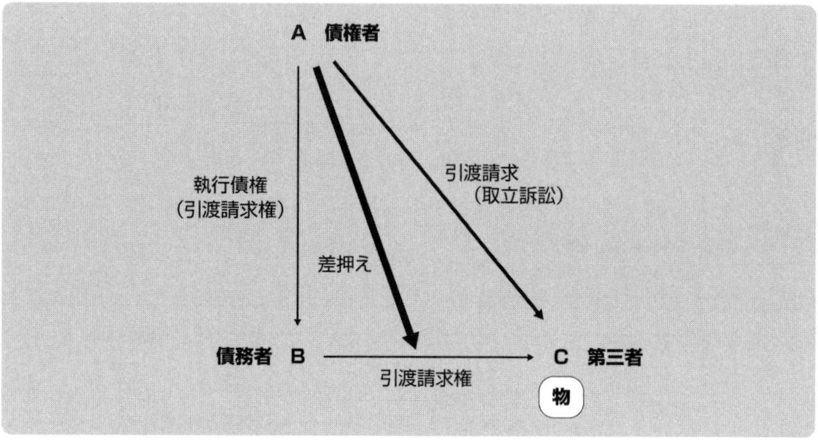

5　代替的作為の強制執行

(1)　意　義

金銭の支払や物の引渡し以外の作為のうち、第三者が債務者に代わって行うことができるものの強制執行は、代替的作為の強制執行と呼ばれる。例えば、物の運送、建物の収去、新聞への謝罪広告の掲載等という義務の場合である。

また、例えば、建物を建てない義務に違反して建てられた建物について、その除去が求められたり、再度建てられないように柵を設けることが求められたりする場合のように、不作為義務自体は不代替的でも、違反の結果の除去や将来のための適当な処分は第三者もすることができることから、このような場合の強制執行も代替的作為義務の場合と同様に考えられている。

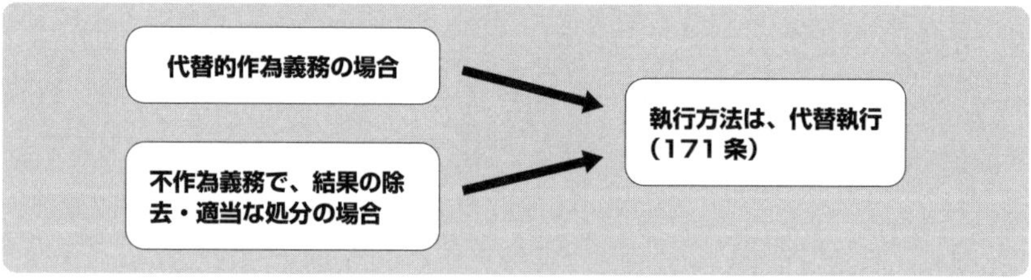

171条1項は、これらの場合の強制執行について、①「作為を目的とする債務についての強制執行」は、執行裁判所が「債務者の費用で第三者に当該作為をさせること」を命ずる方法で、②「不作為を目的とする債務についての強制執行」は、執行裁判所が「債務者の費用で、債務者がした行為の結果を除去し、又は将来のため適当な処分をすべきこと」を命ずる方法で行う、と規定している。命ずる方法とあるが、決定という裁判形式で判断することになる（同条2項、3項参照）。この決定は、債権者に対し、債務者の費用で債権者（または債権者の委任した者。執行官でもよい。）が債務者に代わって義務の履行を行うことができるという権限を与えるもので、授権決定と呼ばれる。このような執行方法を代替執行という。

違法な執行を理由に国家賠償請求がされた事案において、「授権決定にもとづく代替執行は、債務者のなすべき作為の内容を代わって行う者が、債権者自身であると、債権者の委任した第三者であると、あるいは債権者の委任した執行吏（現在の執行官）であるとを問わず、ひとしく債務者の意思を排除して国家の強制執行権を実現する行為であるから、国の公権力の行使である」とした判例がある（ただし、違法ではなかったとして請求は棄却した。最判昭和41年9月22日民集20巻7号1367頁）。

なお、代替的作為の強制執行の場合も、間接強制を用いることが可能となった（173条）。

(2) 代替執行の手続

執行機関は執行裁判所であるが、原則として第1審裁判所が執行裁判所となるという特殊性がある（171条2項）。

執行裁判所が授権決定をする場合には、債務者を審尋しなければならない（同条3項）。費用については、債務者に、あらかじめ債権者に支払うべき旨を命じることもできる（同条4項）。

代替執行の申立てについての裁判や、あらかじめ費用を支払うべき旨を命ずることを求める申立てについての裁判に対しては、執行抗告をすることができる（同条5項）。

(3) その他

建物収去土地明渡しの強制執行の場合は、建物収去の部分は代替的作為の強制執行の手続により、土地明渡しの部分は不動産の明渡しの強制執行の手続によることになる。

また、新聞への謝罪広告の掲載については、思想及び良心の自由（憲法19条）の侵害にならないか、という憲法上の問題がある。これについては、判例があり、謝罪広告を命じる判決でも、その広告の内容が、単に事態の真相を告白し陳謝の意を表明するにとどまる程度のものであれば、その強制執行も代替執行の手続によることができ、思想及び良心の自由を侵害しない、とされた（最判昭和31年7月4日民集10巻7号785頁、執保百選68)。

6 不代替的作為および不作為の強制執行

(1) 意 義

作為または不作為を目的とする債務で代替執行ができないものについての強制執行は、間接強制という方法による（172条)。

代替執行ができないというのは、義務の内容が第三者ができるような代替的なものではないということである。不代替的な作為義務の例としては、株式会社の株式の名義書換義務、芸能人の劇場出演義務、鑑定義務等が挙げられる。ただし、芸術的な作為義務、夫婦の同居義務の場合は、そもそも強制執行できないと考えられている。不作為については、すべての不作為はそれ自体としては不代替的である。

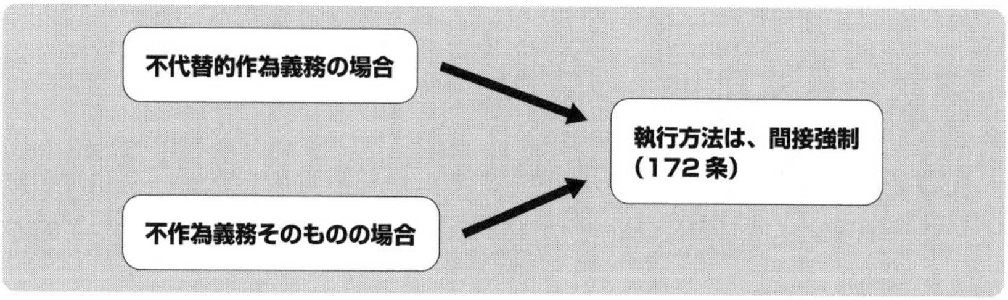

間接強制というのは、条文上は、「執行裁判所が、債務者に対し、遅延の期間に応じ、又は相当と認める一定の期間内に履行しないときは直ちに、債務の履行を確保するために相当と認める一定の額の金銭を債権者に支払うべき旨を命ずる方法」である（同条1項）。この場合の金銭は、「強制金」または「間接強制金」と言われている。事情の変更があれば、申立てにより、変更することもできる（同条2項）。

前述のように、間接強制は、平成15年の改正で、不動産の引渡し・明渡しの強制執行などの非金銭執行にも使えるようになり（173条）、さらに、平成16年の改正で、金銭執行についても、扶養義務等に係る金銭債権についての強制執行の場合のみは、間接強制が認められることになった（167条の15以下）。

(2) 間接強制の手続

この場合も、代替執行の場合と同様、執行裁判所は、原則として第1審裁判所が執行裁判所となる（172条6項、171条2項）。執行裁判所が間接強制の決定をする場合には、相手方を審尋しなければならない（172条3項）。

不作為義務についての間接強制をするためには、債権者が債務者の不作為義務違反の事実を立証する必要があるか、という問題があるが、これについては、最高裁が、その必要はなく、債権者は債務者がその不作為義務に違反するおそれがあることを立証すれば足りる、とする判断を示した（最決平成17年12月9日民集59巻10号2889頁、執保百選69）。

強制金を強制的に徴収する場合、間接強制の決定が「抗告によらなければ不服を申し立てることができない裁判」（22条3号）として債務名義となる。その債務名義については、執行文の付与を受ける必要があり、前記最決平成17年は、その執行文付与の際に条件成就執行文（27条1項）が必要であるとして、間接強制決定に係る義務違反があったとの事実を立証することがその段階で求められることになることも、間接強制決定の段階で義務違反の事実の立証が求められない理由の1つに挙げている。

間接強制の申立てについての裁判に対しては、執行抗告をすることができる（172条5項）。強制金の支払があった場合、債務不履行により生じた損害の額が支払額を超えるときは、債権者は、その超える額について損害賠償の請求をすることを妨げられない（同条4項）。

(3) 不作為執行における請求の抽象度の問題

ア　問題となる状況

不作為執行については、請求の抽象度をどう考えるかという問題がある。これは、「抽象的不作為を求める訴え」、例えば「60ホン以上の騒音が原告の住む家に及ばないようにせよ。」という訴えは適法か（訴訟上の請求が特定しているか）、その認容判決（抽象的不作為判決）の執行が認められるか、という問題である（下記2つの百選〔186頁〕の解説参照）。

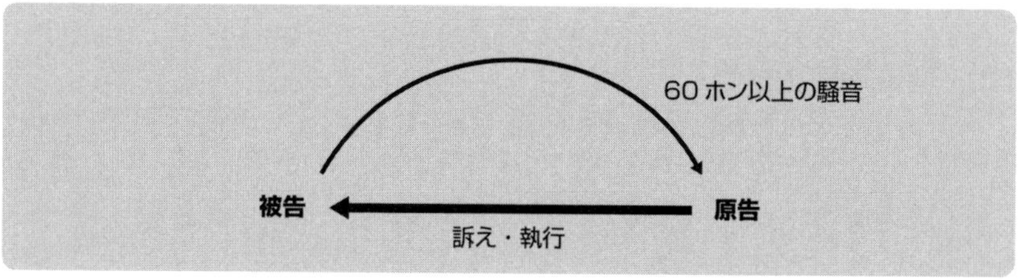

具体的に当事者の立場から考えると、まず、被告は、そのような訴えでは何をしたらいいのか分からないから、もっと請求を特定すべきだ、と考えるであろう。それに対して、原告の方は、要するに騒音が来なければいいのであって、騒音を防止する手だては、むしろ騒音を出している被告の方で考えるべきだ、と思うであろう。また、仮に、原告が、より具体的に被告のすべきことを特定しなければならないとした場合、例えば、原告が、高さ3メートル、長さ100メートルのコンクリート製の防音塀を建てることを請求し、認容判決をもらって執行したとしても、原告の受ける騒音が60ホン未満にならない可能性もあり、原告は、再度別の訴えを提起する必要が出てくるかもしれない。

イ　諸　説

このような状況で、1つの考え方では、そのような程度の抽象的な訴えやそれを認める判決による強制執行は可能である、とする。具体的な執行の手順としては、まず、①債務者に手段を選択させて実行させるために間接強制を執ることができ、もし債務者がそれを怠れば、次の段階として、②債権者が、将来のための適当な処分として、一定の防止設備の設置を求めて代替執行（171条）を申し立てることができ、他方で、債務者には、一定の防止設備の設置を命じる決定という債務名義（22条3号）に対して請求異議の訴えで争う方法が認められる、という。

これに対しては、執行手続という必ずしも口頭弁論が行われないところで、裁判所が何が最も効率的な騒音防止措置であるかを判断するのは、とくに被告の保護の点で不都合ではないか、やはり原告が訴え提起の際に被告が具体的に何をすべきであるのかを特定した上で、裁判所が判決手続で審理判断すべきである、という意見もある。また、間接強制についての172条1項には「前条第一項の強制執行ができないものについて」とあるので、前述の考え方に対しては、171条1項の代替執行のほうが間接強制に先行すべきであって、順序が反対になるのは許されないとの批判もなされた。ただし、この点は、現在では間接強制が第1次的にも使えるようになっているため（173条）、批判とはなりえなくなっている。

さらに、折衷的な考え方として、抽象的な差止判決を基に不作為の間接強制をすることはできるが、執行裁判所が具体的な防止設備の設置を命じうるのは、①抽象的な差止判決自体から具体的な作為の要求が明確に認識できる場合か、②その判決の訴訟の審理過程で、被告のなすべき防止措置が具体的に主張・立証されていた場合かに限定すべきである、とする説もある。

なお、間接強制で被告が履行しない場合には、代替執行によるというよりも、強制金の額を引き上げていけばよいという考え方もできよう。

ウ　判　例

判例はというと、下級審の裁判例で、原告の訴えが、「東海道新幹線鉄道列車の走行によって発生する騒音及び振動を午前7時から午後9時までの間においては騒音65ホン、振動毎秒0.5ミリメートル、午前6時から同7時及び午後9時から同12時までの間においては騒音55ホン、振動毎秒0.3ミリメートルを超えて侵入させてはならない」との判決を求めるものであった事案について、そのような抽象的不作為判決は間接強制の方法によることができるから、そのような判決を求める訴えは適法である、としたものがある（ただし、新幹線の公共性を理由に請求は棄却した。名古屋高判昭和60年4月12日下民集34巻1～4号461頁、執保百選67）。

その後、最高裁は、「被告（国）は、原告らのためにアメリカ合衆国軍隊をして、……原告らの居住地において55ホン以上の騒音となるエンジンテスト音、航空機誘導音等を発する行為をさせてはならない」という請求の趣旨について、「このような抽象的不作為命令を求める訴えも、請求の特定に欠けるものということはできない。」としたが（最判平成5年2月25日判時1456号53頁、民訴百選〔第3版〕39）、執行方法との関係には触れていない。

7　子の引渡しの強制執行

(1)　意　義

子の引渡しの強制執行については、従来民事執行法に規定がなかった。そのため、家庭裁判所の審判等で意思能力のない子の引渡しが命じられたような場合に、それをどのような手続で強制執行するかについて、動産に準じて直接強制によるとする説（169条の類推適用）、間接強制（172条）によるとする説、場合によるとする説などに分かれていて、169条の類推適用を認める実務にも批判があった。

そうした中で、令和元年の改正で、この問題について規定が整備された（174条以下）。要点は、(i) 子に対する関係では間接強制の方が執行方法としてソフトであることから、できる限りまず間接強制を試みることが要求されたことと、(ii) 直接強制のような方法を執る場合にもできる限り子の心身への影響に配慮することが要求されたこと、にある。

(2)　手　続

まず、執行方法としては、①「執行裁判所が決定により執行官に子の引渡しを実行させる方法」と、②「172条1項に規定する方法」、が認められている（174条1項）。①については、安易に動産執行の直接強制の規定を準用することは避けられており、直接強制というよりも「直接的な強制執行」と呼ばれることが多い。②は間接強制である。いずれにしても執行機関は執行裁判所であるから、強制執行の申立先は、①の場合でも執行官ではなく執行裁判所となる。

子の引渡しの強制執行
- ①直接的な強制執行（執行裁判所が決定により執行官に子の引渡しを実行させる方法）
- ②間接強制

その上で、上記(i)の観点（間接強制の原則的前置）から、①の方法を執るには、原則として、②の決定が確定した日から２週間を経過したことが必要で（もし履行すべき期間の経過がまだ過ぎていない場合には、それが過ぎてから）、それ以外では、例外的に、②の実施が無意味である場合（条文の言葉では「債務者が子の監護を解く見込みがあるとは認められないとき」）か、②の実施の時間的余裕がない場合（条文の言葉では「子の急迫の危険を防止するため直ちに強制執行をする必要があるとき」）、でなければならないとされている（同条２項）。①②とも、認める決定をするには、債務者を審尋しなければならないが（174条３項本文、172条３項）、①の場合、子に急迫した危険があるときなど審尋をすることで強制執行の目的を達せられない事情があるときは、審尋は不要となる（174条３項ただし書）。

①の場合、執行裁判所は、①の決定において、執行官に対して、債務者による子の監護を解くために必要な行為をすべきことを命じなければならないとされ（同条４項）、執行官は、その行為として、債務者に対し説得を行うほか、債務者の住居その他債務者の占有する場所において（場合によってはそれ以外の場所でも）、子の捜索、債権者（またはその代理人）と子を面会させること、債権者（またはその代理人）と債務者を面会させること、その場所に債権者（またはその代理人）を立ち入らせること、などができるとされている（175条１項、２項）。

債務者による子の監護を解くために必要な行為は、債権者（場合によってはその代理人）が出頭した場合に限って可能である、とされた（同条5項、6項）。従来の直接強制による場合については、執行が債務者と子がともにいる場合に限られるとする考え方もあり、債務者同時存在原則と呼ばれたが、この原則は採用されなかったことになる。

しかし、上記（ii）の観点（子の心身への影響への可及的配慮）から、執行官は、子に対して威力を用いることはできず、子以外の者に対して威力を用いることも、子の心身に有害な影響を及ぼすおそれがある場合には禁止される（同条8項）。さらに、一般的に、執行裁判所および執行官は、①の手続で子の引渡しを実現するに当たっては、「子の年齢及び発達の程度その他の事情を踏まえ、できる限り、当該強制執行が子の心身に有害な影響を及ぼさないように配慮しなければならない」との規定が置かれている（176条）。

なお、旧法事件であるが、子の引渡しを命じる審判を債務名義とする間接強制の申立てについて、最高裁がこれを権利の濫用として許さないという判断をしたことがある（最決平成31年4月26日判時2425号10頁、令和元年度重判民訴9）。これは、まず、XのYに対する子（A）の引渡し執行の申立てに基づいて執行官による執行が実施されたが、Aが引き渡されることを拒絶して呼吸困難に陥りそうになったため執行不能とされ、また人身保護請求もAが自由意思に基づいてY等のもとにとどまっているとして請求棄却になったところ、その後、本件の間接強制の申立てがなされたものである。最高裁は、「現時点において、Aの心身に有害な影響を及ぼすことのないように配慮しつつAの引渡しを実現するため合理的に必要と考えられるYの行為は、具体的に想定することが困難」であるとして、間接強制は過酷執行として許されず、間接強制の申立ては権利の濫用に当たり却下すべきであるとし

(1) 執行官による執行は、不能（∵子が拒絶し呼吸困難に陥りそうに）
(2) 人身保護請求は、棄却（∵現状は子の自由意思）

↓

間接強制の申立ては、却下すべき（∵合理的に必要な相手方の行為は想定困難だから、間接強制は過酷執行で、申立ては権利濫用）

た。

現行法では、むしろ間接強制が前置であるから、間接強制の手続で子の心身の状況を判断するのは困難であるが、子の引渡しの強制執行特有の事情から間接強制の限界を示した意義のある判例である。

強制執行の話は、以上で終える。

第4章　担保権の実行としての競売等

1　序　説

担保権の実行としての競売等の話に入る。強制執行の場合と異なり、債務名義に基づかないで民事執行が可能とされる場合である。

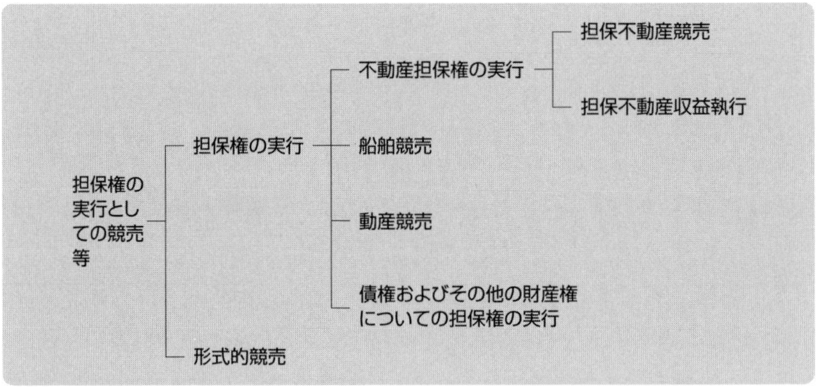

種類としては、担保権の実行と形式的競売とに分かれる。これらは、かつては任意競売と呼ばれたが、民事執行法上は、任意競売という概念は使われていない。第1章で前述したように（8頁）、これらは、民事執行の4つの意味のうちの2つであるが、形式的競売は、条文も1つの条文のみ（195条）であり、民事執行法の条文構成としても「第3章　担保権の実行としての競売等」の中に含めて規定しているので、便宜上、本書でも形式的競売を本章に含めることとする。ただ、民事執行の違う種類のものであることは認識すべきである。

担保権の実行は、民事執行法上、強制執行の場合と同様に、対象となる財産の種類によって、①不動産担保権の実行、②船舶競売、③動産競売、④債権およびその他の財産権についての担保権の実行、に分かれる。②③のように、強制執行の場合の「執行」ではなく、「競売」という言葉が用いられている点に注目すべきである。①④に「競売」という言葉がないのは、換価方法として財産が売却されるとは限らないためである。②については、船舶執行についてと同様に以下でも説明を省略する。

2 不動産担保権の実行

(1) 総 説

不動産担保権の実行には、担保不動産競売と担保不動産収益執行とがある(180条)。これらは、不動産執行の場合の強制競売と強制管理とに相当し、手続も、強制競売の規定が担保不動産競売について、強制管理の規定が担保不動産収益執行について、それぞれ準用される(188条)。不動産担保権の典型例は、抵当権であり、例えば、抵当権者は、抵当権を実行する場合に、担保不動産競売の方法によるか、担保不動産収益執行の方法によるかを選択することができる(180条)。実務上は、担保不動産競売が最も重要であり、その申立件数は強制競売よりも多い。なお、担保不動産競売は以前単に不動産競売と呼ばれていたため、「不動産競売」という言葉が、現在の担保不動産競売のみを意味することもあるが、強制競売も不動産の競売であるとして(競売の手続は基本的に同様である)、「不動産競売」という言葉が、担保不動産競売と強制競売とを含む意味で使われることもあるので注意が必要である。

担保権の実行では、強制執行の場合と異なり債務名義が不要であるとはいうものの、担保権を認識する手がかりとなる一定の文書に基づいて手続が開始されることになっている。不動産担保権の実行の場合は、①担保権の存在を証する確定判決等の謄本、②担保権の存在を証する公正証書の謄本、③担保権の登記に関する登記事項証明書、④一般の先取特権にあっては、その存在を証する文書がそれであり(181条1項)、これらは担保権実行名義と言われることがあるが、実務上は、担保権の存在を証する法定文書や、単に法定文書と言われることが多い。①〜④のうち多く使われるのは、③である。

執行裁判所は、担保不動産競売の開始決定前でも、債務者等が価格減少行為（55条1項と同じ。101頁）をする場合に、とくに必要があれば、申立てによって保全処分を命じることができる（187条1項）。開始決定前でもというところが、注目される点である。ただし、競売手続に付随した措置であるから、競売手続開始よりもずっと以前からというわけにはいかず、競売申立ての前3か月間に限られる（保全処分決定の告知を受けた日から3か月以内に競売申立てをしたことを証する文書を提出しないと、相手方等の申立てにより、保全処分決定が取り消される。同条4項）。

なお、不動産担保権の実行手続で、被担保債権の一部のみの実行を申し立てた場合（規170条1項4号）、禁反言の要請から、その手続において申立てに係る債権の拡張をすることはできないが、「配当異議の訴えにおいて、競売申立書における被担保債権の記載が錯誤、誤記等に基づくものであること及び真実の被担保債権の額が立証されたときは、真実の権利関係に即した配当表への変更を求めることができる」という判例がある（最判平成15年7月3日判時1835号72頁、執保百選23）。

(2) 実体異議、実体抗告

ア 意 義

不動産担保権の実行の開始決定がされた場合、それに対する執行抗告または執行異議の申立てにおいては、債務者または不動産の所有者は、担保権の不存在または消滅を理由とすることができることになっている（182条）。

まず、執行抗告と執行異議は、任意に選択できるものではないことに注意してほしい。前述のように、担保不動産競売の場合は、強制競売の規定が準用され、担保不動産収益執行の場合は、強制管理の規定が準用され（188条）、強制競売開始決定に対する不服申立ては執行異議で（45条3項参照）、強制管理開始決定に対する不服申立ては執行抗告である（93条5項）から、182条はこれらを含めた表現になっているのである。したがって、執行異議の申立ては担保不動産競売の場合に可能であり、また執行抗告は担保不動産収益執行の場合に可能である、ということになる。

182条の執行異議、執行抗告で特徴的であるのは、担保権の不存在または消滅という実体上の事由を理由とすることができる、とされていることであ

	強制執行で相当するもの	不服申立方法
担保不動産競売の開始決定	強制競売開始決定に相当	執行異議
担保不動産収益執行の開始決定	強制管理開始決定に相当	執行抗告

る。執行異議、執行抗告は、本来、手続が手続法に違反している場合の不服申立方法であるから（84頁）、その例外が規定されていることになる。そのため、これらを実体異議、実体抗告と言うことがある。例えば、抵当権設定契約が無効であったから抵当権が不存在であるとか、抵当権は有効に設定されたが、その後被担保債権の弁済で消滅したとかいう場合に、それらのことを執行異議や執行抗告で主張して、開始決定を争うことができることになる。

イ　趣　旨

このような例外が規定された趣旨としては、担保権の実行では債務名義が不要であるので、債務者側の手続保障を厚くする必要があるとして、決定手続という簡易な手続で不服申立てができることにした、ということが挙げられる。とくに、担保不動産競売では、競売の結果の安定性の観点から、民事執行法は、担保権が不存在であったり消滅していたりしても、代金を納付した買受人は不動産の所有権を取得することができることにしたので（184条。次項で後述する。）、債務者側の保護手段として執行異議を与える必要が生じた、ということもある。

ウ　その他

担保権の存否という実体権の問題であるから、執行異議や執行抗告という決定手続ではなく、判決手続で開始決定を争うことも認められるが、債務名義はないので請求異議の訴えの準用はなく、担保権不存在確認の訴え（例えば、抵当権不存在確認の訴え）、担保権設定登記（例えば、抵当権設定登記）の抹消登記手続請求の訴え等を使うことになる、と考えられている。その訴えを提起する際は、担保権実行禁止の仮処分（第6章で後述する民事保全の一種）を得ることによって、「担保権の実行を一時禁止する裁判の謄本」（183条1項7号）を提出して、担保権の実行手続を止めることになる。

また、債務名義制度を前提とする執行文の制度の準用もないが、承継については、181条3項が、「担保権について承継があつた後不動産担保権の実行の申立てをする場合には、相続その他の一般承継にあってはその承継を証する文書を、その他の承継にあってはその承継を証する裁判の謄本その他の公文書を提出しなければならない。」と規定している。これは、担保権の承継については執行開始要件として審査されるということを意味する。

ただ、自分の所有権等が担保権の実行手続によって不当に侵害されるということはありうるし、それは債務名義制度とは関係がないから、担保権の実行手続に対して、第三者異議の訴えを提起するということは可能である、と考えられている。

なお、開始決定に対して不服を申し立てるのではなく、売却許可決定に対する執行抗告（188条、74条）で担保権の不存在または消滅を主張することができるかという問題もあるが、それはできないとした判例がある（最決平成13年4月13日民集55巻3号671頁、執保百選24）。

(3) 買受人の所有権取得

上に述べたように、担保不動産競売における代金の納付による買受人の不動産の取得は、担保権の不存在または消滅により妨げられない（184条）。これは、公信的効果と言われることがある。

例えば、Aが、B所有の不動産に対する抵当権を主張して、その実行を求めたところ、執行裁判所が担保不動産競売を開始し、その手続でCが買受人となったとすると、Cが代金を納付した場合には、たとえAの抵当権が不存在であった、あるいは消滅していたというときでも、Cは、その不動産の所有権を取得する、ということになる。これは、民事執行法施行前、Cは

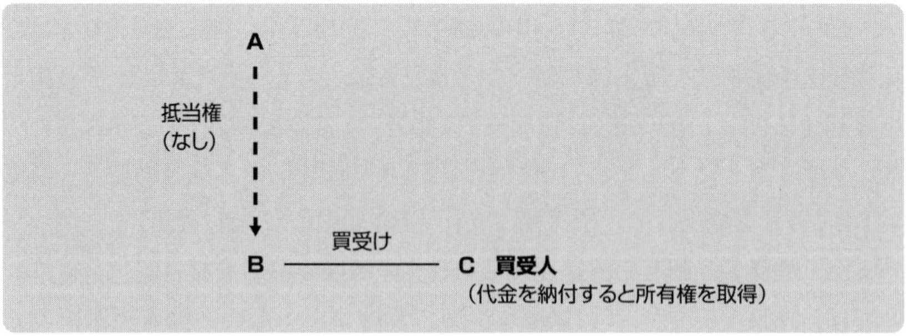

所有権を取得できないとされていて、競売制度が信用されなかったという状況があったので、それを改めたものである。

買受人は代金を納付すればあとは無条件に所有権を取得することができるかというと、多数説は、Cが、担保権の不存在・消滅について悪意であった場合には保護されないとし、さらに買受人が担保権者自身であった場合にも同様としている（中野＝下村・民事執行法369頁）。

本条に関しては、さらに、判例を見ておくことにする。

ア　無権代理で物上保証人とされた者からの不当利得返還請求

A会社がYから融資を受け、A会社の代表取締役Bが、第三者Xを無権代理してXの土地についてYのために根抵当権を設定した（下図の①）ところ、Yが（法律上は存在しない）根抵当権を実行し（②）、売却代金から弁済金の交付を受けた（③）という場合に、XがYに対して不当利得返還請求（④）をすることができるかが、問題となった。なお、買受人はY自身であった。

このような事案において、判例は、不当利得返還請求をすることができるとした（最判昭和63年7月1日民集42巻6号477頁、執保百選25）。その理由

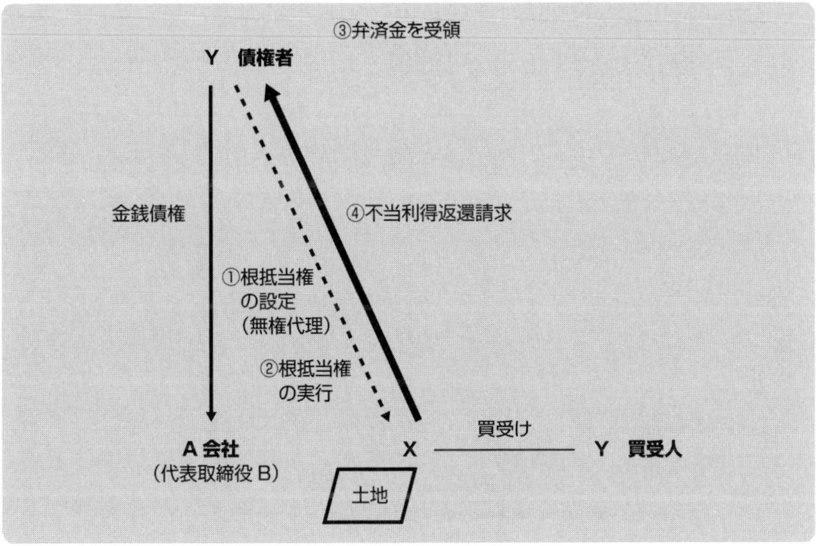

として、184条によってXがその土地の所有権を喪失したことを前提に（買受人は担保権者であるYであるから、この点は前述の多数説と異なる。）、「Yは、競売の基礎である根抵当権が存在せず、根抵当権の実行による売却代金からの弁済金の交付を受けうる実体上の権利がないにもかかわらず、その交付を受けたことになり、すなわち、その者は、法律上の原因なくして第三者に属する財産から利益を受け、そのために第三者に損失を及ぼしたものというべきだからである。」とした。

この判例の原審は、YのA会社に対する被担保債権は消滅したとして、不当利得者はむしろA会社であるとしてXのYに対する不当利得返還請求を否定していたので、最高裁は被担保債権は消滅していないとみていることになる。この点は、Xは、Yへの弁済金交付を追認して、A会社に不当利得返還請求することもできるとする指摘などもある（上記百選の解説参照）。

イ　所有者が競売手続上当事者として扱われなかった場合

競売不動産の所有者が、競売手続上当事者として扱われなかった場合に、184条で所有権を喪失するのかも、問題となった。事案は、不動産の真の所有者はAであるが、書類偽造によって、不動産登記簿上B名義とされ（下図の①）、その状態でCのために抵当権が設定された（②）ため、その（法律上は存在しない）抵当権が実行されて買受人Dが登場した（③）、というものであった。184条によれば、抵当権が不存在でも買受人は所有権を取得する

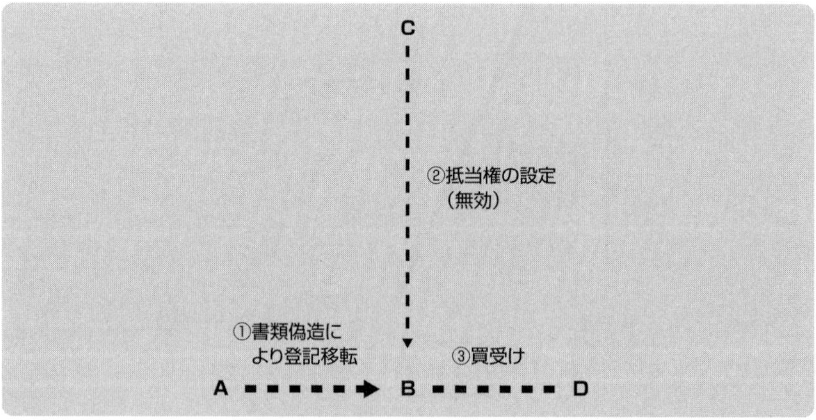

から、Dは所有権を取得しそうである。

しかし、判例は、このような場合には、Aは所有権を喪失しない（Dは所有権を取得しない）とした（最判平成5年12月17日民集47巻10号5508頁、執保百選26）。その理由として、184条による所有権喪失を肯定するには、「その者が当該不動産競売手続上当事者として扱われ、同法181条ないし183条の手続にのっとって自己の権利を確保する機会を与えられていたことが不可欠の前提をなす」とし、その者（A）がたまたま競売手続開始を知り、その停止申立て等の措置を講じることができたというだけでは足りない、とした。

Aには184条で所有権を喪失するだけの手続保障が与えられなかった、という判断であろう。ただし、Bの登記についてAに帰責事由があれば、実体法上民法94条2項の類推適用はありうる。

3　動産競売

動産競売は、強制執行の場合の動産執行に相当するものであり、動産についての担保権の実行であるが、開始されるのは、次の3つの場合である（190条1項）。

①　債権者が執行官に対し当該動産を提出した場合

②　債権者が執行官に対し当該動産の占有者が差押えを承諾することを証する文書（差押承諾文書）を提出した場合

③　債権者が執行官に対し執行裁判所の許可の決定書の謄本を提出し、かつ、動産の捜索に先立ってまたはこれと同時に当該許可の決定が債務者に送達された場合

このうちの③の執行裁判所の許可というのは、担保権の存在を証する文書

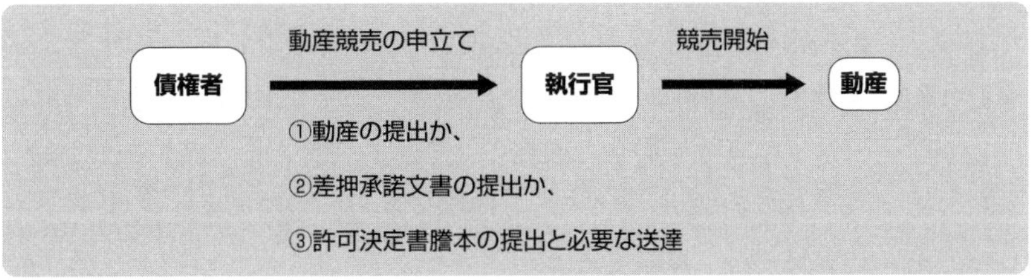

を提出した債権者の申立てがあった場合に、執行裁判所が、当該担保権についての動産競売の開始を許可することができる（同条2項）、という動産競売開始許可のことである。

例えば、動産質権の場合には、債権者がその動産を占有しているであろうから（民法342条、344条、345条参照）、①の提出が可能であり、問題がない。

これに対して、例えば動産売買先取特権（同法311条5号、321条）のように、債権者がその対象となる動産を占有せず、しかも法定担保物権であるため、差押えを承諾する文書も通常期待できないような場合は、①でも②でも動産競売の開始を求めることはできない。そのような場合に対応するために、平成15年の改正で③の動産競売開始許可の制度ができたのである。債権者が動産を占有していないため、執行官が、差押えのために、債務者の住居等を捜索することができる（192条、123条2項）。

動産競売の場合の差押えに対する執行異議の申立てにおいては、債務者または動産の所有者は、担保権の不存在もしくは消滅または担保権によって担保される債権の一部の消滅を理由とすることができる（191条）。これは、182条と同旨の趣旨の実体異議である。「一部の消滅」とあるのは、やや特殊な状況ではあるが、債務者の総財産の上に成立する一般先取特権による動産競売の場合、債権の一部弁済により事後的に超過差押えとなって一部の差押物の差押えが取り消されることが考えられるためである（新基コン461頁）。

動産競売には、いうまでもなく動産執行の規定が準用される（192条）。

4　債権およびその他の財産権についての担保権の実行

(1)　総　説

債権およびその他の財産権についての担保権の実行は、債権執行に相当するもので、担保権の存在を証する文書が提出された場合に開始される（193条1項前段）。権利の移転について登記等を要するその他の財産権の場合には、不動産担保権の実行の場合と同様の文書が必要である（同項前段括弧書）。また、物上代位権の行使についても、同様であり（同項後段）、むしろこちらの方がより重要であり複雑であるといえる。

物上代位権というのは、担保権の設定された物の売却、賃貸、滅失、損傷等で債務者が金銭等を受けることができるようになった場合に、担保権者がその金銭等の債権に対しても権利を行使することができる、というものである。ただし、その債権の弁済（条文上は、「払渡し又は引渡し」。民法304条1項ただし書）がなされる前に、その債権に対する差押えをすることが必要である。先取特権について規定され（民法304条）、質権や抵当権にも準用がある（同法350条、372条）。

例えば、債務者Bの建物に抵当権が設定され（下図の①）、その建物について火災保険契約が締結されていたという場合、もしその建物が火事で滅失した（②）ときには、抵当権者Aは、Bが保険会社Cに対して有する火災保険金請求権について、抵当権に基づく物上代位権を主張して、CがBに支払う前にそれを差し押さえる（③）ことができることになる。建物の滅失によってその保険金請求権が行使可能となったといえるから、建物について権利を持っていたAが、保険金請求権に対しても権利を行使することができていいのではないか、ということである。その後、Aは、債権執行の場合と同様に、取立てや転付命令の取得等によって満足を受けることができる。

物上代位権の行使としての差押えは、担保権に基づくものであり、債務名義は不要であるから、「債権及びその他の財産権についての担保権の実行」

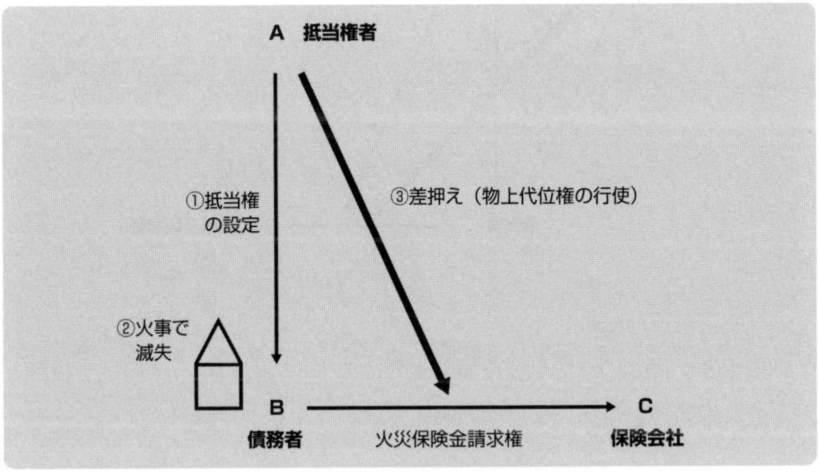

に含まれるのである。なお、民事執行法上は、「土地収用法による収用その他の行政処分」によって債務者が権利を取得した場合も含めて規定されている（193条1項後段）。

(2) 抵当権に基づく物上代位の場合

抵当権に基づく物上代位の具体的な例は、前述したとおりである（199頁）。

ア 配当要求による行使の可否

抵当権に基づき物上代位権を行使する債権者は、他の債権者による債権差押事件（下図の①）に配当要求する（②）ことによって優先弁済を受けることはできない、というのが判例である（最判平成13年10月25日民集55巻6号975頁、執保百選79）。その理由として、(1) 民法304条1項ただし書の「差押え」に配当要求を含むものとは解せないこと、(2) 民事執行法154条・193条1項は抵当権に基づき物上代位権を行使する債権者が配当要求することは予定していないこと、を挙げる。(1)は実体法上の条文の関係であり、(2)は手続法上の条文の関係である、ということになる。

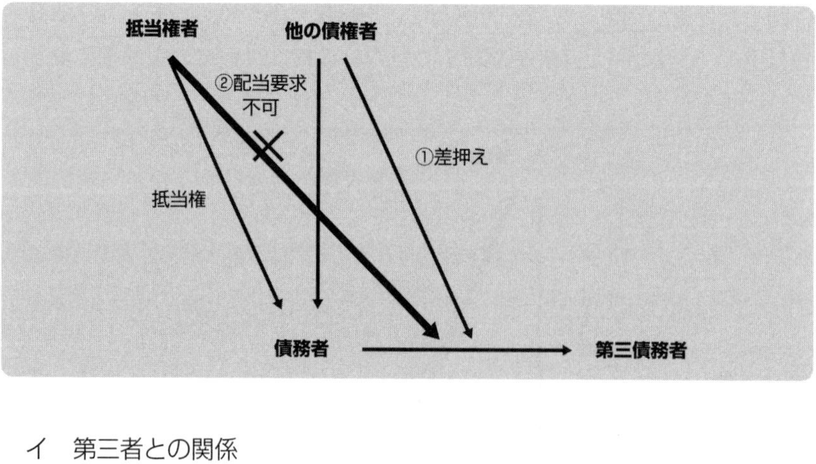

イ 第三者との関係

抵当権者が物上代位権を行使して差押えをする場合には、その抵当権者と第三者との関係が問題となる。判例で次のようなことが問題となった。

（ア） 一般債権者である差押債権者との優劣

まず、債務者Ｂの一般債権者で債権差押えをした者との優劣が問題となる。

具体的には、事実関係（下図参照）が、①一般債権者Ｄが、債務者Ｂに対する執行証書により、強制執行として、債務者兼賃貸人Ｂの賃借人Ｃに対する賃貸建物の賃料債権を差し押さえた、②Ａが、Ｂのこの建物について、抵当権の設定を受け登記を得た、③抵当権者Ａが、物上代位権の行使として、その賃料債権を差し押さえた、④Ｃが賃料債権について賃料を供託した、という順で進行した場合に、ＡとＤとの関係が問題とされた。ＡとＤの債権額に応じた按分の配当がなされた後、ＡがＤに対して、Ａが優先権を持つことを前提に不当利得返還請求の訴えを提起したのである（なお、配当異議の申出をしなかった抵当権者からの不当利得返還請求自体は、前述のように〔129頁〕、否定されない。最判平成3年3月22日民集45巻3号322頁）。

判例は、Ａの抵当権設定登記（②）とＤの差押命令のＣへの送達（①）とを比べ、前者が後者よりも遅い以上、Ａは配当が受けられないとした（最判平成10年3月26日民集52巻2号483頁、執保百選77）。理由として、債権差押えの処分禁止効は、差押命令の第三債務者への送達によって生ずるもので、他方、抵当権者Ａが抵当権を第三者に対抗するには、その設定登記を経由することが必要であるから、とする。

学説上も、判例に賛成する立場が多く、(i) 抵当権設定行為は、物上代位を考えると賃料債権について優先弁済権を付与するもので、賃料債権に対して一般債権者による差押えがなされた後は、差押えによる処分禁止の効力に抵触する、との指摘や、(ii) 差押債権者と抵当権者との利益調整の観点から、一般債権者による差押えよりも前の抵当権の公示を要求すべきである、との指摘がある（上記百選の解説参照）。

判例に反対する説としては、結論として、(a) 抵当権設定登記が一般債権者による差押えに後れた場合でも、抵当権者が優先するとの立場のほか、(b) 物上代位権者は優先弁済権が否定されるものの、一般債権者の差押えと同列に按分配当が受けられるという立場もある（この点も上記百選の解説参照）。

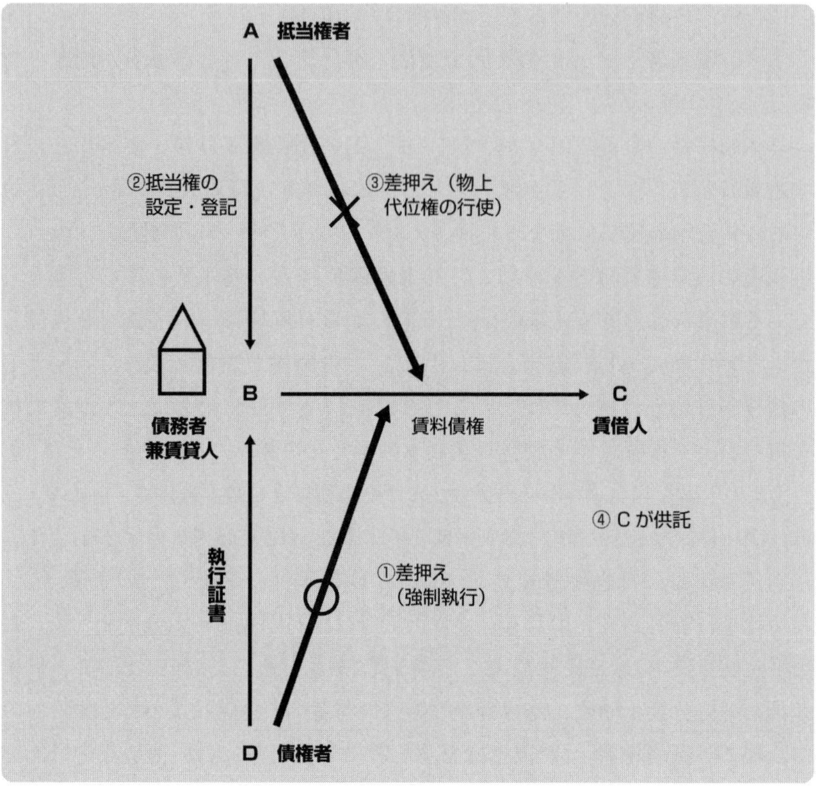

（イ） 債権譲受人との優劣

次に、物上代位の目的債権を債権譲渡により譲り受けた者との優劣も問題となる。

ここでも判例で問題となった事実関係（下図参照）の順序を書くと、①B所有の建物についてAのために抵当権設定登記がされた、②その建物の賃貸人Bの賃借人Cに対する賃料債権が、Dに対して譲渡され、その対抗要件が具備された、③抵当権者Aが物上代位権を行使して、その賃料債権を差し押さえた、という順で進行した場合であり、AがCに対して支払を求める訴えを提起し、その中でAとDとの関係が問題とされた。

この場合、判例は、Aの物上代位権の行使は認められるとした（最判平成

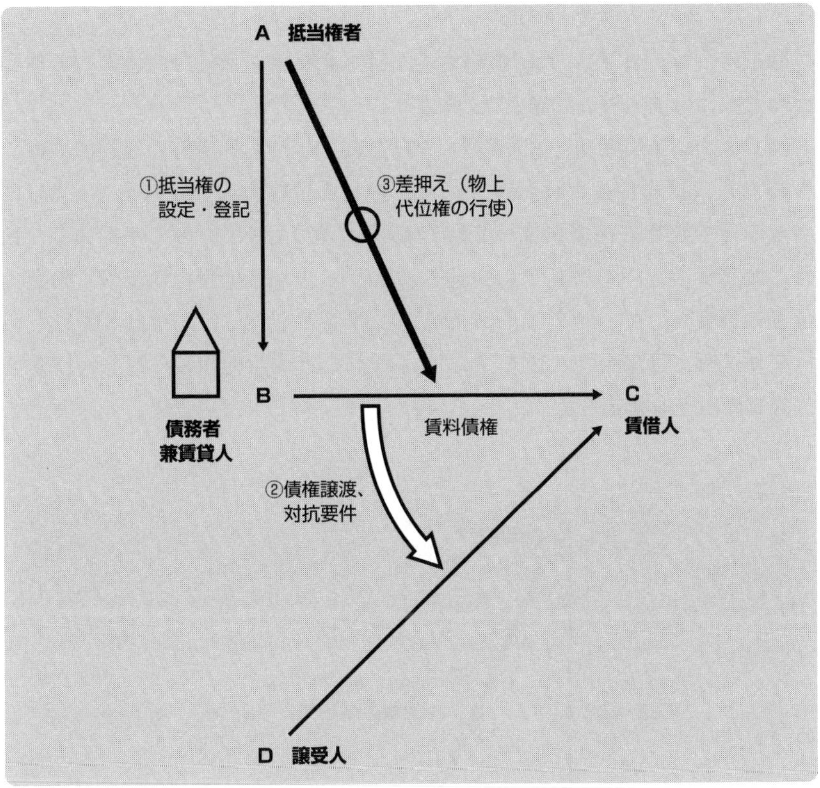

10年1月30日民集52巻1号1頁、平成10年度重判民法6)。理由として、①民法372条が準用する304条1項ただし書の差押えの趣旨は二重弁済の危険から第三債務者（上図のC）を保護することにあるから、債権譲渡は「払渡し又は引渡し」（同項ただし書。差押えはその前にする必要がある。）には含まれないこと、②抵当権の効力が物上代位の目的債権についても及ぶことは、抵当権設定登記により公示されているとみることができること、③債権譲渡の方が優先するとすると、抵当権設定者Bは、抵当権者からの差押えの前に債権譲渡をすることによって容易に物上代位権の行使を免れることができてしまうこと等を挙げている。ここでは、その限りで抵当権の物上代位権の追及効が認められていることになる。

（ウ） 転付債権者との優劣

さらに、「物上代位の目的債権を差し押さえた上、転付命令によって取得した者」との優劣も、問題となった。

同じように事実関係（下図参照）の順を書くと、①B所有の建物についてAのために抵当権設定登記がされた、②Bの債権者Dが、BのC（県）に対するその建物の補償債権（用地買収契約に基づく）について差押命令、転付命令を得て、いずれもCに送達された、③Aが、抵当権に基づく物上代位権の行使として、その補償債権を差し押さえた、④Cが供託した、という順で進行した場合で、DをAよりも後れるとする配当表に対し、Dが配当異議の訴えを提起した。

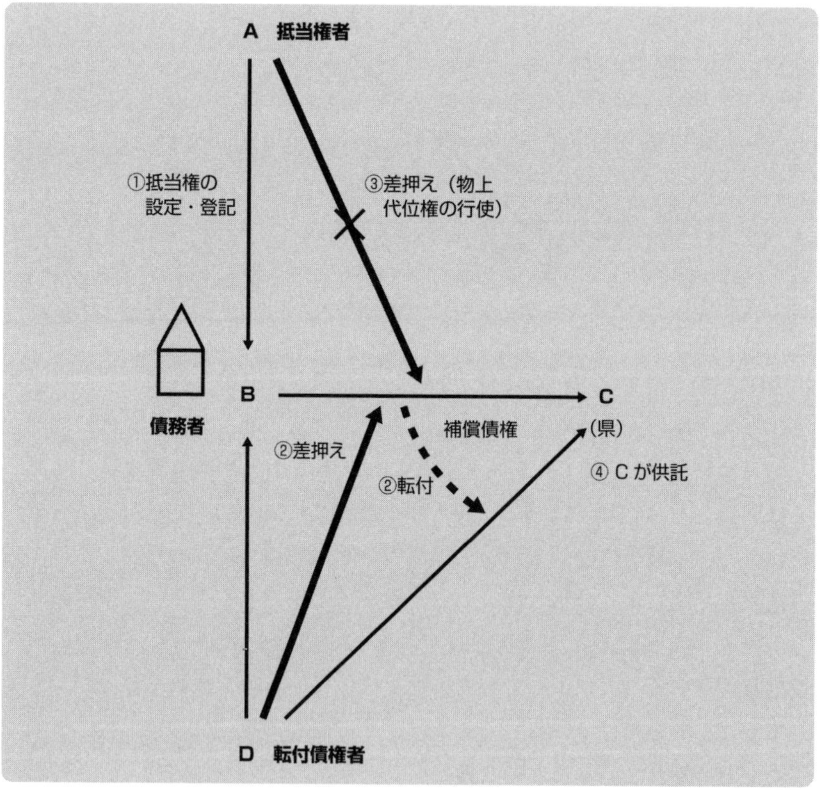

ところが、判例は、この場合について、前記（イ）の判例（最判平成10年1月30日）とは異なり、抵当権者Aは、被転付債権（補償債権）について抵当権の効力を主張することはできない、とした（最判平成14年3月12日民集56巻3号555頁、執保百選78）。前述のように（167頁）、159条3項は、「転付命令が第三債務者に送達される時までに、転付命令に係る金銭債権について、他の債権者が差押え、仮差押えの執行又は配当要求をしたときは、転付命令は、その効力を生じない。」と規定しているが、判例は、理由として、この条文を引き合いに出す。つまり、転付命令が、第三債務者に送達された時に他の債権者が同項に規定する差押え等をしていないことを条件として、差押債権者に独占的満足を与えるものであり、同項の差押えに物上代位による差押えが含まれること、を挙げる。Aは、転付命令がCに送達される時までに差押えをしていなかったのであるから、Dの独占的満足となる、というのである。

しかし、この判例については、159条3項は転付命令が有効（債権移転は有効）というだけのことを意味し、抵当権の追及効はそれとは別と考えることができるのではないか、という疑問がある。例えば、債権に質権が設定された場合も、判例によれば、転付命令は有効であるものの質権は実行可能であるとされるのであり（169頁）、それと同様の状況と考えられる。

この判例については、本件の補償債権のように目的債権が抵当不動産の価値代替財産である場合には、むしろ抵当権者の利益を重視すべきであるとする見解も示されている（上記百選の解説参照）。

(3)　動産売買先取特権に基づく物上代位の場合

動産売買先取特権に基づく物上代位も、問題となる。

例えば、AがBに動産を売ると、売買代金債権を被担保債権とする動産売買先取特権が、その動産に生じる（民法311条5号、321条）。そして、BがさらにCにその動産を転売すると、Aは、Cに引き渡されたその動産にはもはや先取特権を主張することはできないが（民法333条）、動産売買先取特権に基づく物上代位権を主張して、BのCに対する転売代金債権を差し押さえることはできることになる。

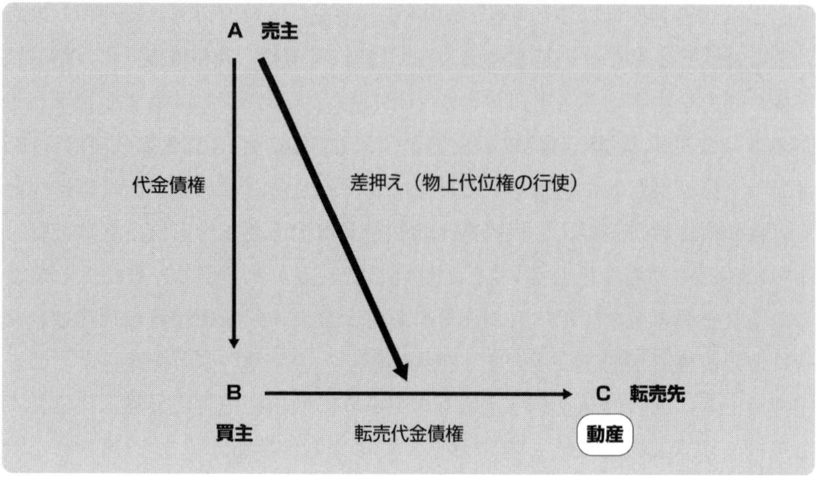

動産売買先取特権者が物上代位権を行使する場合にも、第三者との関係が問題となる。やはり、判例で次のようなことが問題となった。

ア　一般債権者である差押債権者との優劣

事実関係（下図参照）が、①一般債権者Ｄが、債務者Ｂの転売先Ｃに対する動産の転売代金債権を差し押さえた（事案は仮差押えであるが、便宜上差押えとして説明する)、②その動産をＢへ売ったＡが、その転売代金債権について、動産売買先取特権に基づく物上代位権の行使として、差押命令、転付命令を取得した、③Ｃが転売代金債権についてその代金を供託した、という順で進行した場合に、ＡとＤとの関係が問題とされた。按分の配当表に対して、Ａが自らの優先弁済を主張して配当異議の訴えを提起した。

判例は、抵当権に基づく物上代位と第三者との関係について前述した3つの判例（201頁以下）よりも前のものであるが、まず、差押えを要するとする民法304条1項ただし書の趣旨（差押えによってBC間の債権の特定性が保持されることにより物上代位権が保全されることと、第三債務者または債権譲受人・転付債権者が公示のないＡの優先権によって不測の損害を受けることを差押えにより防止すること）から、物上代位の目的となる債権（上の場合の転売代金債権）について一般債権者が差押えまたは仮差押えの執行をしたにすぎな

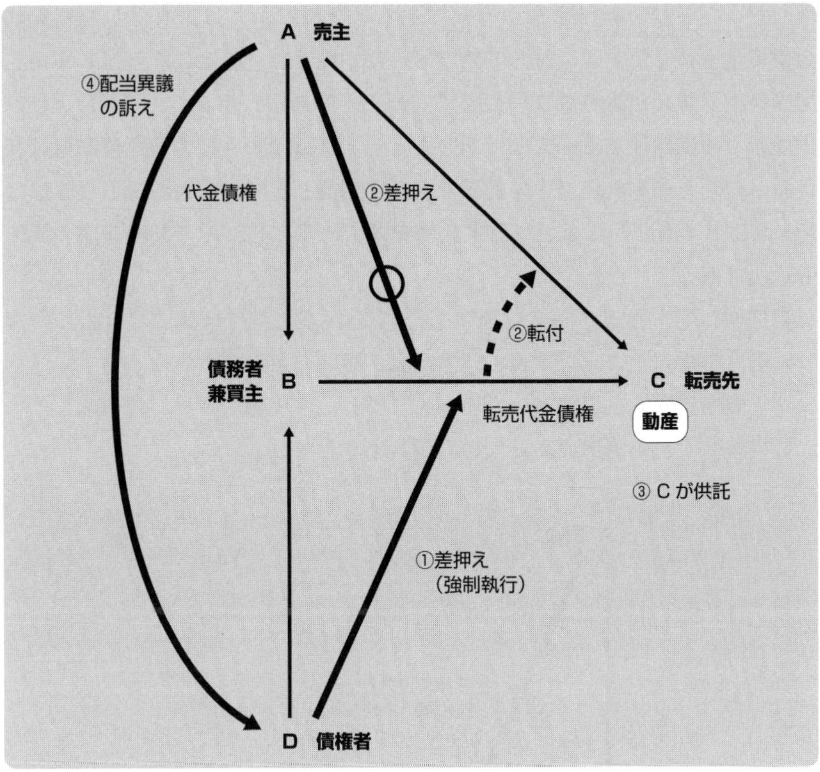

いときは、その後に先取特権者が目的債権に対し物上代位権を行使することはできる、とした（最判昭和 60 年 7 月 19 日民集 39 巻 5 号 1326 頁、執保百選 56・75）。したがって、上の A は、物上代位権が行使できることになる。D の差押えよりも前に転売によって先取特権に基づく物上代位権が行使可能な状態にあったという点に注意すべきではある。

しかし、159 条 3 項が、他の債権者が差押え等をしたときは転付命令が効力を生じない旨を規定しているので、A の得た転付命令についてはその点が問題となるが、この判例は、転付命令が第三債務者に送達される時までに他の債権者が差押え等をした場合でも、転付命令を得た者が優先権を有するときは、159 条 3 項にもかかわらず、転付命令は効力を生じるとした。そうすると、上の A が得た転付命令は有効ということになる。

ただ、さらに、転付命令が有効であるとなると、Aは、取得した転売代金債権を主張して、Cに対して請求すればいいということになってしまい、配当異議の訴えが許されないことになりそうである。そこで、判例は、Cが供託したのは無理からぬことであったとして、このように、第三債務者に転付命令の効力の有無について的確な判断を期待しえない事情があるときには、156条2項に基づいてなされた供託は有効であるとし、Aの配当異議の訴えも適法であるとした。

判例が、配当異議の訴えを提起したAを保護した点は賛成できるが、例外に例外を重ねたような議論の仕方には、疑問の余地があろう。

イ　債権譲受人との優劣

債権譲受人との優劣についての判例も出されている。

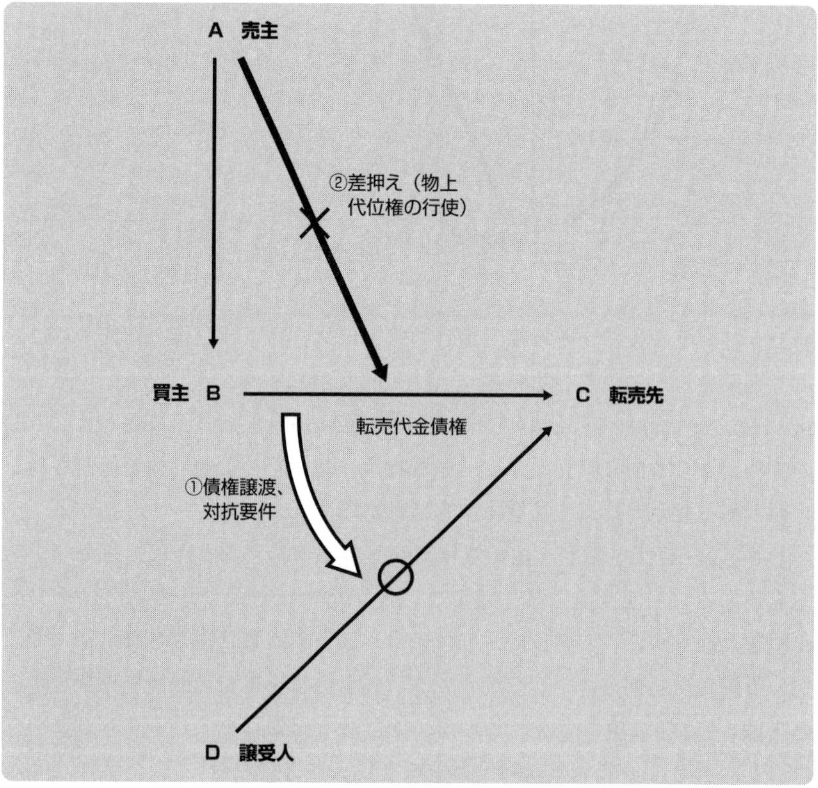

ごく単純化した事実関係の順序は、①動産の買主Bの転売先Cに対する転売代金債権が、Dに譲渡され、対抗要件が具備された、②動産の売主Aが物上代位権を行使して、その転売代金債権を差し押さえた、というものである。DのCに対する請求が問題となった。

この場合について、判例は、前述した抵当権の場合（202頁以下）とは異なり、Aは物上代位権を行使することはできないとした（最判平成17年2月22日民集59巻2号314頁、平成17年度重判民法3)。理由としては、動産売買先取特権の場合、抵当権とは異なって公示方法が存在しないから、差押えを要するとする民法304条1項ただし書の趣旨は、目的債権の譲受人等の第三者の利益を保護する趣旨を含むというべきであること、を挙げている。

抵当権の場合と動産売買先取特権の場合とで、判例の考え方の違いはよく理解しておいてほしいところである。

	抵当権（登記あり）の場合	動産売買先取特権の場合
目的債権の差押えがあったにすぎない場合	○（ただし、事案としては、抵当権設定登記が差押え後のため、×） （最判平成10年3月26日）	○（最判昭和60年7月19日）
目的債権の譲渡があった場合	○（∵①債権譲渡は払渡し又は引渡しに含まれない。②登記で公示されている） （最判平成10年1月30日）	×（∵公示方法がない） （最判平成17年2月22日）
目的債権の差押えに加えて転付があった場合	×（∵ 159条3項） （最判平成14年3月12日）	（当然に×だろう）

※ (1)抵当権設定及び登記又は動産先取特権の成立、(2)第三者の行為（差押え、譲渡、転付）、(3)物上代位権行使としての差押え、の順であった場合が前提であり、○が物上代位権行使可、×が物上代位権行使不可を表す。

5　形式的競売

民法、商法その他の法律の規定による換価のための競売については、担保権の実行としての競売の例によることになる（195条）。これは、形式的競売と呼ばれる。

共有物分割のために競売を行う場合が典型例である。つまり、共有物の分割について、合意ができないときは、その分割を裁判所に請求することができ（民法258条1項)、もし、共有物の現物を分割することができないとき、または分割によってその価格を著しく減少させるおそれがあるときは、裁判所は、その競売を命じることができることになっている（同条2項)。このように、債権者、債務者がいるわけではないが、換価が必要だという場合に、担保権の実行としての競売の例によることにしたものである。

195条には、留置権による競売は担保権の実行としての競売の例による旨も規定されている。留置権は担保物権であるが（民法295条以下)、本来は留置できる権利（同法295条1項）であるため、物を換価する権利のみを認める趣旨で（被担保債権と目的物の競売によって得た換価金の引渡債務との相殺はできる)、他の担保権の実行とは別に規定したものである。上の狭義の形式的競売とともに広義の形式的競売に含められる。

なお、登録自動車に対する民法上の留置権による競売については、民事執行法195条、民事執行規則176条2項により民事執行法181条が準用されるが、駐車料金の支払を命じる確定判決が、「担保権の存在を証する確定判決」（181条1項1号）に当たるとしてそのような競売申立てを認める判断をした判例が出ている（最決平成18年10月27日民集60巻8号3234頁、執保百選21)。民法上の留置権の成立には、①目的物と牽連性のある債権の存在のほか、②債権者による目的物の占有が必要であるが、②は、競売開始決定後に執行官に引き渡すときに必要ではあるものの、確定判決中で認定されることが要求

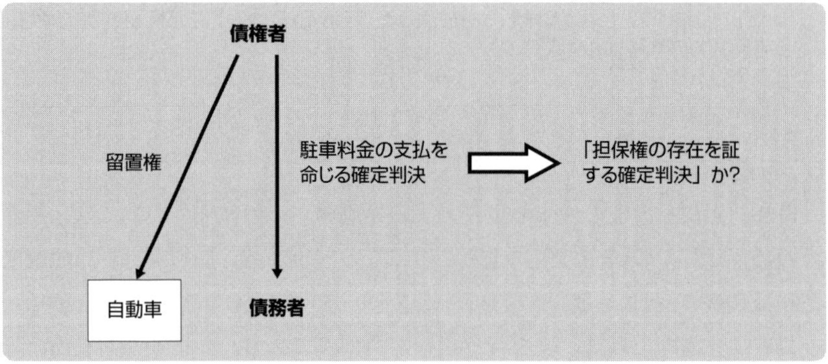

されるものではない、とした。いわば手続法的、動態的な視点から、実際上の状況に沿った柔軟な解釈をしたといえよう。

第5章 債務者の財産状況の調査

1 序 説

金銭執行は、債権者が債務者の財産状況を把握することが前提となるはずであるが、正面からそのような機能を有する制度は、長い間我が国では認められていなかった。やっと最近になって平成15年の改正法で民事執行法に財産開示手続が規定されたものの、十分とはいえない内容であったため、あまり機能しない状態が続いていた。そうした中で、令和元年の改正法（令和2年施行）でさらに踏み込んだ内容の制度が規定されるに至った。本章は、そのような制度の概略を扱う。

調査の方法として規定されているのは、(1) 財産開示手続と (2) 第三者からの情報取得手続である。(1) は債務者やそれに準じた者に財産の開示をさせるもので、令和元年の改正以前の制度を充実させたものであり、(2) はそれ以外の者から債務者の財産状況の情報を提供させるもので、令和元年の改正法で新たに導入された手続である。いずれの手続も執行裁判所が担当する（196条、204条）。

債務者の財産状況の調査
- (1) 財産開示手続（債務者等に開示させる）
- (2) 第三者からの情報取得手続（第三者に情報提供させる）

なお、権利の実行のために債務者の財産状況を把握する必要があるという点では、担保権の実行のうちの一般先取特権の実行も、金銭執行と同様であるため、原則として両者が同等に扱われている。また、いずれにしても、債務者の財産状況の調査は、それ自体債権者の権利の実現そのものを目的としたものではなく、むしろ実効性のある執行をするための準備的行為ではあるが、民事執行法上は民事執行の１つの種類として位置づけられていることになる（1条）。

2　財産開示手続

(1)　要　件

まず、債権者は、執行力のある債務名義の正本を有していなければならない。改正前の制度では、より限定的に、仮執行宣言付判決のようないわば暫定的な債務名義等では財産開示手続の申立てができないものとされていたが、現行法ではそのような制限は撤廃された。

そうした金銭債権の債権者が執行裁判所に対して債務者についての財産開示手続を求めることができる基本的な要件は、次の２つである（197条1項）。いずれかに該当すればよい。

①強制執行または担保権の実行における配当等の手続（6か月以上前に終了したものは除かれる）において、完全な弁済を得られなかったとき

②知れている財産に対する強制執行を実施しても、完全な弁済を得られないことの疎明があったとき（疎明とは、証明よりも要求される程度が低く、一応確からしいということで足りるものである。）

①は実際に執行した場合の話で、②は実際に執行するまでもない場合の話である。

また、一般先取特権者は債務者の総財産を対象とするので（民法306条）、前述のように、一般先取特権者についても、債務者に財産の開示をさせるために同様の規定が置かれている（197条2項）。

ただし、原則として、3年以内に財産開示手続を再度行うことはできない（同条3項）。これは、その間の債務者の財産状況に大きな変化はあまりないであろうと考え、債務者の負担が過度にならないようにするためである。

(2)　財産開示期日等

実際に財産を開示させる期日として、財産開示期日という期日が設けられ、

開示義務者（債務者ないしその法定代理人・代表者。198条2項2号）は、その期日に出席し債務者の財産について陳述しなければならない（199条1項）。

開示義務者が正当な理由なく裁判所へ出頭しなかったり、虚偽の陳述をしたりすると、懲役刑を含む刑事罰の制裁がある（213条1項5号、6号）。令和元年の改正前は過料の制裁しか規定されていなかったが、制度の実効性を上げるために罰則が強化されたものである。

財産開示期日に関する記録の閲覧等は、財産開示手続の申立人、申立てが可能である者等に限定され（201条）、申立人や閲覧等をした者が目的外利用をすることは禁止される（202条。違反には過料の制裁がある。214条1項）。

3　第三者からの情報取得手続

債務者の財産状況についての情報を第三者から取得する手続は、令和元年の改正法で初めて導入されたものである。3種類のものがある。

いずれの場合も、強制執行等で債権の完全な弁済を得ることができなかったことか、完全な弁済を得られないことの疎明があったこと（前述の2(1)の①②）が大前提となるが、裁判所の命令により情報の提供は書面でなされた上、提供された情報の書面は、申立人に送付され、かつ、情報の提供がされた旨の通知が債務者に対してなされることになっている（208条）。提供された情報については、財産開示手続におけるのと同様に、閲覧等の制限があるほか（209条）、目的外利用も禁止される（210条。違反には過料の制裁がある。214条2項）。それぞれのごく概略は、以下のとおりである。

(i)　預貯金債権等の情報の取得

第1は、「債務者の預貯金債権等に係る情報の取得」である。この場合の「預貯金債権等」には、振替社債等も含まれる。執行裁判所は、財産開示手続の申立てをすることができる債権者の申立てにより、銀行等のうち債権者が選択したものに対して、債務者の預貯金債権や債務者の有する振替社債等「に対する強制執行又は担保権の実行の申立てをするのに必要となる事項として最高裁判所規則で定めるもの」について情報の提供をすべき旨を命じなければならない（207条）。ただし、命じられた銀行等が従わなかった場合でも、制裁の規定はない。

(ii)　不動産の情報の取得

「債務者の不動産に係る情報の取得」については、財産開示手続が実施された場合（財産開示期日から3年以内）であることが必要とされる（205条2項）。

それを前提として、執行裁判所は、財産開示手続の申立てをすることができる債権者の申立てにより、登記所に対して、「債務者が所有権の登記名義人である土地又は建物その他これらに準ずるもの……に対する強制執行又は担保権の実行の申立てをするのに必要となる事項として最高裁判所規則で定めるものについて情報の提供をすべき旨を命じなければならない」（同条1項）。

(iii)　給与債権の情報の取得

さらに、「債務者の給料債権に係る情報の取得」については、財産開示手続が実施された場合（財産開示期日から3年以内）であることのほか、養育費等や人の生命・身体の侵害による損害賠償請求権の債務名義の場合であることが必要とされる（206条1項、2項、205条2項）。

それらを前提として、執行裁判所は、財産開示手続の申立てをすることができる債権者（一般先取特権者は無関係なので、197条1項各号の場合に限られる）の申立てにより、市町村等に対して、給与等「に係る債権に対する強制執行又は担保権の実行の申立てをするのに必要となる事項として最高裁判所規則で定めるもの」について「情報の提供をすべき旨を命じなければならない」（206条1項）。

	強制執行の不奏功等	財産開示手続の前置	養育費等の債務名義
(i) 預貯金債権等の情報の取得	○	×	×
(ii) 不動産の情報の取得	○	○	×
(iii) 給与債権の情報の取得	○	○	○

※　○は必要、×は不要を示す。

なお、預貯金債権等の情報の取得の場合は、上のように財産開示手続の前置は要求されず（207条が205条2項を準用せず）、また申立てを認容する決定は債務者に送達されず（207条が205条3項を準用せず）、債務者はその送達を前提にする執行抗告もできないが（207条が205条4項を準用せず）、それは、預貯金債権等が通常処分がしやすいため、債務者が預貯金債権等の払戻しにより財産を隠匿することのないようにという考慮に基づくものである。

第6章　民事保全

第1節　序　説

1　民事保全の意義

弁護士が民事上の手段を執る場合、民事保全は欠かせないものである。

民事保全については、何のために民事保全の制度があるのかを十分理解してほしい。この点が、民事保全のすべての基本である。保全とは「保護して安全にすること」であるが、民事保全というのは、民事上の権利ないし権利関係を、その強制的な実現ないし確定ができるまで、暫定的に保護して安全にするのである。なぜ保全する必要があるのかというと、権利ないし権利関係を判断する民事訴訟手続に時間がかかるので、時間が経っている間に、いろいろな不都合が生じること（強制的な実現が不可能・著しく困難になるおそれがあったり、原告に著しい損害・急迫の危険が生じたりすること）がありうるからである。

次の4つの具体的な例で考えてほしい。

(1)　金銭債権の保全の例

例えば、金銭債権の例としては、AがBに対して貸金返還請求の訴えを提起する（下図の①）場合を考える。この場合、Aが、その訴えで、Bに対する勝訴の確定判決を得た（③）としても、それまでの間に、BがB所有の唯一の財産である不動産をCへ譲渡し、その移転登記も済ませていた（②）とすると、Aは、民事執行法に基づく金銭執行の手続でBの財産を差し押さえることができなくなってしまう（④）。

この場合、Aは、BC間の譲渡がAを害するものであるとして、今度は、Cに対して詐害行為取消しの訴え（民法424条以下）を提起して（③の前でも

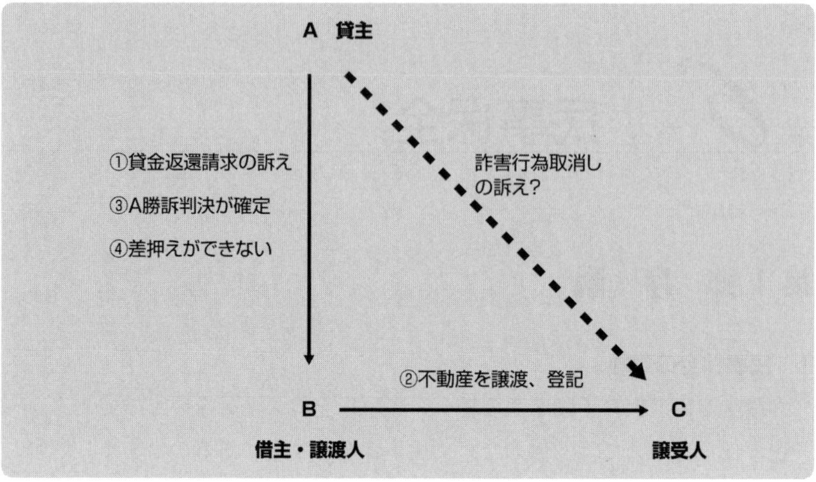

よいが)、もし勝訴の確定判決を得ることができれば、それによって不動産登記簿上C名義をB名義に戻した上で、Bに対する確定判決で、その不動産を差し押さえることができることになる。しかし、詐害行為取消しの訴えという第2の訴えを提起しなければならないというのは、Aにとってそれ自体大変なことである。また、CがAを害することについて善意であったという場合には、Aは詐害行為取消しの訴えで敗訴することになるから、結局、Bに対して金銭執行をすることができないことになってしまう。さらに、CがDに譲渡してしまうおそれもある。

そこで、Aは、Bに対する貸金返還請求の訴えを提起する前に(後でもよい)、仮差押えという民事保全の措置を執る必要があるのである。

民事保全法20条1項は、「仮差押命令は、金銭の支払を目的とする債権について、強制執行をすることができなくなるおそれがあるとき、又は強制執行をするのに著しい困難を生ずるおそれがあるときに発することができる。」と規定するので、Aは、Bが唯一の財産である不動産を他に譲渡しそうだという場合に、この仮差押命令を裁判所に発してもらうことができることになる。仮差押命令が発せられると、その執行として、仮差押えの登記がされる(下図の①)(民保47条。強制管理の方法もあるがここでは触れない。)。仮差押えがされても、差押えの場合とは異なり、換価、満足の段階には進まない。

後で、Aが、Bに対する貸金返還請求の訴え（②）で勝訴の確定判決を取得した（④）上で、改めてその不動産に対し差押え（仮差押えに対して本差押えという。）をした場合には、もちろん換価、満足へ進むことができることになる（⑤）。その場合、Aは仮差押えをしていたから、訴え提起後（仮差押え後でよい。）にBがCに譲渡をし移転登記も済ませていた（③）としても、Cの所有権の取得は、強制競売のところで前述した消除主義の規定（この場合は、民執59条2項）（105頁以下）によって、仮差押えに対抗できない権利の取得として、競売という売却によって効力を失うことになるのである。

このようにして、仮差押えの制度により、Aは、金銭債権を保全できることになるわけである。

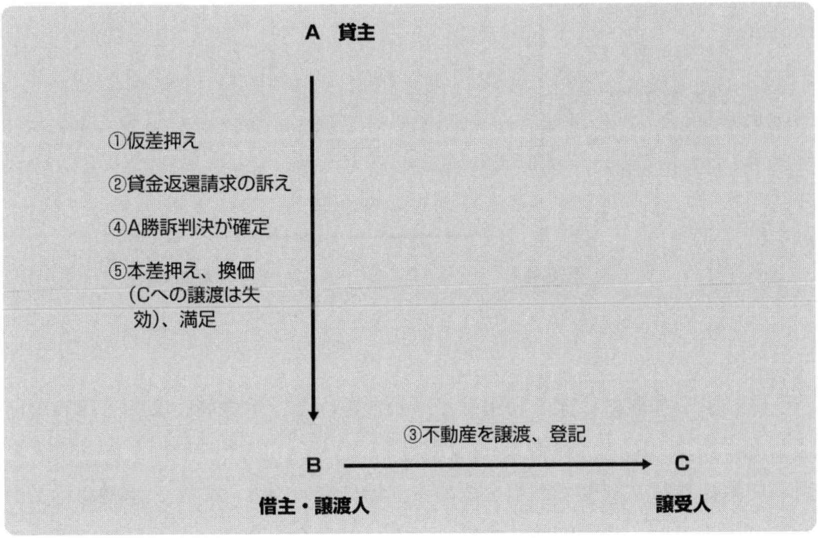

(2)　登記請求権の保全の例

次に、非金銭債権のうちの登記請求権についてみてみる。

例えば、ある土地を所有しているAが、その土地について勝手にBへの所有権移転登記がなされていることを発見し、Bに対して抹消登記請求の訴えを提起する（下図の①）、という場合を考えてみる。この場合、Aが勝訴の確定判決を得る（④）と、意思表示の擬制（民執177条1項）によって、A単独でBの登記の抹消手続を執ることができるが、その訴訟の事実審の口頭弁論終結時（基準時）（③）よりも前に、Bがその土地についてCへの所有権移転登記をしていた（②）とすると、Aは、Bに対する勝訴の確定判決によって、Cの登記を抹消することはできず、Cの登記を消さないことには、Bの登記を抹消することもできなくなってしまうのである（⑤）。

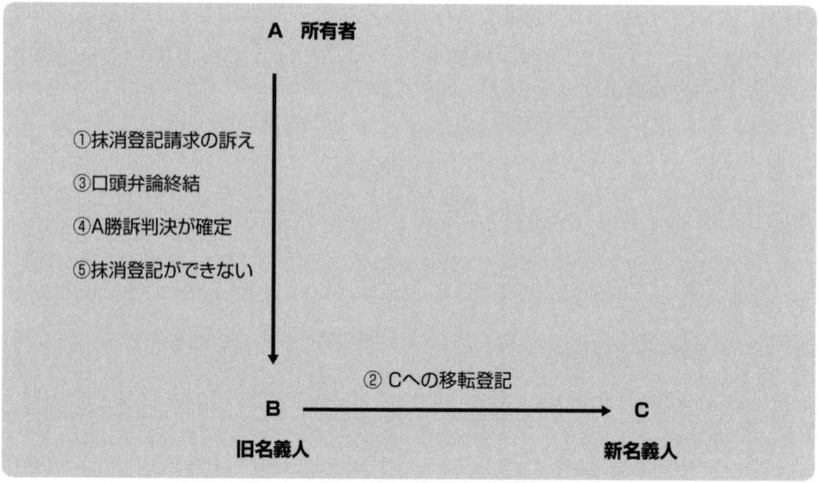

Cに対する承継執行文の利用はどうかというと、承継執行文のところで前述したように（52頁、44頁）、登記請求について、広義の執行という概念を用いて承継執行文制度の利用を認める立場に立ったとしても、承継執行文が付与されるのは、基準時後の承継人でなければならないから（民執27条2項、23条1項3号）、基準時前の承継人であるCに対して承継執行文は使えないことになる。登記請求についてそもそも承継執行文制度の利用を認めない立場では、問題の前提を欠くことになる。

Cは、基準時よりも前に登記を得ているから、訴訟手続上は、訴訟承継手続（この場合は、民訴50条）で、Cにも訴訟を引き受けさせるべきだったということになる。しかし、Aが訴訟中たえず登記名義の変更の有無に気を遣うことはできないであろう。そうなると、AがCの登記に気が付かないまま、口頭弁論が終結されて判決が確定したような場合は、Aは、改めて、Cに対して、BC間の抹消登記請求の訴えを提起しなければならないことになるが、ただ、その訴訟でも登記がさらにCからDに移転してしまうかもしれないという事情は、同じように存在するのである。

そこで、Aは、Bに対する抹消登記請求の訴えを提起する前に（後でもよい）、仮処分という民事保全の措置を執る必要があるのである。民事保全法23条1項は、「係争物に関する仮処分命令は、その現状の変更により、債権者が権利を実行することができなくなるおそれがあるとき、又は権利を実行するのに著しい困難を生ずるおそれがあるときに発することができる。」と規定し、Cへの所有権移転登記は、係争物の「現状の変更」に当たるので、Aは、その土地について新たな登記がされそうな場合に（被告を固定するためであるから、この点はあまり問題なく認められるのが普通である）、この係争物に関する仮処分命令を裁判所に発してもらうことができることになる。

この場合の係争物に関する仮処分は、さらに具体的には、その一種である

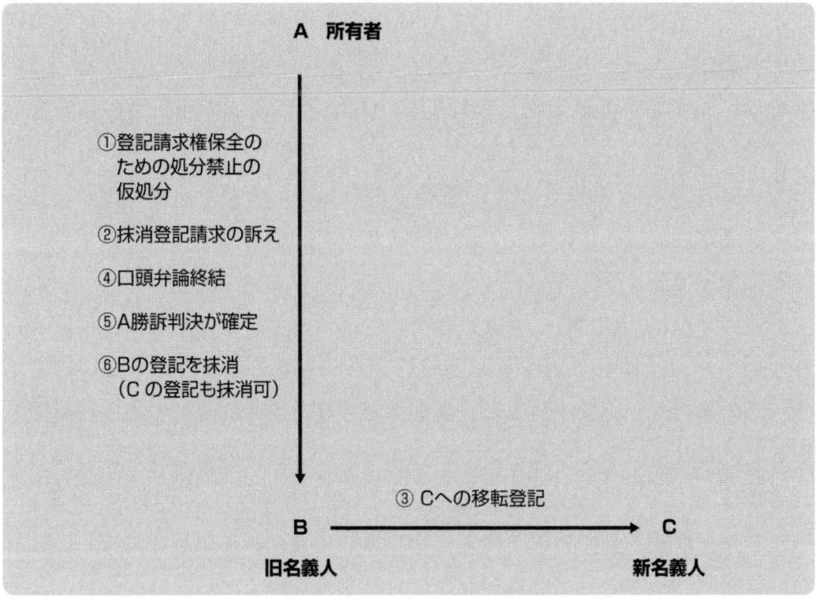

「不動産の登記請求権を保全するための処分禁止の仮処分」というものであり、その執行は、処分禁止の登記をする方法で行う（上図の①）（民保53条1項）。その後、Aが、Bに対して抹消登記請求の訴えを提起し（②）、勝訴の確定判決を取得すれば（⑤）、訴え提起後（仮処分後でよい。）その事実審の口頭弁論終結（④）前にBからCへの所有権移転登記がされていた（③）としても、その登記に係る所有権の取得は、仮処分債権者であるAに対抗することができず（民保58条1項）、Aは、Bの登記を抹消する際、あらかじめCに通知をした上で（民保59条）、Cの登記も抹消することができることになる（⑥）（民保58条2項）。

このようにして、登記請求権保全のための処分禁止の仮処分の制度により、Aは、抹消登記請求権という登記請求権を保全できることになるわけである。

(3) 建物明渡請求権の保全の例

同じように、非金銭債権のうちの建物明渡請求についてみる。

例えば、ある建物を所有しているAが、その建物をBに賃貸していたところ、その賃貸借契約が終了してもBが立ち退かないので、Bに対して建物明渡請求の訴えを提起する（下図の①）、という場合を考えてみる。この場合は、Aが勝訴の確定判決を得ても（④）、その訴訟の事実審の口頭弁論終結時（基準時）（③）よりも前に、Bが、その建物の使用をCに勝手に譲っていて（②）、その後Cがその建物を占有しているとなると、Aは、Bに対する確定判決で、Cに対して建物明渡しの強制執行をすることはできないことになってしまう（⑤）。

前述のように（220頁）、承継執行文の付与は基準時前の承継人には認められないから、AはCに対する承継執行文を利用することもできないのである。この場合も、訴訟手続上は、訴訟承継手続（民訴50条）で、Cに訴訟を引き受けさせるべきだったということになるが、Cへの占有移転がいつ行われるかはAに分からないから、Aが、Cへの占有移転に気が付かないまま、口頭弁論が終結されて判決が確定したような場合は、Aは、改めて、Cに対して建物明渡請求の訴えを提起しなければならないことになり、やはり、そ

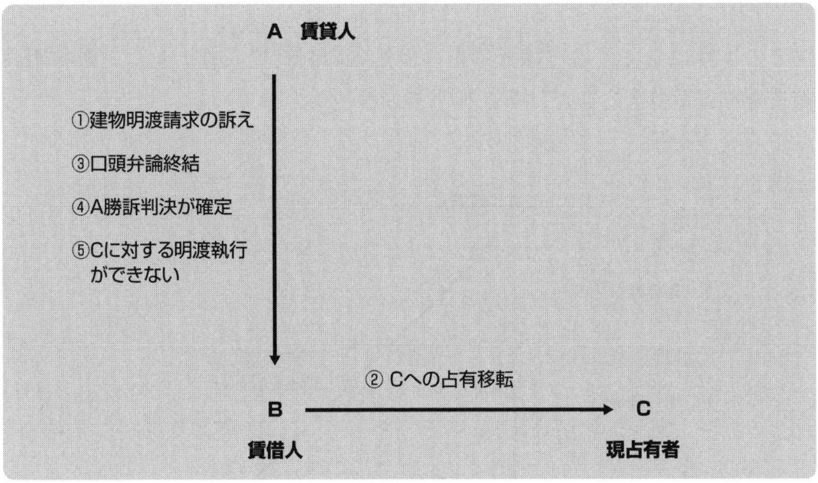

の訴訟でも、占有がさらにＣからＤに移転されてしまうかもしれないことになる。

そこで、Ａは、Ｂに対する建物明渡請求の訴えを提起する前に（後でもよい）、この場合も、仮処分という民事保全の措置を執る必要があるのである。Ｃへの占有移転は、係争物の「現状の変更」（民保23条１項）に当たるので、Ａは、その建物について占有移転がされそうな場合に（ここでも、被告固定のためであり、あまり問題とされず認められる）、係争物に関する仮処分を裁判所に発してもらうことができることになる。

この場合の係争物に関する仮処分は、その一種である「占有移転禁止の仮処分」というものであり、(i) 債務者に対し、係争物の占有の移転を禁止し、および係争物の占有を解いて執行官に引き渡すべきことを命ずることと、(ii) 執行官に、係争物の保管をさせ、かつ、債務者が係争物の占有の移転を禁止されている旨および執行官が係争物を保管している旨を公示させること、を内容とする（民保25条の２第１項、62条）。Ａが、Ｂに対してこの仮処分を執行し（下図の①）、その後、Ｂに対して建物明渡請求の訴えを提起し（②）、勝訴の確定判決を取得すれば（⑤）、訴え提起後（仮処分後でよい）、その事実審の口頭弁論終結（④）前にＢからＣに占有移転がされていた（③）としても、Ａは、承継執行文を得て、Ｃに対して建物明渡しの強制執行をすることができることになる（⑥）（民保62条1項）。

このようにして、占有移転禁止の仮処分の制度により、Aは、建物明渡請求権を保全できることになるわけである。

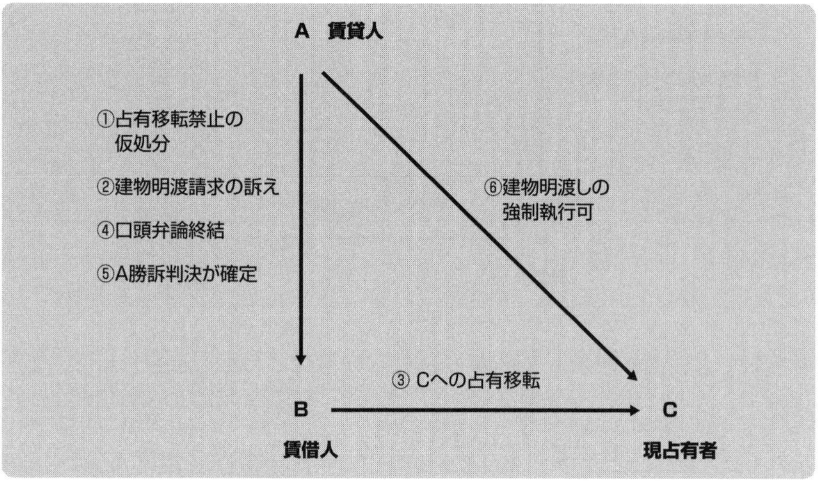

(4)　訴訟中の生活困窮の回避の例

今度は、少し違った例を挙げる。

例えば、Aは、勤めていたB会社から理由なく解雇されたので、B会社を被告として、現在も従業員であることの確認と賃金の支払を訴求しようとしている、という場合を考えてみる。Aは、賃金の支払がないため、訴訟中の生活が困難であるとする。この場合、Aは、勝訴の確定判決または仮執行宣言付判決を得ることができれば、過去に遡って賃金の支払を受けることができるが、それまでの間、生活自体ができないのであれば、非常に困ったことになる。

民事訴訟法上は、「訴訟の準備及び追行に必要な費用を支払う資力がない者又はその支払により生活に著しい支障を生ずる者に対しては、裁判所は、申立てにより、訴訟上の救助の決定をすることができる。」（民訴82条1項本文）として、訴訟上の救助の制度を設けている。しかし、この制度の意味は、

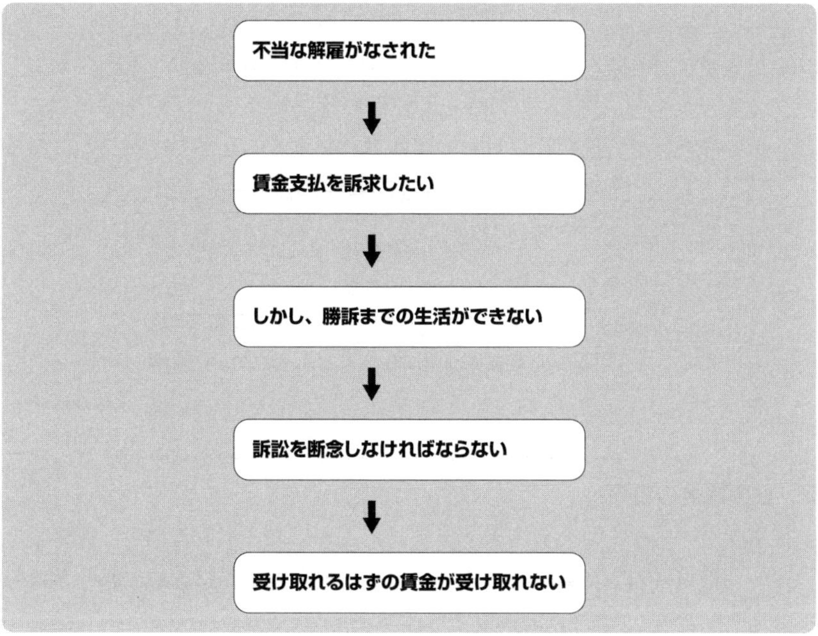
不当な解雇がなされた
賃金支払を訴求したい
しかし、勝訴までの生活ができない
訴訟を断念しなければならない
受け取れるはずの賃金が受け取れない

裁判費用の支払の猶予等にすぎず（同法83条1項）、生活費を貸してくれるわけではないから、生活費自体は、自分で何とかしなければならないことになる。

そこで、Aは、B会社に対して、従業員であることの確認と賃金の支払を求める訴えを提起する前に（後でもよい）、ここでも仮処分という民事保全の措置を執る必要があるのである。民事保全法23条2項は、「仮の地位を定める仮処分命令は、争いがある権利関係について債権者に生ずる著しい損害又は急迫の危険を避けるためこれを必要とするときに発することができる。」と規定しているところ、AとB会社との間の雇用関係について争いがあり、B会社の賃金不払によってAの生活の困窮が生じていることは、「争いがある権利関係について債権者に生ずる著しい損害又は急迫の危険」に当たるので、Aは、この仮の地位を定める仮処分を裁判所に発してもらうことができることになる。

この場合の仮の地位を定める仮処分は、その一種である「従業員であることの地位保全及び賃金仮払の仮処分」というものであり、賃金を支払えという給付を命じる部分（民保 24 条）は、仮処分命令が債務名義（民執 22 条）とみなされるから（民保 52 条 2 項）、B 会社が賃金を支払わない場合には、A は、仮処分だけで、B 会社に対して金銭執行をすることができることになる。

このようにして、仮の地位を定める仮処分によって、A は、雇用関係という権利関係の確定まで時間がかかることによる生活の困窮を回避することができることになるわけである。

以上により、民事保全の意義を具体的なイメージとして理解していただけたと思う。

2　民事保全の種類

民事保全の種類をまとめると、上に見たように、まず仮差押えと仮処分とがあり、仮処分が、係争物に関する仮処分と仮の地位を定める仮処分とに分かれることになる（民保 1 条）。

仮差押えは、貸金債権のような金銭債権の保全のための制度である（民保 20 条 1 項）。仮処分のうちの係争物に関する仮処分は、不動産の登記請求権や明渡請求権等のように、特定物（これと同視できる場合を含む。）に対する給付請求権の保全のための制度である（民保 23 条 1 項）。さらに、仮の地位を定める仮処分は、権利関係の確定の遅延による現在の著しい損害または急

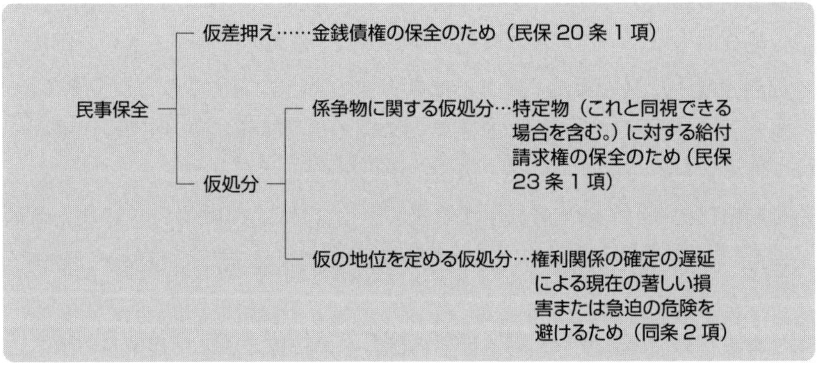

迫の危険を避けるための制度である（同条２項）。仮差押えおよび係争物に関する仮処分は、金銭債権や特定物に関する給付請求権についての将来の強制執行を保全することになるが、仮の地位を定める仮処分は、将来の強制執行の保全自体を行うわけではないことになる。

3　民事保全の手続

民事保全の手続は、２つの段階から成る。

１つ目が、保全命令手続と呼ばれるもので、民事保全をするかどうかを審理・判断する段階である。もう１つが、保全執行手続であり、保全命令手続で出された命令を執行する段階である。前者が判決手続に相当するとすると、後者は執行手続に相当することになる。つまり、民事保全の手続は、判決手続の小型版と執行手続の小型版がセットになっているような構造である。

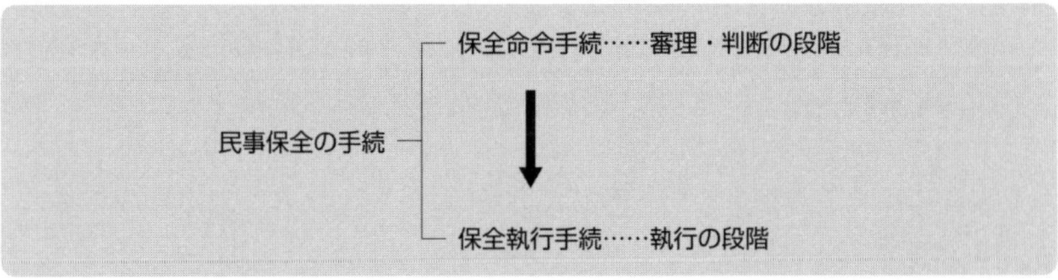

前述したように（9頁）、この２つの段階とも、昭和55年に民事執行法が施行される前までは、旧民事訴訟法中に規定されていたが、民事執行法が施行されてからは、保全命令手続が民事訴訟法に残り、保全執行手続のみが民事執行法の中に規定されるに至った。その後、平成３年に民事保全法が施行され、保全命令の手続も保全執行の手続も、民事保全法に規定されることになったのである。

現行法では、保全命令手続も保全執行手続も、判決手続ではなく、すべて決定手続である（民保３条、民訴87条１項ただし書。判決手続も一部採用されていたかつての制度との対比で、「オール決定主義」と言われることがある）。保全「命令」とあっても、裁判所が行うものであるから（民保２条１項）、裁判の形式は、命令ではなく、決定である。

なお、民事保全手続の特質ないし特性として、①暫定性（仮定性）、②付随性、③迅速性（緊急性）、④密行性が挙げられることが多い。①②は、本案訴訟（その保全手続が本来予定している訴訟。後述 239 頁参照）との関係のことで、民事保全手続が、本案訴訟で決着が付くまでの暫定的なもので、本案訴訟に対して従たる関係にある、ということである。③④は、むしろ手続の進め方の問題で、本案訴訟での決着まで待てないほどの保全の必要性がある以上、手続を迅速に進めなければ保全の意味がなくなるおそれがあり、また、債務者による妨害を防止するために債務者に知られないように手続を進める必要がある、ということである。

第２節　保全命令手続

1　申立て

保全命令手続の開始には、申立てが必要である（民保２条１項)。申立ては、訴え提起の前でも後でもよい。申立人は債権者、その相手方は債務者と呼ばれる（民法上の債権者、債務者とは限らない。民事執行の場合〔10頁〕と同様である)。管轄については、本案の管轄裁判所、または、仮に差し押さえるべき物もしくは係争物の所在地を管轄する地方裁判所が管轄する、というのが基本である（民保12条１項)。「本案」とは、付随的や派生的ではなく中心となるというような意味で、訴訟法上も多義的であるが、ここでは、保全手続に対する本案訴訟のことで、その保全手続でそれを前提にその後に予定されている訴訟（例えば、217頁の例では、仮差押えに対する貸金返還請求訴訟）を意味する。

保全命令の申立ては、⑴申立ての趣旨と、⑵①保全すべき権利または権利関係および②保全の必要性を明らかにして、しなければならない（民保13条１項)。

(1)　申立ての趣旨

⑴は、どのような主文の保全命令を求めるかということであり、例えば、特定の土地についての仮差押えを求めるとか、特定の建物についての占有移転禁止の仮処分を求めるということを記載しなければならない。

なお、仮処分（とくに仮の地位を定める仮処分）については、裁判所が、「仮処分命令の申立ての目的を達するため……必要な処分をすることができる」（民保24条）ため、裁判所は申立ての趣旨に拘束されないようにも考えられるが、申立ての趣旨と異なる仮処分命令を発する場合、実務上は債権者に訂正を求めることが多いと言われる。

(2)　被保全権利と保全の必要性

上の⑵①は、一般に被保全権利と言われるが、債権の場合は被保全債権とも呼ばれる。仮の地位を定める仮処分の場合には権利と言いにくいため、条文上は「権利関係」という表現も挙げられている。仮差押えの場合も仮処分の場合も、被保全権利は条件付や期限付のものでもよい（民保20条2項、23条3項）。

(2)②の保全の必要性は、なぜ民事保全という暫定的な措置が現在必要であるのかという事情である。これは、「民事保全の意義」で挙げた例について前述したように、条文の言葉を使うと次のようなことになる。

ア　仮差押えであれば、金銭債権について「強制執行をすることができなくなるおそれがある」こと、または「強制執行をするのに著しい困難を生ずるおそれがある」ことである（民保20条1項）。

イ　係争物に関する仮処分であれば、係争物の「現状の変更により、債権者が権利を実行することができなくなるおそれがある」こと、または「権利を実行するのに著しい困難を生ずるおそれがある」ことである（民保23条1項）。

ウ　仮の地位を定める仮処分であれば、「争いがある権利関係について債権者に生ずる著しい損害又は急迫の危険を避けるため」必要であることである（同条2項）。

このうちの仮差押えの保全の必要性に関しては、債務者の住所や事務所の不動産があれば、債務者の財産のうちまずそれを仮差押えすべきである、というのが東京地裁の扱いである。理由は、そのような不動産は、「直ちに処分することが予定されているものではないから、これが仮差押えの目的とされ、債務者による処分が禁止されたとしても、債務者としては現状を固定されただけで、大きな打撃を受けずに終わることが少なくない」（須藤ほか・民事保全116頁）という点にある。そのために、債務者の動産や債権に対する仮差押えの申立てがなされた場合も、まず債務者の住所や事務所の不動産に関する調査が行われることになる。

判例では、同一の被保全権利に基づいて追加的な仮差押えを申し立てることが可能かが問題となったことがある（同一の連帯保証債務履行請求権を被保全債権として、第1の仮差押えを執行した不動産とは別の不動産に対して第2の仮差押えの申立てをした事案）。最高裁は、「特定の目的物について既に仮差押命令を得た債権者は、これと異なる目的物について更に仮差押えをしなければ、金銭債権の完全な弁済を受けるに足りる強制執行をすることができなくなるおそれがあるとき、又はその強制執行をするのに著しい困難を生ずるおそれがあるときには、既に発せられた仮差押命令と同一の被保全債権に基づき、異なる目的物に対し、更に仮差押命令の申立てをすることができる。」とした（最決平成15年1月31日民集57巻1号74頁、執保百選82）。その際、追加的な「仮差押命令の必要性が認められるときは、既に発せられた仮差押命令の必要性とは異なる必要性が存在するというべきである」とされたことが注目される。

なお、現代的な事案として、銀行間の経営統合に関し、第三者との協議を行わない旨の条項のある基本合意書に違反したとして、合意の一方当事者Aから他方当事者Bに対して、第三者との協議の差止めを求める仮処分命令の申立てがなされた場合について、①違反によるAの損害は事後の損害賠償によって償えること、②AB間で最終的合意が成立する可能性は相当低いこと、③申立て認容の場合にBが被る損害は相当大きいことなどから、保全の必要性を欠くと判断されたことがある（最決平成16年8月30日民集58巻6号1763頁、執保百選83）。

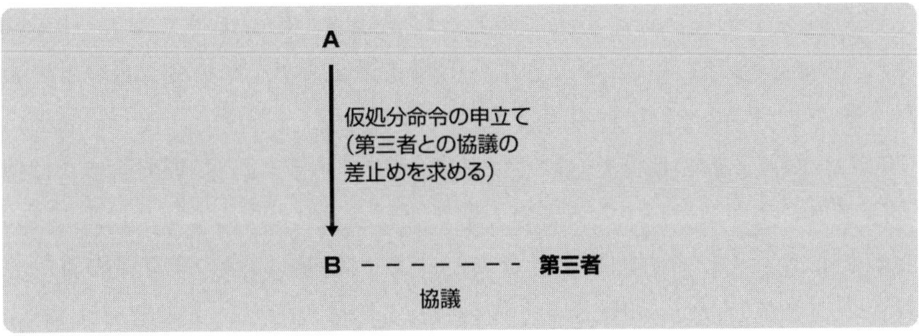

(3)　申立ての取下げ

18条は、「保全命令の申立てを取り下げるには、保全異議又は保全取消しの申立てがあった後においても、債務者の同意を得ることを要しない。」と規定している。

民事訴訟では、被告が本案について弁論等をすると、訴えの取下げに被告の同意が必要となるが（民訴261条2項）、それは被告にも既判力のある判断を求める利益があるためである。これに対して、民事保全の場合は、暫定性から既判力ある判断をするわけではないから、民訴とは違った規律になっていることになる（須藤ほか・民事保全206頁）。

保全異議、保全取消しは、保全命令が発令された場合の債務者からの不服申立方法であるが、これらについては後述する（237頁以下）。

2 審　理

(1) 疎　明

被保全権利と保全の必要性は、疎明しなければならない（民保13条2項）。民事保全は暫定的な決定手続であり、証明ではなく、疎明（民保7条で民訴188条が準用される。）でよいとされているのである。実務上は、疎明するために、債権者その他の者が作成した陳述書が提出されることも多い。陳述書は、書面で事実関係等の事情を記したものである。

(2) 口頭弁論等

保全命令手続は、決定手続であり、口頭弁論を開く必要がなく（民保3条）、書面審理で行うことができる。口頭弁論を開かない場合、当事者を審尋することができる（民訴87条2項）。

これに対し、仮の地位を定める仮処分命令については、口頭弁論または債務者が立ち会うことができる審尋の期日を経なければならない（民保23条4項本文）。ただし、その期日を経ることにより仮処分命令の申立ての目的を達することができない事情がある場合は、この限りでない（同項ただし書）。この命令は、債務者への打撃が大きく、密行性（228頁以下）の必要がない場合が多いから、原則的に、債務者に十分な手続保障を与える必要があると考えられたのである。仮の地位を定める仮処分の場合は、前述のように（224頁以下）、従業員の地位保全および賃金仮払の仮処分を考えても、とくに密行性の必要はないといえよう。

いわゆる「北方ジャーナル」事件で、最高裁の大法廷は、人格権としての名誉権に基づく出版の事前差止請求の事案について、表現の自由を確保する上で、「口頭弁論又は債務者の審尋を行い、表現内容の真実性等の主張立証の機会を与えることを原則とすべき」で、ただ、「表現内容が真実でなく、又はそれが専ら公益を図る目的のものでないことが明白であり、かつ、債権者が重大にして著しく回復困難な損害を被る虞があると認められるときは、口頭弁論又は債務者の審尋を経ないで」もよい、とした（最判昭和61年6月11日民集40巻4号872頁、執保百選86）。この事件は、旧法下のものであり、この一般論は、民事保全法23条4項に実質的に反映されたとみることができる（上記百選の解説参照）。

なお、仮の地位を定める仮処分の関係で、「仮処分の本案化」ということが言われることがある。とくに旧法では、保全手続として判決手続による審理もなされたことが関係して、労働仮処分や公害関係の仮処分等の仮の地位を定める仮処分の場合は、保全手続で慎重に審理することにより時間がかかり、本案の訴訟手続と変わらなくなる現象が見られた。「仮処分の本案化」は、伝統的にはこのような意味で用いられた。ただ、保全手続をすべて決定手続とした現行法では、むしろ、時間的な長短というよりも、仮処分命令そのものが判決と同様の機能を持つようになってきた、ということがある。訴訟の前哨戦というべき保全手続であっても、裁判所による一定の判断が示されれば、不利な判断を受けた当事者としても、とくに本案訴訟によってさらに時間と費用をかけて争うことを望まないことがあるからである。このような現象を踏まえて、仮の地位を定める仮処分を本案訴訟との関係でどう捉えるべきかについては、種々の議論がある。

3 裁 判

(1) 総 説

前述のように、保全命令手続を含め民事保全手続における裁判は、決定の形式でなされる（民保3条）。その決定には理由を付さなければならないが、口頭弁論を経ないで決定をする場合には、理由の要旨を示せば足りる（民保16条）。

保全命令が発令される場合、通常、担保（「保証金」と言われることもある）を立てることが要求される（民保 14 条）。金銭等を供託所に供託するわけである（民保 4 条）。これは、民事保全によって債務者が受けるかもしれない損害（の賠償）を担保するためであるが、実際上は、保全命令の申立ての濫用を防止する機能もあると言われている。その金額は、個別のケースごとに裁判所が決定するが、例えば、実務上、不動産の仮差押えで被保全債権が貸金債権である場合、仮差押えの目的不動産の価格の 10 パーセントないし 30 パーセント程度などとされているようである。

仮差押命令の対象は、動産の場合を除いて、特定の物である（民保 21 条）。

(2)　仮差押解放金

仮差押えについては、仮差押解放金という制度がある。つまり、仮差押命令では、仮差押えの停止の執行を得るため、またはすでにした仮差押えの執行の取消しを得るために債務者が供託すべき金銭の額を定めなければならないのである（民保 22 条 1 項、51 条 1 項）。仮差押債権者としては、被保全権利が金銭債権であり、金銭が確保できればよいのであるから、債務者が一定額を供託すれば、物を仮差押えする必要がないとされたのである。

供託がされた場合は、仮差押えされた物が供託金に変わったのであり、仮差押えの執行の効力は、債務者の有する供託金取戻請求権の上に生じること

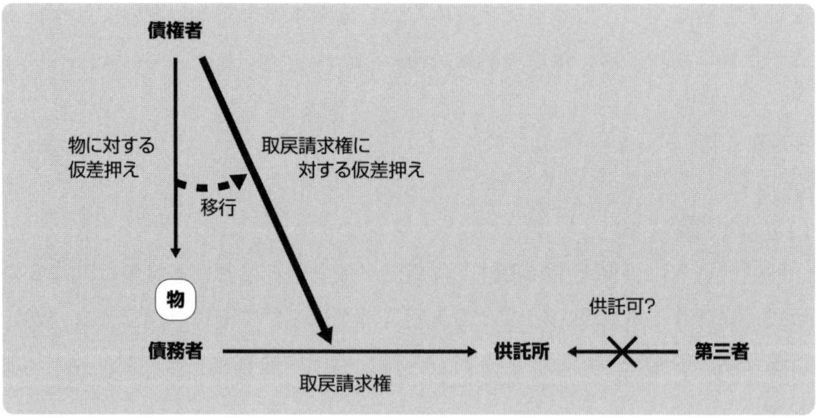

になる。

債務者でなく第三者が仮差押解放金を供託できるかという問題もあるが、第三者は供託できないとした裁判例がある（高松高決昭和57年6月23日判時1057号76頁、執保百選85）。第三者は仮差押債務者ではないため、債権者は、第三者の供託所に対する権利の上に仮差押えの効力を維持するということができないからである。

(3)　仮処分解放金

仮処分解放金というものも認められている（民保25条1項、57条1項）。仮処分の場合は、被保全権利が金銭債権ではないから、例外的な場合に限って解放金が認められる。条文上は、被保全権利が「金銭の支払を受けることをもってその行使の目的を達することができるものであるときに限り、債権者の意見を聴いて」定めることができる（民保25条1項）。例えば、自動車の所有権留保付売買がされたが、割賦代金の支払が滞ったため、売主が解除して自動車の引渡請求をするような場合、その引渡請求権を保全するための占有移転禁止の仮処分には、仮処分解放金を定めることが可能だと言われる。このような場合は、もともとの契約が売買であるので、売主であった仮処分債権者としては、金銭さえ支払われれば問題がないからである。

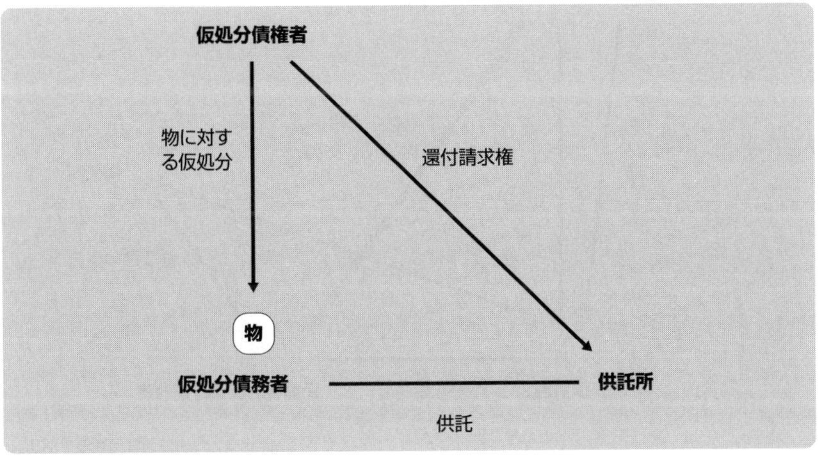

仮処分解放金の場合は、仮差押えの場合と異なり、供託金取戻請求権の上に占有移転禁止の効力が生じるなどとすることはできず、またその債権者に優先的に支払を受ける地位を認めるべきであるから、債権者自身が供託金還付請求権を取得すると考えることになる。

しかし、例えば、詐害行為取消しによる不動産の登記抹消請求権を保全するための、受益者に対するその不動産の処分禁止の仮処分のように、詐害行為取消権保全のための仮処分の仮処分解放金の場合は、特別に、かなり複雑な法律関係の規律になっている（民保65条）。

まず、詐害行為取消権自体が金銭債権の保全のためのものであり（民法424条1項）、詐害行為取消債権者に優先弁済の権利まで認めたものではない以上、仮処分債権者（下図のA。なお、下図は、受益者Cが仮処分債務者である場合の例）は、（一般の仮処分解放金の場合と異なり）詐害行為をした債務者（B）の他の債権者（D）と平等の立場にあるから、その債務者（B）の責任財産を回復する趣旨で、特別に債務者（B）が供託金還付請求権を取得することとした。その上で、その還付請求権は、(i) 仮処分の執行が解放金の供託の証明で取り消され（民保57条1項）、かつ、(ii) 詐害行為取消しを認める本案判決が確定した後に、(iii) 仮処分債権者（A）が詐害行為をした債務

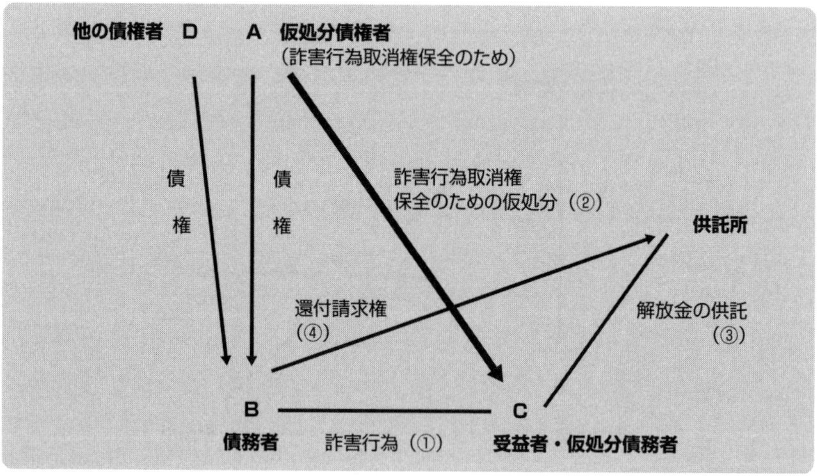

※　①〜④は時間的順序を示す。

者（B）に対する債務名義によってその還付請求権に対し強制執行するときに限り、行使することができる、とされた。

これによって、詐害行為をした債務者（B）やその債務者に対する他の債権者（D）が、仮処分債権者（A）より先に、その還付請求権に対して権利行使することを防止したわけである（そうしないと、A が仮処分の手続を執ったのに、利益を他の人に持って行かれてしまうことになる。D は A より先に差押えをすることまではできるが、取立てや転付命令の利用はできない。）（以上につき、山崎・解説 178 頁以下参照）。

4　不服申立て

(1)　総　説

保全命令の申立てに対する裁判に対し、どのような不服申立てが可能かというと、この点も少し複雑な関係になっている。

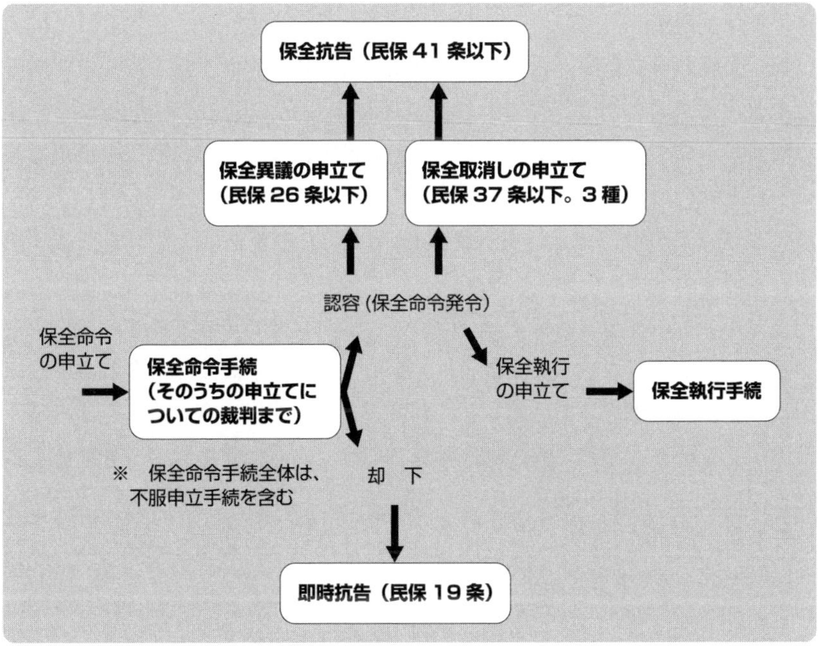

まず、申立てが却下された場合、債権者は、告知を受けた日から2週間の不変期間（民訴96条、97条参照）内に、即時抗告をすることができることになっている（民保19条1項）。ここでいう却下は、申立てに理由がない場合の棄却を含む意味で用いられている。抗告であるから、上級審の裁判所が審査する。その即時抗告を却下する裁判に対して、さらに抗告をすることはできない（同条2項）。2審制とする趣旨である。

申立てが認容されて、保全命令が発令された場合には、債権者は、保全執行の申立てをすることができるが、債務者は、保全異議や保全取消しという（上訴ではない）不服申立方法を執ることができる。それらの申立てについての裁判に対しては、さらに保全抗告として上級の裁判所による審査が可能である。

(2) 保全異議と保全取消し

保全異議の申立てと保全取消しの申立ては、両方とも保全命令に対する不服申立てであるが、それらの違いに注意してほしい。

ア　保全異議

保全異議の申立ては、発令された保全命令自体が判断を誤ったものであると主張する場合であり、発令した裁判所に申し立てる（民保26条以下）。保全異議の申立てのみで保全執行が止まるわけではないので、執行を止めるには、保全執行の停止の裁判（民保27条1項）が必要である。

不服申立ての段階では、密行性（228頁以下）の要請はなく、またより慎重に審理すべきであるから、裁判所は、口頭弁論または当事者双方が立ち会うことができる審尋の期日を経なければ、保全異議の申立てについての決定をすることができない（民保29条）。審理を終結するには、相当の猶予期間を置いて、終結する日を決定しなければならないが、口頭弁論または当事者双方が立ち会うことができる審尋の期日では、直ちに終結する旨を宣言することができる（民保31条）。

保全異議の申立てについての決定では、保全命令の認可、変更、取消しのいずれかをする（民保32条1項）。

仮処分命令に基づいて、債権者が物の引渡し、金銭の支払等を受けているときは、裁判所は、債務者の申立てにより、仮処分命令取消しの決定において、債権者に対し、物の返還、金銭の返還等を命じることができる（民保33条）。この点に関し、同条が創設される前の事件ではあるが、賃金仮払の仮処分命令がなされたのに、仮払金を受領した後にその命令が取り消されたという場合について、本案訴訟が未確定でも、また、地位保全の仮処分が同時に発せられて維持されていたとしても、仮払金と対価的関係に立つ現実の就労をしたなどの特段の事情がない限り、仮払債権者は仮払金につき不当利得に準じて返還義務を負う、とした判例がある（最判昭和63年3月15日民集42巻3号170頁、執保百選88）。

なお、保全異議に基づいて保全命令を取り消すと、本来直ちに効力を生じ、保全抗告に伴う効力停止（民保42条）までの間に債務者が目的物を処分してしまうおそれがあるため、保全命令を取り消す場合には、一定の期間を経過しないと効力が生じない旨を宣言することができることになっている（民保34条）。

イ　保全取消し

保全取消しの申立ては、発令された保全命令自体を不服とするのではなく、その他の事情で命令を取り消してもらうというものである。やはり、保全取消しの申立てのみで保全執行が止まるわけではなく、止めるには保全執行の停止の裁判が必要である（民保40条1項、27条）。また、その他にも保全異議の条文が大幅に準用されている（民保40条1項）。

この保全取消しには、さらに3種類のものがある。

（ア）　1つ目は、本案の訴えの不提起等による保全取消しである。保全命令を発した裁判所は、債務者の申立てにより、債権者に対し、相当期間内（2週間以上）に、本案の訴えを提起したか係属していることを証する書面を提出すべきことを命じなければならず（「起訴命令」と呼ばれる）、債権者が提出しなかったときは、裁判所は、債務者の申立てにより、保全命令を取り消さなければならない（民保37条1項ないし3項）。

民事保全は、判決手続で決着するまでの間に生じる不都合を暫定的に防止しようとするものであるから、判決手続がなかなか始まらないのであれば、民事保全を維持する必要はないのであり、債務者が申し立てた場合には、民事保全を取り消すことにしたものである。

なお、本案訴訟の請求は、被保全権利と全く同一のものではなくても、被保全権利と請求の基礎を同一にする（民訴143条1項参照）ものであればよい、というのが判例である（最判昭和26年10月18日民集5巻11号600頁）。

（イ）　2つ目は、事情変更による保全取消しである。被保全権利または保全の必要性の消滅その他の事情の変更があるときは、保全命令を発した裁判所または本案の裁判所は、債務者の申立てにより、保全命令を取り消すことができる（民保38条1項）。事情の変更は、疎明しなければならない（同条2項）。

事情の変更といっても、厳密に保全命令発令後の事由に限られるわけではない。保全命令は、債務者を審尋しないで発せられることが原則であるし、既判力もないので、保全命令の発令前にすでに事情変更に当たることが生じていたが債務者はそれを主張しえなかったという場合に、そのことも保全取消しの事由として主張しうる、と考えられている。また、そのために保全異議事由との違いも連続的になるので、保全異議手続の中で、債務者が事情変更による保全取消しの事由や、次に述べる特別事情による保全取消しの事由も主張することができる、と解されている。

仮処分決定があった後に、仮処分申請者の訴えがその本案訴訟の第1審で請求棄却になり、控訴されたため判決が未確定であるという場合について、「裁判所は、必ずしも常に該仮処分決定を取消すことを要し又は得るものではないが」としつつ、「その自由裁量によつて本案判決が上級審において取消されるおそれがないと判断するときには、事情の変更があつたものとして仮処分決定を取消すことができるものと解すべきである。」とした判例がある（最判昭和27年11月20日民集6巻10号1008頁、執保百選91）。場合によっては事情変更となるが、裁判所の裁量で判断する、ということである。

また、仮処分命令の保全執行としてされた間接強制決定に基づいて取り立てられた間接強制金（民執172条1項。183頁参照）について、①その仮処分命令における被保全権利が、本案訴訟の判決で仮処分命令発令時から存在しなかったと判断され、②そのことが事情の変更に当たるとして仮処分命令を取り消す旨の決定が確定した場合には、債務者は、債権者に対して、不当利得返還請求することができる、とされた（最判平成21年4月24日民集63巻4

号765頁、執保百選89)。

(ウ) 3つ目は、特別の事情による保全取消しである。仮処分命令により償うことができない損害を生じるおそれがあるときその他の特別の事情があるときは、仮処分を発した裁判所または本案の裁判所は、債務者の申立てにより、担保を立てることを条件として仮処分命令を取り消すことができる(民保39条1項)。特別の事情は、疎明しなければならない(同条2項)。これについては、仮処分の場合のみに限っていること、特別の事情があるときという例外的なものであること、担保を立てることが条件であることに注意する必要がある。具体例としては、例えば、仮処分により債務者の営業に重大な支障が出るようなときには、償うことができない損害を生じるおそれがあるといえる場合が多いであろう。

ウ 保全抗告

保全抗告は、保全異議または保全取消しの裁判について、上級審に再審理するよう求める不服申立方法である。保全異議または保全取消しの申立てについての裁判に対しては、その送達を受けた日から2週間の不変期間内に、保全抗告をすることができる(民保41条1項本文)。

ただし、民事保全手続では、2審制となっていることから、3審制となるような保全抗告は認められていない。

まず、抗告裁判所が発した保全命令に対する保全異議の申立てについての裁判に対しては、保全抗告は認められない(同項ただし書)。これは、具体的には、簡易裁判所が保全命令の申立てを却下して(下図の①)、これに対する即時抗告(②)がなされ、地方裁判所が抗告裁判所として保全命令を発令(③)した場合(即時抗告が却下された場合は、再抗告はできない。民保19条2項)、これに対して債務者は保全異議(④)を申し立てることができるが、この保全異議についての地方裁判所の裁判(⑤)に対しては、もはや高等裁判所への保全抗告(⑥)は認めない、ということである(下図(1))(なお、上のような手続が、簡易裁判所ではなく地方裁判所に対する保全命令の申立てから始まった場合、高等裁判所の保全異議の裁判に対しては、そもそも裁判所法7条により最高裁判所への保全抗告ができない。次々頁の図(2))。地方裁判所での不服申立てが保全異議(④)ではなく保全取消しであれば、発令後の事情が

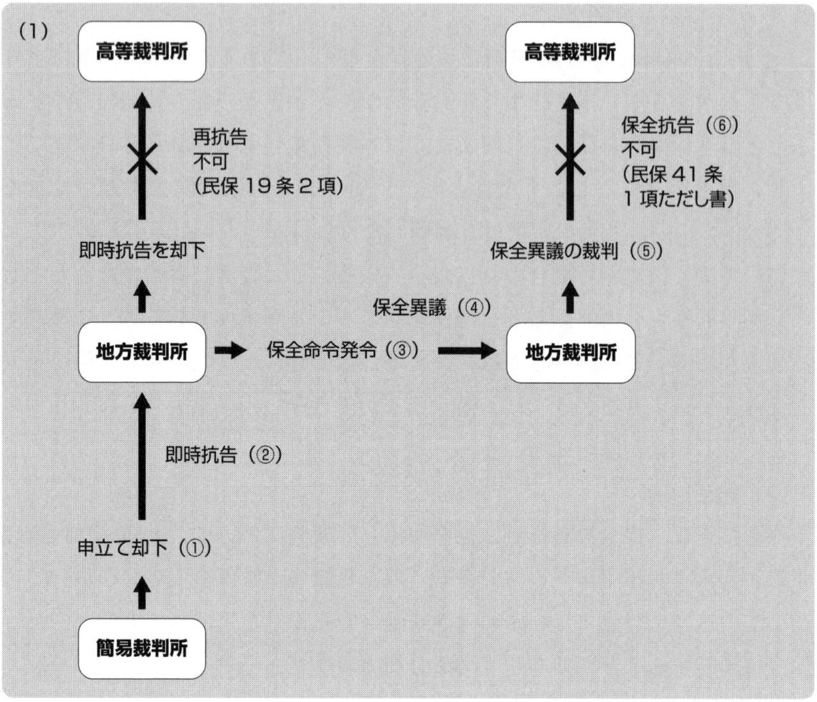

新たに問題になっているとして、このような制限はされていない。

また、保全抗告についての裁判に対しては、さらに抗告することができない（民保 41 条 3 項）。したがって、簡易裁判所の保全異議や保全取消しの裁判に対して保全抗告がされた場合、それに対する地方裁判所の裁判に対してさらに保全抗告することはできない（次々頁の図の左。ここでも、手続が地方裁判所に対する保全命令の申立てから始まった場合、高等裁判所のした保全抗告についての裁判に対しては、そもそも裁判所法 7 条により保全抗告ができない。次々頁の図の右）。

ところで、この点に関して、高等裁判所のした保全抗告についての裁判に対して、許可抗告によってさらに最高裁判所に判断してもらえるか、という問題がある。

許可抗告の制度は、高等裁判所の間で不統一となっている法律解釈をでき

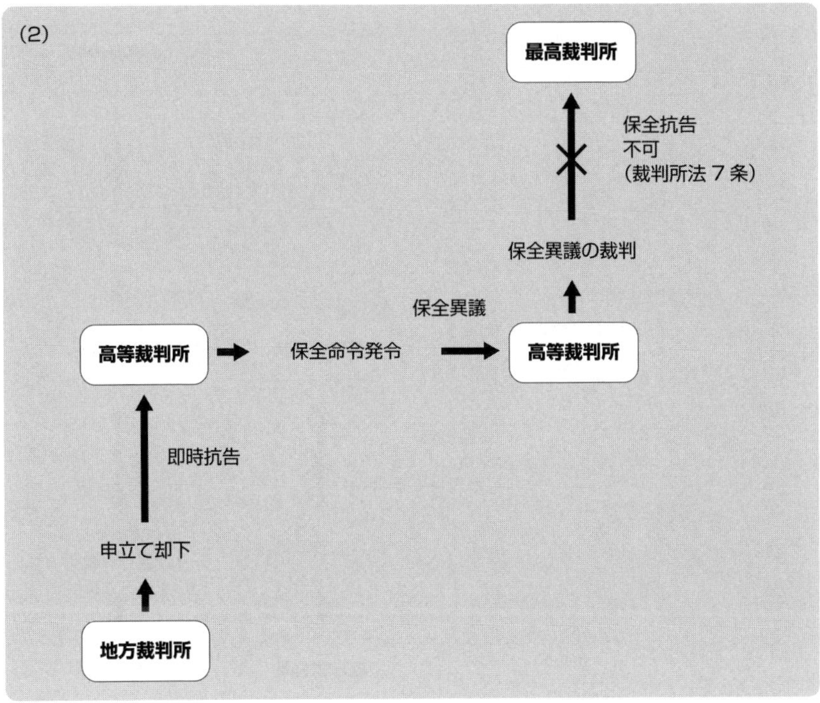

るだけ統一しようという趣旨で、高等裁判所の決定および命令に対しては、その高等裁判所が法令の解釈に関する重要な事項を含むと認めて許可したときに限り、最高裁判所にとくに抗告をすることができることになっているものである（民訴337条1項本文、2項)。ただ、地方裁判所の裁判であればそもそも不服申立てができないようなもの（例えば忌避を認めた裁判。民訴25条4項）については、たまたま高等裁判所の裁判であったから許可抗告ができるというのは不合理であると考えられたため、許可抗告は、高等裁判所の「裁判が地方裁判所の裁判であるとした場合に抗告をすることができるものであるときに限る」とされた（民訴337条1項ただし書)。そうすると、高等裁判所が保全抗告について決定をした場合、もし地方裁判所が簡易裁判所の抗告審として決定をしたとすると、上に見たようにさらに抗告ができないことになっているので（民保41条3項）（下図の左)、許可抗告が使えないこと

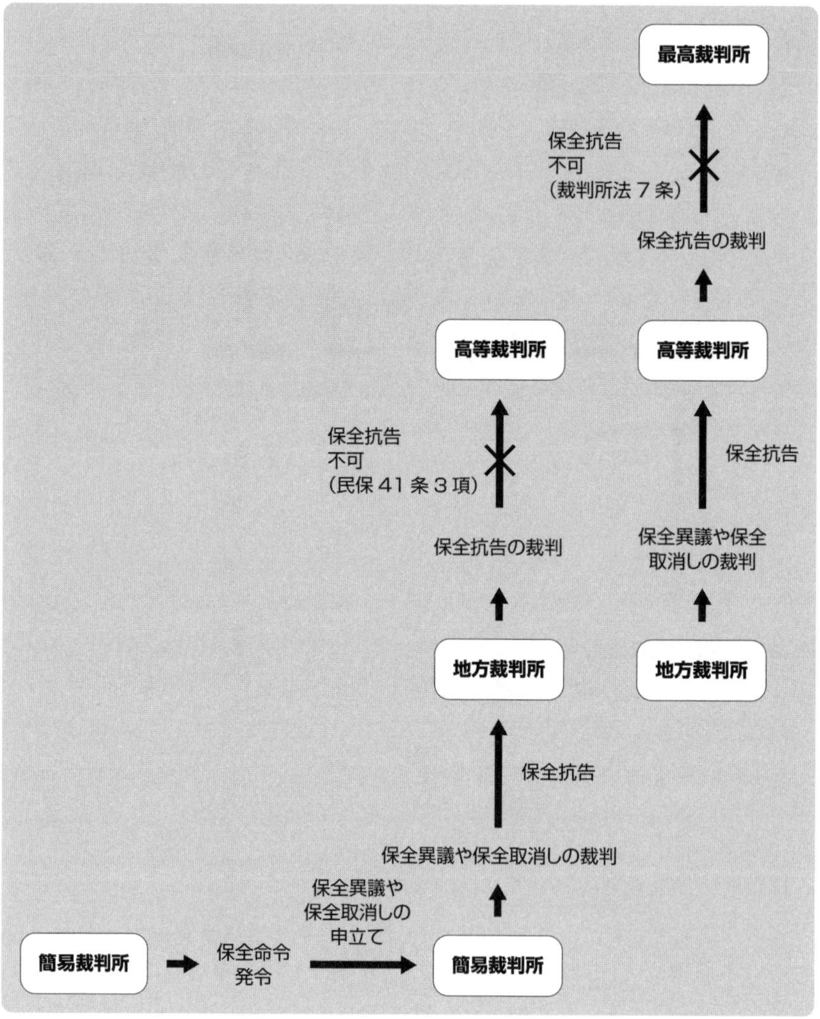

になりそうである。しかし、この点については、最高裁が、法令解釈の統一を図る必要性が高いことは、執行抗告等についての決定と同様であるとして、高等裁判所のした保全抗告についての裁判を許可抗告の対象から除外すべきでないとした（最決平成11年3月12日民集53巻3号505頁、執保百選93）。許可抗告はこれにより最高裁判所が判断できるようにしたものであるから、

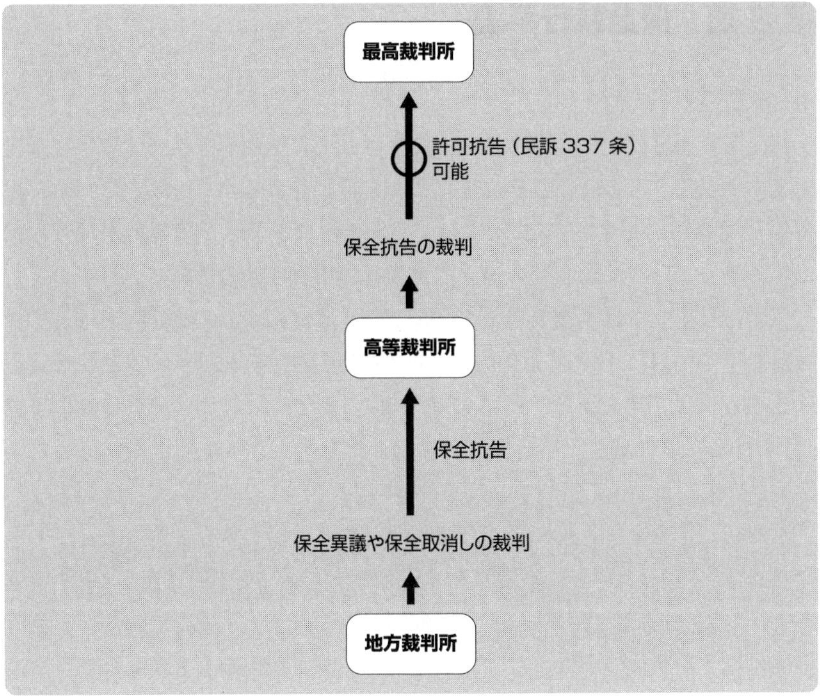

2審制という制限は、許可抗告の場面では意味を持つべきではなく、この判例は当然の判断である。

第３節　保全執行手続

1　申立て

保全執行手続は、保全命令手続で発令された保全命令を執行するという段階である。これも、新たに申立てによって開始されるが（民保２条２項）、民事保全規則（31条ただし書）によって、保全命令を発した裁判所が執行も担当する場合には、保全命令の申立てに執行の申立ても含まれているものとして、新たな申立ては不要とされている（例えば、不動産の仮差押えや債権の仮差押えについては、改めて保全執行の申立てをする必要はない）。承継執行文を除き執行文は不要である（民保43条１項）。また、保全命令が債務者に送達（民保17条）される前であっても、保全執行をすることができる（民保43条３項）。

ただし、保全命令送達の日から２週間経つと、保全執行をすることができなくなる（同条２項）。この期間を執行期間という（執行「機関」と聞き間違えないように注意が必要である）。２週間以内にすべき行為については、執行機関に対する執行の申立てだけでは足りないが、執行の着手があればよく、執行が完了することまでは必要としない。占有移転禁止の仮処分の対象となっている建物について、執行官がその占有状況を調査したにとどまる場合は、執行の着手があったとはいえないとする裁判例がある（東京高決平成４年６月10日判時1425号69頁②）。なお、時効中断（完成猶予）の問題（140頁）と混同しないよう注意すべきである。

定期金の給付を命ずる仮処分の執行の場合、仮処分命令の送達の日より後

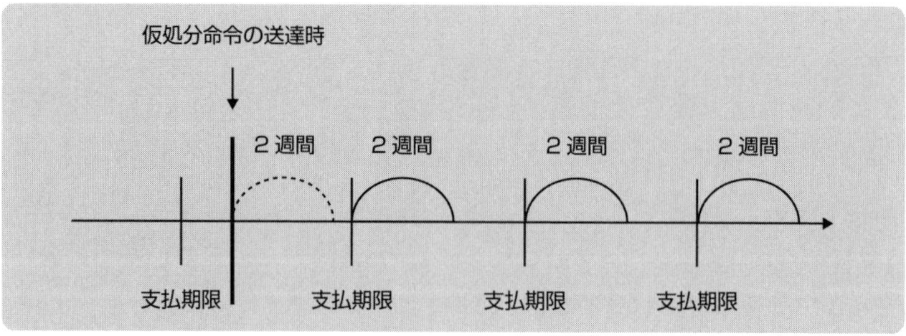

に支払期限が到来するものについては、執行期間の規律が適用されるのかが問題とされたことがあり、最高裁は、そのようなものについても適用されるが、執行期間の2週間は、送達の日からではなく当該定期金の支払期限から起算するものとした（最決平成17年1月20日判時1888号91頁、執保百選94）。

2　仮差押えの執行

仮差押えの執行は、民事執行法上の差押えの手続に準じる（民保47条以下）。

「民事保全の意義」のところで前述したように（218頁）、仮差押えは、例えば、貸金返還請求権のような金銭債権を被保全権利とするものであり、債務者の財産処分の自由を奪って、無資力となることを防止する。換価や満足の段階までは進まないこと、後で債権者が本案の訴えで勝訴して本差押えをすると、民事執行法59条2項で仮差押え後の処分が売却（競売）により効力を失うことも、そこで前述したとおりである。

仮差押えの効力に関し、いくつかの判例に触れておくと、まず、仮差押えによる被保全債権の時効中断（完成猶予）（民法149条1号）の効力がどのような場合にまで維持されるか、ということが問題になったものがある。

その1つが、被保全債権のいわば「ずれ」が問題となったもので、保証人の求償権について、「事前求償権を被保全債権とする仮差押えは、事後求償権の消滅時効をも中断する効力を有する」とした判例がある（最判平成27年2月17日民集69巻1号1頁、平成27年度重判民訴7）。

また、時効中断（完成猶予）の効力の帰趨が、本案訴訟との関係で問題となったものもある。債権者が、複数の不動産に対して仮差押えをしたが、本案勝訴判決でその一部の不動産に対する強制競売のみを行ったところ、残余の不動産についての仮差押えがなされたまま、強制競売手続での配当によって強制競売手続が終了してから11年以上経過してから、債務者が債務不存在確認の訴えを提起したという事案で、原審は、その経過による債務の時効消滅を認めたが、最高裁は、時効消滅を認めなかった（最判平成10年11月24日民集52巻8号1737頁、執保百選95）。最高裁は、その理由として、「仮差押えによる時効中断の効力は、仮差押えの執行保全の効力が存続する間は継続する」とし、「仮差押えの被保全債権につき本案の勝訴判決が確定したとしても、仮差押えによる時効中断の効力がこれに吸収されて消滅するものとは解し得ない。」とした。

次に、債権仮差押えの事案で、①仮差押命令が第三債務者に送達された、②第三債務者が債務者に弁済した、③本差押命令が第三債務者に送達された、④債権者が、仮差押えの担保取消決定を得るために、仮差押命令とその執行の申立てを取り下げた、という時間的順序であった場合について、判例は、「債権の仮差押え後本執行による差押えの効力が生ずるまでの間に第三債務者が被差押債権を弁済した場合において、債権者が仮差押えを取り下げたときは、仮差押えによって第三債務者につき生じていた……弁済禁止の効力はさかのぼって消滅し……、第三債務者は被差押債権の弁済をもって債権者に対抗することができることになる。」とした（最判平成 14 年 6 月 7 日判時 1795 号 108 頁、執保百選 96）。これは、仮差押えは、本差押えと併存しているとする立場を採ったものである。

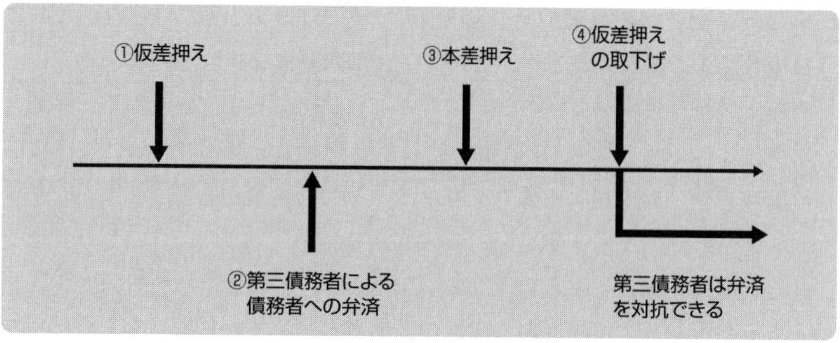

また、同じく債権仮差押えの事案で、仮差押えがされても、仮差押債務者（下図のB）は、仮差押えがされた債権（β）について、第三債務者（C）に対し、給付訴訟を提起し追行する権限を失うものではなく、無条件の勝訴判決を得ることができる、とした判例がある（最判昭和 48 年 3 月 13 日民集 27 巻 2 号 344 頁、執保百選 53）。理由として、そのように解することにより、①仮差押債務者（B）は、債務名義を取得し、また時効中断するための適切な

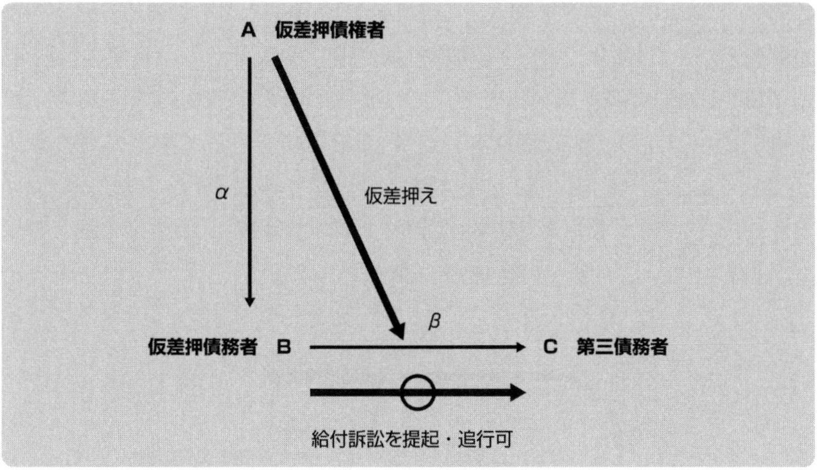

手段を執ることができ、それは仮差押債権者（A）にとっても当該債権（β）を保存することになること、②第三債務者（C）は、仮差押えがされていることを執行上の障害として執行機関に呈示することにより、執行手続が満足的段階に進むことを阻止しうること、を挙げている。

さらに、仮差押えの効力については、本案との関係でも被保全債権のいわば「ずれ」が問題とされたことがある。すなわち、本案訴訟（下図の④の訴訟）では、<仮差押え（①）で被保全債権とされた権利（※）が認められなかったものの、それと請求の基礎を同一（民訴143条1項参照）にする債権（※※）が認められた>という場合について、仮差押えはなお後者の債権の実現を保全する効力があるとされたのである（最判平成24年2月23日民集66巻3号1163頁、執保百選97。仮処分の事案で、前述〔240頁〕のように起訴命令違反の有無に関してすでに同旨の判例はあった。最判昭和26年10月18日民集5巻11号600頁）。この事件の被保全債権は損害賠償請求権であったが、それは、債務者（A）が担保物件を取り壊したことにより債権者（X）が貸金債権相当額を含む損害を被ったことを理由とするもので（※）、他方で、本案訴訟で認められたのは予備的請求として主張されたその貸金債権であり（※※）、後者の請求は前者の請求と請求の基礎を同一にする、と判断された。事案としては、少し複雑であるが、仮差押えされた金銭債権（AのBに対する債権）についての債権者間（Xと差押え〔②〕をしたYとの間）の配当手続が問題となったものであり、その仮差押債権者（X）は、なお民事執行法87条1項3号の仮差押えの債権者としての地位に基づき配当を受領し得る地位を有しているから、他の債権者（Y）への配当額を争って配当異議の訴え（民執166条2項、90条）（③）を提起することができる（訴えの利益がある）、とされた（原審は、被保全債権が本案訴訟で認容されなかったから仮差押えの効力は維持されないとして、訴えの利益を否定していた）。

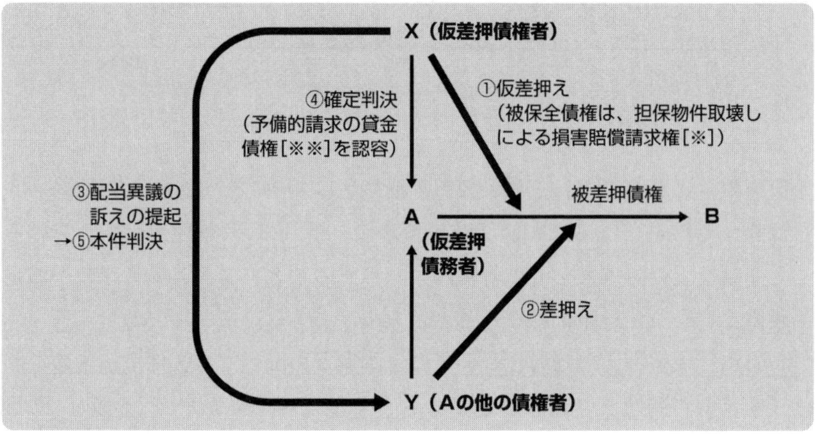

3　仮処分の執行

(1)　総　説

仮処分としては、「民事保全の意義」のところで、不動産の登記請求権を保全するための処分禁止の仮処分、占有移転禁止の仮処分、従業員であることの地位保全および賃金仮払の仮処分について触れた（219頁以下）。条文上は、「裁判所は、仮処分命令の申立ての目的を達するため、債務者に対し一定の行為を命じ、若しくは禁止し、若しくは給付を命じ、又は保管人に目的物を保管させる処分その他の必要な処分をすることができる。」（民保24条）と規定され、したがって、仮処分には、必要に応じて無数の種類があることになる。民事保全法にとくに規定があるのは、そのほんの一部である。

仮処分の執行については、民事保全法に規定があるもののほか、仮差押えの執行または強制執行の例によるとされ（民保52条1項）、また、物の給付その他の作為または不作為を命じる仮処分の執行については、仮処分命令が債務名義とみなされることになる（同条2項）。

なお、被保全権利がないのに仮処分命令を得て執行した場合、故意または過失があれば、仮処分申請人は民法709条で損害賠償義務を負うが、仮処分命令の本案訴訟で原告敗訴の判決が確定したとしても、その一事をもって、直ちに過失ありとすることはできない、とするのが判例である（最判平成2年1月22日判時1340号100頁、執保百選101）。

(2) 不動産の登記請求権を保全するための処分禁止の仮処分

まず、民事保全法上、不動産の登記請求権を保全するための処分禁止の仮処分というものが規定されている（民保53条）。

この仮処分については、仮処分の執行として、①「処分禁止の登記」のみがなされる場合（同条1項）のほか、②「処分禁止の登記」と「保全仮登記」との両方がなされる場合（同条2項）もある。これは、被保全権利である実体権の性質を考慮して、合理的な規律をしようとしたものである。以下、説明する（山崎・解説328頁参照）。

① 処分禁止の登記のみがなされる場合

この場合、処分禁止の登記に後れる登記は、仮処分債権者が本案の勝訴確定判決を取得するなどすれば、すべて抹消可能となる（民保58条1項、2項）。これは、仮処分債権者の被保全権利との関係で、それに後れて登場するであろう権利が併存しえない場合である。条文上は、「所有権以外の権利の保存、設定又は変更」（民保53条2項）以外についての登記請求権の場合ということになる。

この場合の例としては、次のようなものがある。

(i) 仮処分債権者（A）の登記請求権が「所有権」の移転に基づく場合

この場合、仮処分に後れる第三者（B）の登記が、例えば所有権移転あるいは抵当権「設定」であるときを考えると、Aの権利とBの権利とは併存しえないから、Aに対抗できないBの権利は後で抹消してよいことになる。「民事保全の意義」のところで前述した所有権に基づく抹消登記請求（219頁以下）は、この場合の例であり、仮処分後に仮処分債務者が第三者に所有権を移転しても被告を仮処分債務者のみに固定することができるのである（当事者を固定できることを、仮処分の当事者恒定効という）。

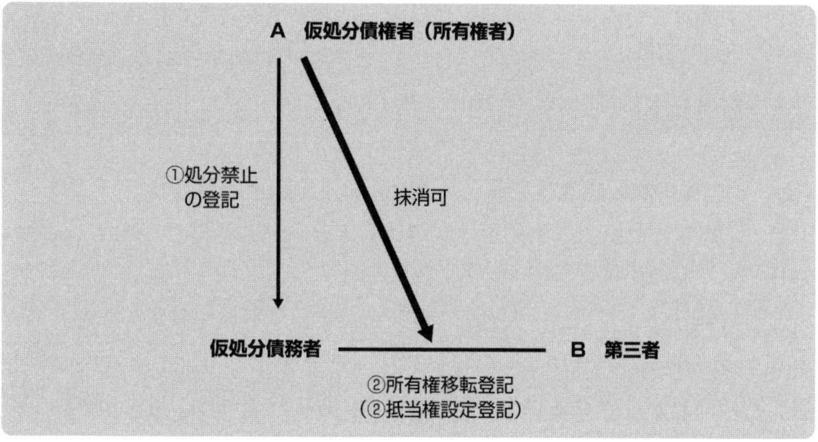

(ii)　Aの登記請求権が抵当権の「移転」に基づく場合

この場合、例えば、Bの登記が当該抵当権の「移転」であるときは、Aの権利とBの権利とは併存しえないから、やはりAに対抗できないBの権利

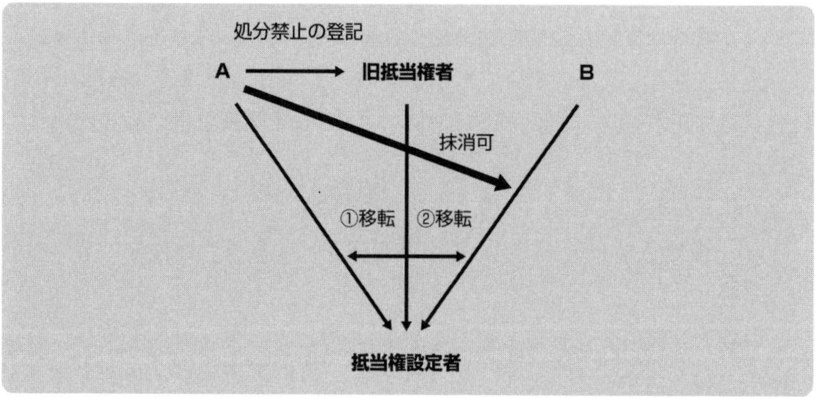

は後で抹消してよいことになる。

② 処分禁止の登記と保全仮登記との両方がなされる場合

①の場合と異なり、保全仮登記も必要であるとされる場合は、仮処分債権者が本案の勝訴確定判決を取得するなどすれば、保全仮登記に基づく本登記をすることになり（民保58条3項）、処分禁止の登記に後れる登記を抹消することまでできるのは限定的な場合である（同条4項）。これは、仮処分債権者の被保全権利との関係で、それに後れて登場するであろう権利が、原則として併存しうる場合である（併存しえない場合が抹消できる限定的な場合である）。条文上は、「所有権以外の権利の保存、設定又は変更」（民保53条2項）についての登記請求権の場合ということになる（なお、「保存」は法定担保物権である先取特権の場合のことで、「設定」に相当する）。

この場合の例としては、次のようなものがある。

(i) 仮処分債権者（A）の登記請求権が抵当権の「設定」に基づく場合

この場合、Bの登記が所有権移転であるとき、あるいは抵当権設定であるときは、Aの権利とBの権利とは併存しうる。したがって、Bの権利は、Aの権利に対抗することはできないが、AがBの登記を抹消することまではできない。そのために、Aの権利について、保全仮登記を本登記にするにとどめるのである。

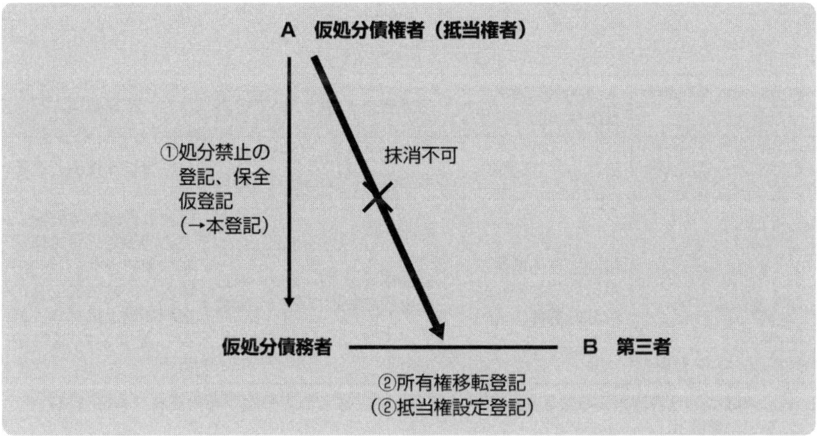

(ii) 仮処分債権者（A）の登記請求権が地上権の「設定」に基づく場合

この場合、Bの登記が、所有権移転であるときや抵当権設定であるときであればAの権利とBの権利とは併存しうるが、地上権の設定であるときなら用益権どうしであるため併存しえないことになる。

条文上は、民事保全法58条4項が、保全仮登記に基づく本登記をする場合、「その仮処分により保全すべき登記請求権に係る権利が不動産の使用又は収益をするものであるときは、不動産の使用若しくは収益をする権利（所

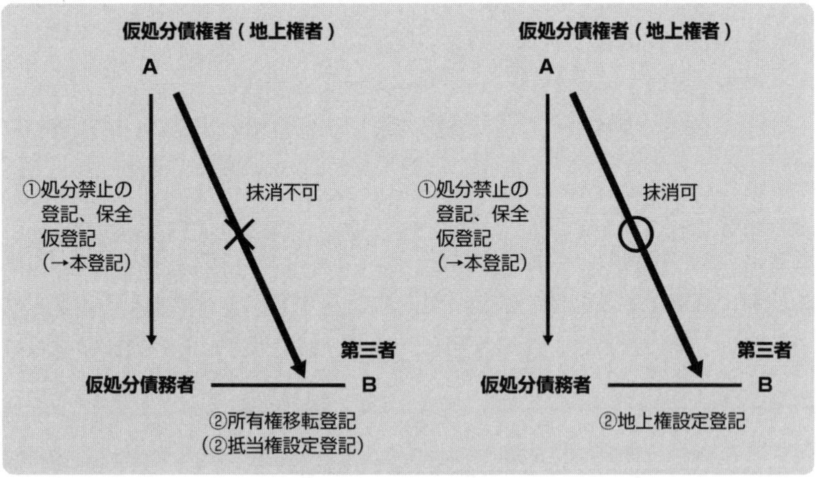

処分禁止の登記のみかどうか	Aの被保全債権とBの権利との関係	Aの登記請求権についての例	事後処理
処分禁止の登記のみ	併存しえない場合	①所有権の移転に基づく場合 ②抵当権の移転に基づく場合	Bの登記を抹消できる
処分禁止の登記のほか保全仮登記も	併存しうる場合＋併存しうるかもしれない場合	①抵当権の設定に基づく場合 ②地上権の設定に基づく場合	保全仮登記を本登記にするのみで、Bの登記を抹消できない（②の場合で、結果的にBの権利も地上権なら、併存しえず、抹消できる）

※　Aは仮処分債権者、Bは仮処分で禁止された処分によって登場する第三者（Aに対抗できない）を表す。

有権を除く。）又はその権利を目的とする権利の取得に関する登記で、……処分禁止の登記に後れるものを抹消することができる。」と規定している。Aの地上権は「不動産の使用又は収益をするもの」であり、Bの権利も地上権だとするとそれは「不動産の使用若しくは収益をする権利（所有権を除く。）」に当たるから、Bの地上権設定登記は、抹消することができることになる。

ただ、仮処分の段階ではBの権利は不明であるので、事前には保全仮登記が必要となるのである。

なお、民事保全法制定前の旧法事件であるが、所有権移転登記手続請求権を保全するために売買を理由とする処分禁止の仮処分を得た債権者が、本案訴訟で、主位的請求として売買に基づいて所有権移転登記手続を請求し、予備的請求として時効取得に基づいて所有権移転登記手続を請求した事案において、売買は認められないが時効が完成しているとして、その仮処分は、「取得時効の完成時以降は、時効取得に基づく所有権移転登記手続請求権を被保全権利とする処分禁止の効力を有する」とした判例がある（最判昭和59年9月20日民集38巻9号1073頁、執保百選99）。この判例の事案は、仮差押えについて前述（249頁）したのと同様に被保全権利のいわば「ずれ」が問題となったものであり、判旨は明示していないが、ここでも請求の基礎を同一にする（民訴143条1項参照）という範囲での流用を認める請求基礎説に立つものと解されている（上記百選の解説参照）。

(3)　占有移転禁止の仮処分

占有移転禁止の仮処分も、「民事保全の意義」のところで前述したように（222頁以下）、例えば、建物明渡請求の訴えを提起しようとする者が被告を固定するために用いる。この仮処分の内容2つ（民保25条の2第1項参照）も、前述した（223頁）。なお、債務者を特定しないで発する占有移転禁止の仮処分も規定が設けられている（民保25条の2、54条の2）。

この仮処分の債権者が、本案訴訟で勝訴確定判決を取得した場合、執行文の付与を受けて、新たな占有者に対して強制執行することができるのは、占有者が、

①　当該占有移転禁止の仮処分命令の執行がされたことを知って当該係争

物を占有した者か

② 当該占有移転禁止の仮処分命令の執行後にその執行がされたことを知らないで当該係争物について債務者の占有を承継した者

に限られる（民保62条1項）。占有移転禁止の仮処分命令の執行を知らない者で、かつ、債務者の占有を承継した者でない者は、この仮処分命令の効力を及ぼす根拠がないため、除かれているが、この仮処分命令の執行後に当該係争物を占有した者は、その執行がされたことを知って占有したものと推定し（同条2項）、できるだけ仮処分債権者を救済しようとされている。

その上で、占有者にも配慮し、占有者は、執行文付与に対する異議の訴え（民執34条）で争うことができるほか、執行文の付与に対する異議の申立て（民執32条の執行文の付与等に関する異議の申立ての一種）という簡易な方法において、債権者に対抗することができる権原により当該物を占有していること、またはその仮処分の執行がされたことを知らず、かつ、債務者の占有の承継人でないことを理由とすることができる、とする規定が置かれた（民保63条）。

なお、場合によって、債務者に占有移転を禁止するのにとどまらず、債権者に占有を取得させ被保全権利が満足されたのと同一の状態となることも認められることがあるが、これは満足的仮処分と呼ばれ、とくに建物の明渡し等の場合は断行の仮処分と呼ばれている。しかし、これは、むしろ仮の地位を定める仮処分の一種である（その問題については後述する。258頁以下）。

(4) 建物収去土地明渡請求権を保全するための建物の処分禁止の仮処分

土地の明渡請求をする場合でも、その土地の上に建物が建っている場合には、その建物の所有者を相手方として建物収去土地明渡請求をすることになる。そのような場合のための仮処分が、「建物収去土地明渡請求権を保全するための建物の処分禁止の仮処分」である（民保55条）。

建物の所有者は、建物を所有することによって、その敷地を占有することになるから、仮に土地について占有移転禁止の仮処分を執行したとしても、現場における物理的な占有移転を防止するにすぎず、建物の所有権移転のような法律的な移転によって土地の占有移転が生じることを防止することはで

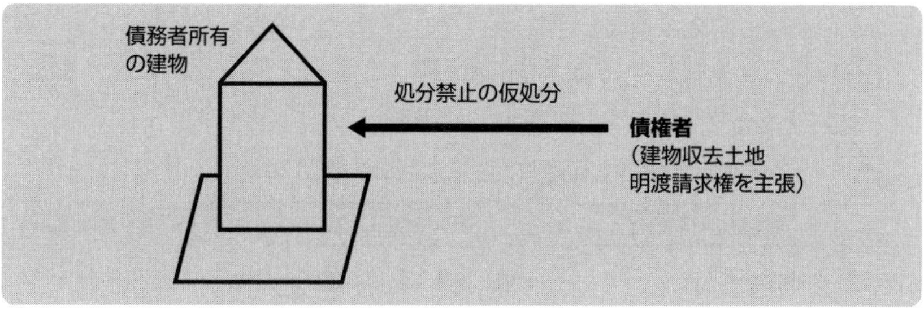

きないことになる。そこで、登記請求権保全のための処分禁止の仮処分とは異なる規律の処分禁止の仮処分というものが必要となるのである。

この仮処分の執行も、登記請求権保全のための処分禁止の仮処分と同様に、建物について処分禁止の登記をする方法により行われる（同条1項）。

仮処分債権者が、建物の所有者を被告とした建物収去土地明渡請求の訴えで最終的に勝訴すると、建物の譲受人がいても、その者に対する承継執行文（民執27条2項）を得た上で、建物収去土地明渡しの強制執行をすることができることになる（民保64条）。ただ、処分禁止の仮処分ではあるものの、この場合は建物収去土地明渡しのためのものであるから、登記請求権保全のための場合（民保58条2項）のような第三者の登記を抹消する効力はない。

ところで、民法上の議論であるため詳細は省略するが、判例法理が次のようなものになっていることに注意する必要がある（下記百選の解説参照）。

① 未登記建物の所有者がその建物を未登記のまま第三者に譲渡した場合、その後、その意思に基づかず、処分禁止の仮処分申請に伴い裁判所の嘱託による保存登記がされても、その譲渡人は土地を占有していないことを主張することができる（最判昭和35年6月17日民集14巻8号1396頁）。

② 建物の所有名義人が実際には建物を所有したことがなく、仮装の保存登記がなされた場合も、その者は、建物の敷地の所有者に対し、建物収去土地明渡しの義務を負わない（最判昭和47年12月7日民集26巻10号1829頁）。

③ 他人の土地上の建物の所有権を取得した者が、自らの意思に基づいて所有権取得の登記を経由した場合には、その後、建物を他に譲渡したと

しても、引き続き登記名義を保有する限り、土地所有者に対し、建物所有権喪失を主張して建物収去土地明渡しの義務を免れることはできない（最判平成6年2月8日民集48巻2号373頁、民法百選Ⅰ51）。

	建物の所有権について	建物の登記について	建物収去土地明渡義務
典型例	現在所有	現在、意思に基づく登記あり	あり
①の場合	もと所有し、その後、譲渡	譲渡後その意思に基づかずに保存登記がされた	なし
②の場合	所有したことがない	仮装の保存登記がされた	なし
③の場合	もと所有し、その後、譲渡	もと所有の際、意思に基づき登記。その後、他への譲渡につき未登記	あり

したがって、①や②の場合は、民事保全法55条の仮処分を執行しても、仮処分債権者は本案で勝訴できないことになるが、③の場合は、勝訴できることになる。

なお、建物収去土地明渡請求権を保全するための建物の処分禁止の仮処分が問題となるような場合、実際には、この仮処分のほか、建物についての占有移転禁止の仮処分、またもし土地の敷地以外の部分が広ければその土地についての占有移転禁止の仮処分、も必要になってくる。このうちの前者の仮処分は、第三者が建物に入ってくると建物収去ができなくなるからである。

(5) 仮の地位を定める仮処分

前述したように（224頁以下）、解雇無効を主張した場合の従業員の地位保全および賃金仮払の仮処分が、仮の地位を定める仮処分の典型例であり、賃金仮払命令に応じないと、仮処分命令が債務名義とみなされて（民保52条2項）、民事執行法上の金銭執行が最後の段階までできることになる。したがって、これは、満足的仮処分ということになる。なお、地位保全の仮処分のみをするような場合は、強制的な措置の執行を含んでいないため、「任意の履行に期待する仮処分」などと言われることがあるが、確認判決と似たものと言うこともでき、現実の必要があれば、発令を認めるべきであろう。

金銭ではなく建物の明渡しの仮処分（断行の仮処分）について、仮処分債権者が明渡しを受けた後その建物を取り壊した場合に、建物明渡請求の本案訴訟に影響するかという問題がある。仮処分の当否は本案訴訟の当否にかかっているから、仮処分の内容である明渡しを受けたこと自体は影響しないとしか考えられない（仮処分をしたために、本案訴訟ではすでに履行があったとして必ず原告敗訴となるのは不合理である、ということ）。その後の取壊しが問題となるのである。

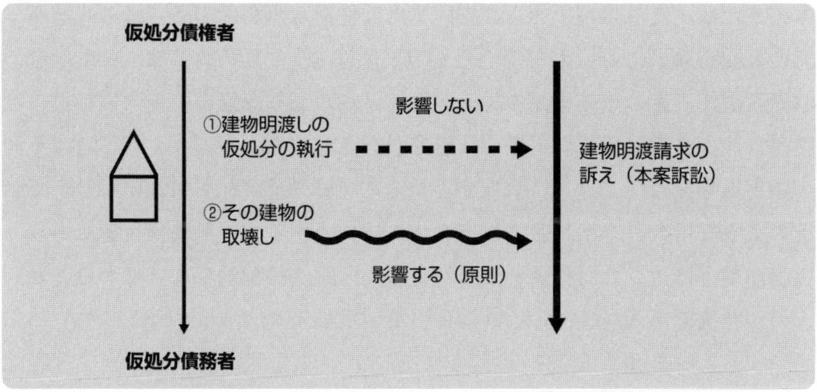

判例は、滅失のような事実状態の変動については、「仮処分債権者においてその事実状態の変動を生じさせることが当該仮処分の必要性を根拠づけるものとなつており、実際上も仮処分執行に引き続いて仮処分債権者がその事実状態の変動を生じさせたものであるため、その変動が実質において当該仮処分執行の内容の一部をなすものとみられるなど、特別の事情がある場合」を除き、本案の審理において斟酌しなければならず、明渡請求は請求棄却となるとした（最判昭和 54 年 4 月 17 日民集 33 巻 3 号 366 頁、執保百選 87）。仮執行宣言付判決のところで前述したように（17 頁）、仮執行の場合には、目的物の引渡執行後に滅失させたことは、その後の判決でむしろ斟酌すべきでないとするのが判例であり、それとの違いについて議論がなされている。仮

執行宣言付判決は、判決確定前でも確定判決によるのと同様の強制執行を認めるものであるから、滅失させたという仮執行後の事態も、判決確定後に生じたものと同視して上級審での審理に影響を与えるべきでないのに対し、仮処分は確定判決による強制執行とは違い暫定的なもので、断行の仮処分とはいっても確定判決による強制執行に代わるものとはいえないから、滅失させたという、仮処分の内容そのものではない事態については、本案訴訟に影響せざるをえないといえよう（上記百選の解説参照）。

そのほか、法人の代表者の職務執行停止、職務代行者選任の仮処分については、とくに条文が置かれ、登記すべき場合には、裁判所書記官は、法人の本店または主たる事務所および支店または従たる事務所の所在地の登記所にその登記を嘱託しなければならない（民保56条）。典型的には、株主総会の取締役選任決議の無効確認の訴えが提起されるような場合、その取締役の職務執行停止、職務代行者選任の仮処分がなされることがあり、第三者に不測の損害を与えないように、登記がされるのである（会社法917条参照）。なお、そのような場合、本案訴訟で被告の法人を代表するのは職務代行者であり、職務が執行停止された代表者はいわゆる共同訴訟的補助参加で加わる、というのが判例である（最判昭和59年9月28日民集38巻9号1121頁）。

事項索引

ふ

へ

ほ

ま

み

む

ゆ

よ

り

判例索引

■ 高等裁判所

■ 地方裁判所

□著者紹介

和田 吉弘（わだ　よしひろ）

東京大学法学部卒業
東京大学大学院法学政治学研究科修士課程（民事訴訟法専攻）修了
（同課程在学中に司法試験合格）
東京大学大学院法学政治学研究科博士課程（民事訴訟法専攻）単位取得退学
東京地方裁判所判事、青山学院大学大学院法務研究科（法科大学院）教授等を務めた後、現在、立命館大学大学院法務研究科（法科大学院）教授で弁護士

基礎からわかる民事執行法・民事保全法［第3版］

2006（平成18）年11月15日　初　版1刷発行
2010（平成22）年4月15日　第2版1刷発行
2021（令和3）年9月30日　第3版1刷発行
2024（令和6）年4月30日　同　3刷発行

著　者　和田　吉弘
発行者　鯉渕　友南
発行所　株式会社　弘文堂　101-0062 東京都千代田区神田駿河台1の7
TEL 03(3294)4801　振替 00120-6-53909
https://www.koubundou.co.jp

装　幀　松村大輔
印　刷　三陽社
製　本　井上製本所

ISBN 978-4-335-35662-9